Henri DELAIRE

Directeur du Journal d'Échecs « LA STRATÉGIE »
Fondateur-Ancien Président du « Cercle Philidor »

LE
Tournoi d'Échecs
de
Saint-Sébastien

RECUEIL COMPLET DES PARTIES JOUÉES AU TOURNOI
INTERNATIONAL DES MAITRES -- FÉVRIER-MARS 1911

Illustré de 200 Diagrammes

TRADUIT ET AUGMENTÉ DU
" INTERNATIONAL SCHACHTURNIER ZU SAN SEBASTIAN 1911 "
VOLLSTÆNDIGE SAMMLUNG DER IM MEISTERTURNIER GESPIELTEN PARTIEN
HERAUSGEGEBEN VON

J. MIESES und Dr M. LEWITT

LIBRAIRIE DE « LA STRATÉGIE »
85, RUE DU FAUBOURG SAINT-DENIS, 85
PARIS-Xe

1911

Imp. du Nouveau Courrier de l'Ouest. — La Rochelle.

Tournoi d'Échecs de Saint-Sébastien

Il n'a été tiré de cet ouvrage que 25 exemplaires sur Papier Japon numérotés à la presse.

Henri DELAIRE
Directeur du Journal d'Échecs « LA STRATÉGIE »
Fondateur-Ancien Président du « Cercle Philidor »

LE
Tournoi d'Échecs
de
Saint-Sébastien

RECUEIL COMPLET DES PARTIES JOUÉES AU TOURNOI
INTERNATIONAL DES MAITRES — FÉVRIER-MARS 1911

Illustré de 200 Diagrammes

TRADUIT ET AUGMENTÉ DU
" INTERNATIONAL SCHACHTURNIER ZU SAN SEBASTIAN 1911 "
VOLLSTAENDIGE SAMMLUNG DER IM MEISTERTURNIER GESPIELTEN PARTIEN
HERAUSGEGEBEN VON

J. MIESES und Dr M. LEWITT

LIBRAIRIE DE « LA STRATÉGIE »
85, RUE DU FAUBOURG SAINT-DENIS, 85
PARIS-X^e

1911

AVANT-PROPOS

Si le Tournoi international de Saint-Sébastien a suscité dans le monde des Echecs un intérêt que l'on n'avait pas remarqué depuis des années, c'est qu'il le méritait effectivement, car c'était vraiment un Tournoi de célébrités, et par-dessus le marché il nous a produit un nouveau candidat au titre de champion du monde.

Nous croyons donc répondre au désir général en publiant, aussi rapidement que possible, le recueil des parties jouées à ce Tournoi.

L'axiome « BIS DAT, QUI CITO DAT » s'applique fort justement à un Livre de Tournoi, à une époque où bien souvent un Tournoi chasse l'autre. Etant donné le peu de temps dont nous disposions et le grand nombre de parties en question il n'était guère possible de donner pour toutes les parties des analyses complètes ; mais nous pensons que pour l'amateur d'échecs une partie sommairement annotée (ou même pas annotée) *qu'il tient* vaut mieux que deux analyses détaillées *qu'il aura*. « MAS VALE PAJARO EN MANO QUE BUITRE VOLANDO ! »

Cependant nous n'avons pas manqué d'utiliser et de présenter avec un grand soin ce que nous avons trouvé dans des journaux et colonnes d'échecs ; nous citerons tout particulièrement : les commentaires du

Dr Tarrasch dans « Berliner Lokal Anzeiger », de Leonhardt dans « Hamburger Nachrichten » et de Hoffer dans « The Field ».

En outre nous nous sommes renseignés presque toujours directement auprès des joueurs, de sorte que nos notes reproduisent en général ce que les deux maîtres ont vu et dit une fois la partie terminée, et nous croyons que c'est déjà quelque chose.

Berlin, Mai 1911.

Dr M. LEWITT.   J. MIESES.

*
* *

Toutefois le laps de temps nécessaire à la traduction a permis de recueillir les nombreux commentaires de maîtres réputés et de donner ainsi un plus grand développement aux analyses de cette édition française.

Paris, Octobre 1911.

H. DELAIRE.

GROUPE DES PARTICIPANTS AU TOURNOI DE MAITRES DE SAINT-SÉBASTIEN

Marshall Burn Schlechter Leonhardt Duras Vidmar Mieses
Bernstein Rubinstein Maroczy Niemzowitch Hoffer Teichmann
Capablanca Tarrasch

INTRODUCTION

En novembre 1910 le monde des Echecs fut fort agréablement surpris par la réjouissante nouvelle qu'un grand Tournoi international aurait lieu vers le commencement de 1911 au Grand Casino de Saint-Sébastien.

Le programme du Tournoi était ainsi rédigé :
La Direction du « GRAND CASINO » à SAINT-SÉBASTIEN informe le public amateurs que durant les mois de Février et Mars 1911 un Tournoi International d'Echecs sera organisé et se tiendra dans les Salons du GRAND CASINO.

Seuls les maîtres de premier ordre, et sans que leur nombre puisse dépasser seize, y seront invités. Eu égard à ce chiffre réduit de participants il ne pourra nécessairement être lancé d'invitations qu'aux maîtres de tout premier rang, c'est-à-dire seulement à ceux qui dans les luttes internationales des dix dernières années ont obtenu au moins deux fois un quatrième prix.

Sont offerts les prix suivants :

Ier Prix . . . . 5.000 francs.
IIe Prix . . . . 3.000 francs.
IIIe Prix . . . . 2.000 francs.
IVe Prix . . . . 1.500 francs.

Un Prix spécial de 500 francs, don de M. le Baron

Albert de Rothschild, récompensera la plus belle partie du Tournoi.

Les non-gagnants recevront pour chaque point obtenu des honoraires d'au moins 80-100 francs.

Indépendamment des prix et honoraires ci-dessus énumérés, tous les participants seront indemnisés des frais de leur voyage.

Si la liste du Tournoi ne comprend que douze concurrents celui-ci se jouera à deux tours ; dans le cas où plus de douze maîtres y prendraient part il ne se jouerait qu'à un seul tour.

Dans le premier cas, à deux tours, cinq parties devront être terminées dans l'espace d'une semaine, tandis que dans le second cas, à un tour, il ne devra être joué que quatre parties par semaine.

Le Tournoi commencera le 20 février 1911. Tous les participants recevront, quelques semaines avant l'ouverture, un livret leur indiquant les règles et règlement du jeu, qu'ils seront tenus d'observer.

Le Maître J. Mieses, Leipzig, Christianstrasse, 23, a accepté la mission de diriger et organiser le Tournoi.

Indépendamment du Tournoi de maîtres se tiendra aussi un Tournoi d'amateurs qui commencera le 1er mars. Cette dernière lutte sera dotée de prix de valeur sous forme de médailles, coupes et objets d'art. La proportion des récompenses ainsi offertes sera d'un prix par trois joueurs.

La Direction du Grand Casino de Saint-Sébastien.

Le Directeur du Tournoi,
J. MIESES.

Les conditions et les règles du jeu qui doivent être appliquées à Saint-Sébastien diffèrent, sur plusieurs points essentiels, de celles qui régissent habituellement les luttes de l'Association allemande des Echecs :

1. — Le Tournoi commencera le lundi 20 février, dans une salle du Grand Casino.

2. — Les participants sont invités à ne pas arriver à Saint-Sébastien plus tard que le 18 février dans la soirée, afin d'être présents pour le tirage au sort, qui se fera le 19 dans la matinée. La présence effective de tous les concurrents est absolument exigée pour cette opération, et tout maître inscrit qui manquerait au tirage au sort ne pourra pas prendre part au Tournoi, quelques circonstances qu'il invoquerait pour s'excuser.

Même un avis télégraphique de mise en route ne saurait être pris en considération.

3. — Dans le cas d'un Tournoi à un tour, les lundis, mardis, jeudis et vendredis seront jours du jeu régulier. Les autres jours seront destinés à l'achèvement des parties en cours.

Dans l'alternative d'un Tournoi à deux tours, on jouerait tous les jours, les mercredis et dimanches exceptés, ces deux jours là restant libres pour les parties non terminées.

4. — Les heures de jeu sont fixées de 1 h. 1/2 à 6 h. 3/4 après-midi. Au signal d'arrêt qui sera donné à 6 h. 3/4 le maître ayant à jouer aura à inscrire son coup.

5. — Le temps de réflexion est fixé à 15 coups dans l'heure ; le contrôle du temps se fera à chaque heure (d'où il s'en suit que le joueur ne pourra pas compter 30 coups dans les deux premières heures, mais bien strictement 15 coups par heure). A cette occasion la Direction du Tournoi rappelle aux concurrents que la question du temps sera traitée très

rigoureusement. La preuve faite du temps dépassé, quand bien même ce dernier serait minime, entraînera la perte de la partie.

6. — S'il y a répétition de coups ou respectivement série de coups la règle anglaise sera adoptée ; elle dit : si dans le cours d'une partie trois fois la même position se produit avec le même joueur à jouer, la partie pourra être déclarée remise aussi bien par le directeur du Tournoi que par l'un des joueurs ; toutefois la remise ne pourra être réclamée qu'à l'instant où la triple répétition de la position se produit. La continuation de la partie établit la renonciation de ce droit à la remise.

7. — Si dans une partie, pendant 50 coups ou plus, aucun pion n'a été joué, ni qu'une pièce ou un pion ait été pris, la partie pourra être déclarée nulle à la demande de l'un des joueurs ou du directeur du Tournoi. Il va de soi que l'on ne peut plus requérir la nullité après prise de pièce ou pion ou mouvement de pion.

8. — Si un joueur fait un coup impossible ou en met un sous enveloppe, son adversaire aura le droit de décider : 1º de la validité du coup ; 2º si la pièce ou le pion touché doit être joué régulièrement ; 3º si le R doit être déplacé sous forme de pénalité. Si d'après les règles du jeu aucune de ces trois solutions n'est possible, il appartiendra à l'adversaire non coupable de déclarer la partie nulle.

9. — Le gagnant d'une partie devra remettre au Directeur du Tournoi, et cela avant le commencement du prochain tour, une copie correcte et lisible de la partie. L'oubli de cette formalité aurait comme conséquence la perte du droit aux honoraires pour un non gagnant du Tournoi et la retenue d'une somme de 100 francs pour un gagnant.

S'il y a partie remise les deux adversaires doivent

fournir la copie ; en cas d'oubli même pénalité que pour un gagnant, mais bien entendu par moitié.

10. — Le Directeur du Tournoi décidera sur tous les cas de contestation ; toutefois il se réserve le droit d'en appeler à un arbitrage composé de trois maîtres.

***

Des invitations furent envoyées à Atkins, Dr Bernstein, Burn, Capablanca, Duras, Janowski, D^r Em. Lasker, Leonhardt, Maroczy, Marshall, Niemzowitch, Rubinstein, Schlechter, Spielmann, Dr Tarrasch, Teichmann et Dr Vidmar.

A l'exception d'Atkins et du D^r Em. Lasker tous les maîtres invités furent en mesure de donner une réponse favorable, et cela avec d'autant plus d'enthousiasme que le nombre de 15 participants entraînait à un Tournoi à un tour.

Aussitôt cette liste connue le monde échiquéen de tous pays porta toute son attention sur les préliminaires d'un tel combat, et avec un intérêt bien compréhensible en raison de la qualité des maîtres. Non seulement les revues, journaux et colonnes d'échecs enregistrèrent et applaudirent à l'initiative prise ainsi qu'à l'organisation, mais la presse quotidienne également informa de cet événement important aussi bien avant l'ouverture que pendant la période du Tournoi.

A citer par exemple dans le « Berliner Tageblatt » l'article publié immédiatement avant le commencement du Tournoi, par le maître-directeur J. Mieses, et dont nous nous sommes inspirés pour les appréciations et remarques qui vont suivre.

***

(*) Le Tournoi de Saint-Sébastien, doté de prix fort élevés par la munificence du Casino de cette ville, a été un véritable Tournoi de champions. Quinze maîtres y ont pris part, et la différence de force entre eux est si minime que nul n'aurait été surpris de voir, si la lutte avait recommencé, le dernier classé arriver dans les premiers. Dans l'espèce le dernier est Leonhardt, qui se trouvait particulièrement mal disposé, mais qui s'est maintes fois affirmé l'égal des meilleurs.

Cette réflexion répond par avance à la question favorite des profanes : Qui est le plus fort joueur d'échecs ? La vérité est que nous ne le savons pas ; nous pouvons dire que jusqu'à présent, dans des rencontres singulières, le Doct. Lasker a été imbattable ; mais les résultats de tous les Tournois des dernières dix années prouvent que nous avons actuellement une vingtaine de grands champions qui sont sensiblement de force égale. A Saint-Sébastien la plus grande majorité de ces champions se sont trouvés réunis, et l'évènement le plus saillant a été la victoire du jeune champion cubain Capablanca qui, pour la première fois, affrontait une lutte de cette importance.

Si on ne peut pas dire qu'il a manifesté une éclatante supériorité sur ses concurrents, s'il faut avouer que la fortune lui a souri (elle aime bien sourire aux jeunes) il est indéniable qu'il a mérité son succès par le caractère sérieux et la tenue impeccable de son jeu.

Les titulaires des deuxième et troisième prix réunis, Rubinstein et Vidmar, sont de caractères dissemblables. Le jeune champion russe Rubinstein n'a subi aucune défaite, et par dessus le marché il a infligé à Capablanca la seule défaite que celui-ci a subie ; mais le climat et l'ambiance n'ont pas dû lui

---

(*) Dû à la plume de M. A. G., de « *La Stratégie* », ce paragraphe a été écrit spécialement pour l'Edition française.

être favorables, il a annulé un certain nombre de parties qu'il aurait dû gagner. On parle de lui comme du « vainqueur moral » du Tournoi. Ce n'est pas tout à fait notre avis. Un champion de la valeur de Rubinstein a dépassé la phase où l'on est « vainqueur moral » ; s'il n'a pas gagné le premier prix c'est de sa faute.

Par contre son collègue, le champion autrichien Vidmar a été particulièrement heureux ; son style est loin d'être aussi impeccable que celui de Rubinstein, mais il marque bien plus souvent dans ses attaques le facteur « hasard », et à lui aussi la fortune fut souriante.

Quant à notre ami Marshall, il doit une fière chandelle à Schlechter qui, le dernier jour, lui fit cadeau du demi point lui assurant le quatrième prix.

Tous les autres, Niemzowitch, Schlechter, Tarrasch, Bernstein, Spielmann, Teichmann, Janowski, Maroczy, Burn, Duras et Leonhardt ont fourni d'admirables parties.

Ce fut le premier Tournoi international moderne qui eut lieu sur la terre d'Espagne. Il est peut-être intéressant de rappeler que c'est en Espagne que s'est joué, en 1560, le premier Tournoi international qui ait jamais eu lieu. Ce tournoi, ou plutôt ce match à quatre eut lieu à la Cour du roi Philippe II, amateur enthousiaste des Echecs, lequel avait donné un prix de mille ducats, qu'il espérait bien devoir être remporté par son professeur et confesseur, le fameux Don Ruy Lopez de Segura ; les concurrents étaient le dit Ruy Lopez et trois maîtres italiens : Polerio, Leonardo « il Puttino » et Paulo Boi, ce dernier fut le vainqueur, et nous pouvons saluer son nom comme celui du premier « Champion du Monde ».

On voit que ce championnat était alors l'apanage des races latines. Si depuis cette époque nous avons été envahis par le flot montant, et submergés par les

Anglo-Saxons et les Slaves, nous montrons cependant de temps en temps que nous sommes toujours là, et nous sommes fiers d'ajouter aux noms glorieux des PHILIDOR, de LA BOURDONNAIS et de Paul MORPHY, la jeune renommée de José Raoul CAPABLANCA.

*
* *

Commencé le 20 février pour finir le 17 mars, le Tournoi eût donc une durée de trois semaines environ ; sa marche fût entièrement satisfaisante sous tous les rapports et sans que le plus léger incident soit venu apporter une note discordante, ou même simplement troublante.

Le tableau ci-après présente un aperçu général des résultats :

MAITRES		Capablanca 1	Rubinstein 2	Vidmar 3	Marshall 4	Niemzowitch 5	Schlechter 6	Tarrasch 7	Bernstein 8	Spielmann 9	Teichmann 10	Janowski 11	Maroczy 12	Burn 13	Duras 14	Leonhardt 15	TOTAUX	GAGNÉES	PERDUES	NULLES
Capablanca. .	1		0	½	½	1	½	½	1	1	½	1	½	1	½	1	9 ½	6	1	7
Rubinstein. .	2	1		½	½	½	½	½	½	½	½	1	½	½	1	1	9	4	0	10
Vidmar. . . .	3	½	½		0	½	½	½	1	½	½	1	½	1	1	1	9	5	1	8
Marshall. . .	4	½	½	1		½	½	½	½	½	1	1	½	½	0	1	8 ½	4	1	9
Niemzowitch.	5	0	½	½	½		½	0	½	1	1	½	½	½	½	1	7 ½	3	2	9
Schlechter. .	6	½	½	½	½	½		½	0	½	½	1	½	½	1	½	7 ½	2	1	11
Tarrasch. . .	7	½	½	½	½	1	½		1	½	0	½	½	1	0	½	7 ½	3	2	9
Bernstein . .	8	0	½	0	½	½	1	0		1	1	½	1	0	1	0	7	5	5	4
Spielmann . .	9	0	½	½	½	0	½	½	0		½	½	1	½	1	1	7	3	3	8
Teichmann. .	10	½	½	½	0	0	½	1	0	½		0	½	½	1	1	6 ½	3	4	7
Janowski. . .	11	0	0	0	0	½	0	½	½	½	1		0	1	1	1	6	4	6	4
Maroczy . . .	12	½	½	½	½	½	½	½	0	0	½	1		½	½	0	6	1	3	10
Burn.	13	0	½	0	½	½	½	0	1	½	½	0	½		0	½	5	1	5	8
Duras	14	½	0	0	1	½	0	1	0	0	0	0	½	1		½	5	3	7	4
Leonhardt . .	15	0	0	0	0	0	½	½	1	0	0	0	1	½	½		4	2	8	4
		4½	5	5	5½	6½	6½	6½	7	7	7½	8	8	9	9	10	105	49	49	112

On voit que le premier Prix a été remporté par Capablanca avec 9 points et demi, suivi de près par

JOSÉ RAOUL CAPABLANCA
(1883)

Rubinstein et Vidmar, qui se partagent les deuxième et troisième Prix avec 9 points.

Le quatrième gagnant est Marshall avec 8 points et demi.

Le Prix de beauté de 500 francs fondé par le Baron Albert de Rotschild — le dernier don du Mécène viennois des échecs, malheureusement décédé quelques jours avant le Tournoi — a été adjugé par les juges désignés à cet effet : L. Hoffer et J. Mieses, à J. R. Capablanca pour sa partie contre le Dr Bernstein (n° 1, Partie Lopez).

*
* *

Sur la carrière du premier vainqueur, de même que sur son individualité en la manière de jouer, le « Berliner Tageblatt » écrit ceci :

« José Raoul Capablanca, qui vient de se dis-
« tinguer si brillamment au Tournoi d'Echecs inter-
« national à Saint-Sébastien, tournoi le plus considé-
« rable que le Monde échiquéen ait vu depuis des
« années, est né le 19 novembre 1888, à La Havane.
« En enfant prodige il apprit le jeu à l'âge de 4 ans,
« et il faut le dire, uniquement en regardant jouer
« son père, qui était un fervent amateur. Il n'attendit
« pas son adolescence pour s'adonner aux échecs
« avec une véritable passion, et il provoqua bientôt
« dans tous les centres d'échecs de sa ville natale
« une sensation générale.

« A douze ans il passait déjà pour le joueur incon-
« testablement le plus fort de Cuba.

« Appelé à compléter son instruction aux Etats-
« Unis il vint donc, il y a six ans, à New-York pour
« suivre des cours de chimie et de science. Ainsi qu'à
« La Havane il se montra dans sa nouvelle patrie
« l'égal des meilleurs joueurs, sinon le supérieur,
« gagnant plusieurs tournois locaux du Manhattan
« Chess Club, et en 1909 le Championnat des Etats
« de New-York.

« Dans cette même année 1909 eut lieu son fameux
« match contre Frank Marshall, le champion d'Amé-

« rique, duquel le jeune cubain sortait vainqueur avec
« une grande avance, le résultat donnant les chiffres
« suivants : Capablanca + 8, Marshall + 1, remises
« — 14.

« A partir de ce moment l'attention du monde échi-
« chéen se porta vivement et bien naturellement sur
« les résultats futurs que l'on pouvait attendre de cette
« nouvelle étoile brillant déjà avec tant d'éclat au
« firmament des Echecs.

« C'est à Saint-Sébastien qu'il reçut le baptême du
« feu et prit contact avec ses pairs.

« Quant à son style de joueur, il faut tout d'abord
« remarquer que contrairement à ce qui serait suppo-
« sable sa manière de jouer ne revêt aucun caractère
« juvénile, mais bien celui de l'âge mûr. Il ne faut pas
« oublier, du reste, que si Capablanca est jeune comme
« homme il compte déjà un certain âge comme joueur,
« que depuis sa quatrième année jusqu'à sa vingt-
« deuxième actuelle, il ne cessa de consacrer tous ses
« loisirs à sa distraction favorite, or chacun sait que
« dix-huit années de cette période de vie comptent
« double et quelquefois triple.

« D'ailleurs Capablanca mérite plutôt d'être apprécié
« comme praticien que comme théoricien, bien que
« toute la littérature échiquéenne moderne lui soit
« exactement connue. Son jeu est extraordinairement
« général ; il traite les début, milieu et fin de partie
« avec une égale habileté, et il possède le coup d'œil
« ultra-rapide sur les combinaisons les plus loin-
« taines.

« D'après notre opinion le jeune vainqueur de
« Saint-Sébastien se place essentiellement plus haut
« comme tacticien que comme stratégiste. De l'avis
« de maints connaisseurs son style présenterait une
« certaine parenté avec celui du champion du monde,
« le D^r Em. Lasker. De cette opinion on doit certai-
« nement retenir quelque chose de juste. Le style de
« Lasker pourrait être comparé à de l'eau claire

« recevant une goutte de poison qui la rendrait
« opaline ; le style de Capablanca est peut être encore
« plus clair, mais il y manque la goutte de poison.

« Quoi qu'il en soit est né maintenant un autre
« candidat au Championnat du monde, ce sceptre si
« ardemment ambitionné, et pour lequel nous pou-
« vons espérer voir prochainement se déchaîner une
« lutte enflammée ».

*
* *

AKIBA RUBINSTEIN

(1882)

Les gagnants des deuxième et troisième prix se sont constamment placés depuis des années aux premiers rangs des luttes internationales.

Rubinstein est le seul de tous les concurrents qui soit sorti du Tournoi sans perdre une seule partie. Quel puissant joueur ! Il faut bien le reconnaître dans cette longue lutte, où bien que peu favorisé par la chance, et ayant joué en outre bien visiblement au-dessous de sa force, il termine quand même avec le brillant résultat de n'être en arrière que d'un demi point du premier vainqueur. Ajoutons qu'il a jeté bien nettement au moins deux points et demi dans ses parties contre Teichmann, Vidmar, Bernstein, Marshall et Spielmann, où il avait la position gagnante et qu'il gâcha ensuite par un jeu distrait ; il dût même en appeler à sa science éprouvée pour ne terminer qu'en nullité. Constatons aussi qu'il ne fut pas bénéficiaire du plus petit cadeau et qu'aucun demi point ne vint à lui en compensation.

Dans de telles circonstances nous ne pouvons faire autrement que de désigner Rubinstein comme le gagnant moral de Saint-Sébastien.

*
* *

Les résultats du Dr Milan Vidmar doivent avoir surpris quantité d'amateurs ; mais les experts, les initiés ne furent aucunement étonnés de la place du maître autrichien. Déjà, dans le très fort Tournoi de Prague, en 1908, il se maintint pendant longtemps en première ligne pour obtenir finalement le troisième prix. Vidmar est un joueur à style offensif, son attaque est particulièrement dangereuse quand il conduit les Blancs. Il sait dans ce cas utiliser le Gambit de la Dame comme une arme terrible.

*
* *

DOCT. MILAN VIDMAR
(1885)

La carrière du sympathique Frank Marshall ainsi que sa manière de jouer sont si connues de tous les amateurs, et depuis tant d'années, que nous pouvons éviter ici une description répétée et superflue.

*
* *

Derrière les vainqueurs viennent d'abord comme non gagnants : Niemzowitch, Schlechter et Tarrasch.

Jusqu'au dernier jour Schlechter aurait pu encore s'assurer la moitié du quatrième prix, car il avait une fin de partie gagnée contre Marshall ; mais à la suite d'une faute grossière il dût se contenter de la nullité.

En général il ne parut pas bien en forme à ce Tournoi, et c'est justement de cela que tout dépend

FRANK JAMES MARSHALL
(1877)

chez Schlechter, car il possède une véritable âme d'artiste, empreinte de ses alternatives flottantes.

TARRASCH a excellemment joué à Saint-Sébastien et avec une très grande énergie ; mais il eut cette malchance constante que tous ses adversaires, mais absolument tous, jouèrent contre lui dans le meilleur de leur forme, et cela le joueur le plus fort ne le supporte pas ou mal le supporte.

NIEMZOWITCH nous a fourni de nouveau un bon nombre de parties excellentes et spirituelles ; mais il nous a fallu constater fâcheusement que son jeu souffrait çà et là d'une certaine nervosité.

*
* *

Quant aux autres participants, comme nous devons brièvement résumer ce compte rendu nous renvoyons le lecteur au tableau des résultats détaillés que nous venons de donner.

Que de fois on entend le grand public faire des réflexions étonnées ou surprenantes comme celle-ci : « Comment est-il possible qu'un maître comme X*** ait pu terminer d'aussi piteuse façon ? »

Rien n'est plus naïf qu'une telle réflexion. Appliquée au Tournoi de Saint-Sébastien elle serait absurde, car ce Tournoi était une lutte si extraordinairement forte que pas un des maîtres qui y participaient n'était assuré contre la glissade au dernier échelon du tableau final. A la naïve question posée l'on pourrait faire cette réponse de même caractère : « Si l'on faisait jouer un Tournoi à 15 Lasker, il faudrait bien accueillir sans aucune surprise le classement : Lasker dernier ! »

*
* *

En dehors de celui des maîtres un TOURNOI INTERNATIONAL D'AMATEURS fut organisé, auquel étaient attribués cinq prix honorifiques se composant d'une coupe en argent pour le premier vainqueur et d'objets artistiques de valeur pour les quatre autres.

Y prirent part douze amateurs de bonne force, dont dix espagnols et deux allemands ; ils se classèrent ainsi que le montre le tableau ci-contre.

INTRODUCTION

AMATEURS	Rodriguez	Dr Puig	Steinweg	Gomez	Hallgarten	Condé	Rubio	Ostolaza	Castaneda	Matilla	Cortez	Juncosa	TOTAUX	
Rodriguez..	▓	1	1	½	½	1	½	1	1	1	1	1	9½	I
Dr Puig...	0	▓	1	1	0	1	1	1	1	1	1	1	9	II et III
Steinweg..	0	0	▓	1	1	1	1	1	1	1	1	1	9	
Gomez...	½	0	0	▓	1	1	1	1	1	1	1	1	8½	IV
Hallgarten..	½	1	0	0	▓	1	1	½	1	1	1	1	8	V
Condé....	0	0	0	0	0	▓	1	1	1	1	1	1	6	
Rubio....	½	0	0	0	0	0	▓	1	1	1	1	1	5½	
Ostolaza...	0	0	0	0	½	0	0	▓	1	1	1	1	4½	
Castaneda..	0	0	0	0	0	0	0	0	▓	0	1	1	2	
Matilla...	0	0	0	0	0	0	0	0	1	▓	1	0	2	
Cortez....	0	0	0	0	0	0	0	0	0	0	▓	1	1	
Juncosa...	0	0	0	0	0	0	0	0	0	1	0	▓	1	

Le vainqueur du Tournoi d'amateurs est donc le Senor Luis RODRIGUEZ SANTA-MARIA, de Madrid, qui se classe premier sans perdre une seule partie ; les deuxième et troisième prix *ex-æquo* ont été décernés au Doct. E. PUIG Y PUIG, de Barcelone, auteur de « *Apuntes Criticos sur les 150 Fins de Partie de Henri Rinck* », et à Herr. K. STEINWEG, de Cassel, puis le quatrième au Senor Agustin GOMEZ, de Madrid.

Enfin le Consul général A. HALLGARTEN obtenait le cinquième prix ; le lauréat est bien connu à Hambourg comme le Mécène allemand des Echecs, et c'est, du reste, à son initiative que l'on doit en grande partie la réalisation du présent Tournoi de Saint-Sébastien, ce qui ne doit pas rester ignoré du public des Echecs.

LES 105 PARTIES

LES PARTIES

Premier Tour — 20 Février

Capablanca	Bernstein.	Duras	Janowski.
Maroczy	Marshall.	Schlechter	Burn.
Niemzowitch	Tarrasch.	Spielmann	Vidmar.
Rubinstein	Teichmann.	Leonhardt, *repos*.	

Très vif est le jeu du jeune cubain Capablanca dans sa partie contre le Dr Bernstein. Celui-ci se lance trop impétueusement dans une rafle de pions, il manque la meilleure défense dans une position difficile, et au 34e coup se voit contraint de déposer les armes.

Marshall ayant les Noirs fait à Maroczy un intéressant sacrifice de D, sacrifice reconnu absolument correct et spirituel, car même avec le meilleur jeu Maroczy ne peut qu'obtenir la nullité.

Le Doct. Tarrasch réussit à terminer victorieusement contre Niemzowitch dans une fin de partie de T où il était le mieux placé. Niemzowitch ne trouva pas les meilleurs coups. Ajoutons qu'il n'était pas facile de les trouver.

Rubinstein laisse passer contre Teichmann une variante d'un gain clair et certain ; il doit se contenter de la nullité.

La plus longue partie du tour, en même temps que la plus longue du Tournoi, est celle entre Duras et Janowski; elle compte 161 coups et dura vingt heures environ. Janowski remporte la victoire, bien péniblement, il est vrai, mais avec le mérite de conduire finement une fin de partie dans laquelle il n'avait qu'un léger avantage.

Non décidées restent les parties Spielmann-Vidmar et Schlechter-Burn, dans cette dernière rencontre avec un peu plus d'initiative en fin de partie Schlechter aurait eu quelques chances.

1. — Partie Lopez

BLANCS	NOIRS
CAPABLANCA	BERNSTEIN
1 P.4R	P.4R
2 C.3FR	C.3FD
3 F.5CD	C.3FR
4 Roq	F.2R
5 C.3FD	P.3D
6 F pr C +	P pr F
7 P.4D	P pr P
8 C pr P	F.2D
9 F.5CR	Roq
10 T.1R	P.3TR
11 F.4TR	C.2TR
12 F pr F	D pr F
13 D.3D	TD.1CD
14 P.3CD	C.4CR
15 TD.1D	

Tarrasch indique ici 15 P.4FR comme étant le plus fort.

15	D.4R
16 D.3R	C.3R
17 CD.2R	D.4TD

Rien d'alarmant dans l'ouverture, mais maintenant le milieu commence, les deux camps ayant préparé leur *modus operandi* ; le Dr Bernstein engage trop tôt sa D dans une position éloignée.

18 C.5FR	C.4FD
19 C de 2R à 4D	

Afin de ne pas échanger le C à 5FR bien posté en même temps que ce mouvement de C contient une menance cachée (C pr PFD).

19	R.2T
20 P.4CR	TD.1R

Il est évident que la D noire ne peut pas prendre le PT à cause de 21 T.1TD — D.7CD ; 23 TR.1CD.

21 P.3FR	C.3R
22 C.2R	D pr P ?

Très dangereux ; les Noirs devaient par 22 — D.3CD amener l'échange des D, après quoi les Blancs restaient bien avec une position supérieure mais sans qu'un avantage pour eux soit nettement décisif.

23 C de 2R à 3CR

Par ce deuxième sacrifice les Blancs obtiennent une attaque écrasante.

23	D pr PF

Ici — D.4TD menaçant de l'échange à 3CD semblait d'une nécessité absolue.

24 T.1FD

Pour s'opposer à 23 — D.4FD.

24	D.7CD
25 C.5TR !	T.1TR

En cette situation embarrassée seul 25 — P.4CR était à tenter, et sans aucun doute possible après 26 P.5R — P.3FR ; 27 C pr P + les Noirs devaient donner la qualité.

26 T.2R	D.4R
27 P.4FR	D.4CD

Après le 27e coup des Noirs

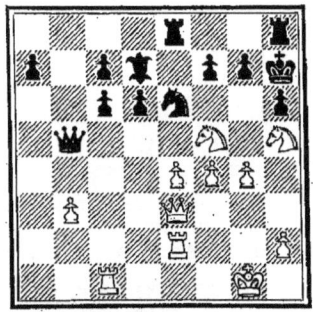

28 C de 5FR pr PC !

Les Blancs ont, en tout, excellemment joué cette partie, et maintenant ils forcent le gain par une manœuvre facile à voir à présent mais qu'ils avaient prévue depuis longtemps.

28	C.4FD

Ici 28 — D.3CD aurait offert peu de chance de nullité. Et si :

28	C pr C
29 C.6FR +	R 3C
30 C pr F	P.3FR
31 P.5R	R.2F
32 C pr P	T.2R

33 C.4R la position des Noirs devenait intenable.

29 C pr T	F pr C
30 D.3FD	P.3FR
31 C pr P +	R.3C
32 C.5TR	T.1CR
33 P.5FR +	R.4C
34 D.3R +	R.5T
35 D.3CR +	

Suivi du mat en deux coups.

Pour cette partie Capablanca reçut le prix de beauté de 500 francs offert par feu le baron Albert de Rotschild.

—

2. — Défense Petroff

BLANCS	NOIRS
MAROCZY	MARSHALL
1 P.4R	P.4R
2 C.3FR	C.3FR
3 C pr P	P.3D
4 C.3FR	C pr P
5 P.4FD	

Ici on continue habituellement par 5 P.4D.

5	F.2R

Etait à prendre en considération :

5	P.4D
6 P pr P	D pr P
7 C.3FD	C pr C
8 PC pr C	P.4FD

6 C.3FD	C pr C
7 PD pr C	

7 PC pr C est probablement le meilleur coup ; c'est certainement le plus naturel.

7	C.3FD
8 F.3D	C.4R
9 C pr C	P pr C
10 D.2FD	F.4CR
11 Roq	F.3R
12 T.1R	F pr F

13 TD pr F	D.4CR
14 T.3R	Roq TD
15 TD.1R	P.3FR
16 P.4CD	T.2D
17 P.5FD	TR.1D

Les Noirs semblent ne pas voir la menace de leur PT ; dissimulation caractéristique du maître américain.

18 P.6FD	T.3D !

Evidemment le PF ne peut pas être pris à cause de 19 D.4TD — T pr F ; 20 D.6TD+ gagnant la qualité.

19 P pr P +	R.1C
20 P.4TD	F.4D
21 T.3CR	D.5FR
22 F pr P	

Avec D et F battant sur leur côté R il eût été trop dangereux d'ouvrir aux Noirs la colonne CR par 22 T pr PC.

22	F pr PCD
23 P.3TR	T.7D
24 D.5FR	

Maroczy calcula que la prise d'un P lui laissait l'avantage ; mais il ne prévit pas l'ingénieux sacrifice de la D.

Après le 24e coup des Blancs

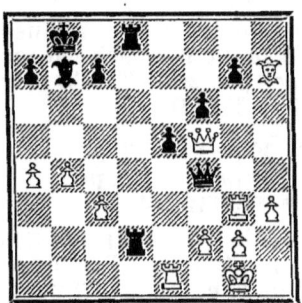

24 .... D pr T !

Un intéressant sacrifice, certainement plus fort que :

24	T pr P
25 D pr D	T pr D
26 T pr PC et les Blancs ont l'avantage.	

25 P pr D	T pr P +
26 R.1F	T de 1 à 7D
27 T.4R	

À cause de la menace — T.7TR.

27	F pr T

Contre la suite 27 — T.7TR qui paraît féconde en chances de gain les Blancs ont la parade 28 D.3FR, non pas 28 R.1C à cause de 28 — T.7CR +; 29 R.1F — T.7CD ! 30 R.1C — F pr T; 31 D pr F — T.7R et gagnent.

28 D pr F	T de 7D à 7FR +
29 R.1R	T.7TD
30 R.1F	T de 7T à 7FR +
31 R.1R	T.7TD
32 R.1F	T de 7C à 7FR +
33 R.1C	T de 7F à 7R

Si 33 .... T de 7F à 7CD

34 D.1R	T.7CR +
35 R.1F !	T.7TR
36 F.4R	P.4FR
37 F.2CR !	T pr F

38 D pr PR ne conduit qu'à la remise.

34 D.1CD	T.7CR +
35 R.1T	T.7TR +
36 R.1C	T de 7TD à 7CR +
37 R.1F	T.7CD
38 D.4R	

Partie nulle.

3. — Partie Écossaise

BLANCS	NOIRS
NIEMZOWITCH	TARRASCH
1 P.4R	P.4R
2 C.3FR	C.3FD
3 P.4D	

La « Partie Écossaise » ne donne pas un bon jeu aux Blancs. Les Noirs ont des défenses trop commodes.

3	P pr P
4 C pr P	C.3FR !
5 C pr C	PC pr C
6 F.3D	P.4D
7 P pr P	

Si 7 P.5R ?

8 F.4FR	F.4FD
9 Roq	P.4CR
10 F.3CR	P.4TR avec

une bonne attaque.

7	P pr P
8 Roq	F.2R
9 P.4FD	

De valeur douteuse.

9	Roq !

Etait défavorable pour les Noirs :

9	P.3FD
10 P pr P	P pr P
11 F.5CD +	F.2D
12 D.4TD etc.	

10 P pr P	C pr P
11 F.4R	F.3R
12 C.3FD	C pr C

Etait aussi à considérer 12 — P.3FD afin de garder un P passé dans l'éventualité de l'échange.

13 P pr C	D pr D
14 T pr D	TD.1D
15 F.3R	P.4FD
16 F.3FR	T pr T +
17 T pr T	

Après le 17e coup des Blancs

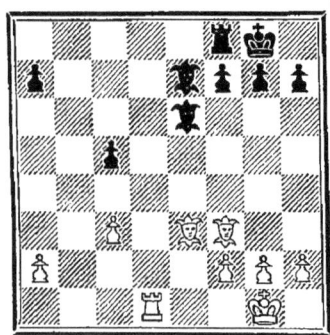

17	T.1CD

Il serait mauvais de prendre le PTD à cause de 18 T.7D.

18 P.3TR	T.7CD
19 F.5D	

Coûte naturellement le PT ; il est vrai aussi qu'après 19 P.4TD il resterait bien exposé.

19	F pr F
20 T pr F	T pr PT
21 P.4FD	

Naturellement pas 21 F pr P à cause de — T.4TD !

21	T.8TD +
22 R.2T	T.4TD

23 P.4FR	P.3FR
24 R.3C	R.2F
25 R.3F	P.3TD
26 P.4TR	T.5TD

Peut-être était-il plus fort, dit le Dr Tarrasch, de continuer par 26 — T.6TD suivi de 27 — T.6FD.

27 F pr P	T pr P
28 F pr F	R pr F
29 T.5TR	

Un bon coup qui affaiblit la position des P noirs et qui rend le gain difficile parce que le R blanc menace d'entrer en action par 6CR.

29	P.3TR
30 T.5TD	T.3FD
31 R.4C	T.3CD !

Afin de pouvoir répondre 32 — T.4CD à 32 R.5T.

32 P.5FR

A présent 32 R.5T ne peut pas se jouer parce que les Blancs doivent éviter l'échange des T.

32	R.2F
33 R.5T	

Après le 33e coup des Blancs

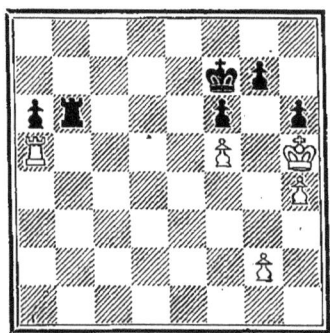

On pouvait penser que les Blancs devaient annuler une position semblable, mais les fins de T comportent tant de subtilités. Suivent maintenant plusieurs coups conçus avec esprit et ingéniosité.

33   **P.3CR +**

Premier coup d'un problème intéressant.

34 R pr PT

Si 34 P pr P +   R.2C
35 R.4C !   R pr P
36 P.5TR +   conduit également à une remise.

34   **P pr P**
35 T pr P

Une autre variante de nullité est ici :

35 T.5FD !   P.5FR
36 T.7FD +   R.3R
37 R.6C, etc.

Si 35 R.5T ? pour engager à — T.4CD ou si 35 P.3CR ? alors suivrait — T.6CD avec l'avantage pour les Noirs.

35   **T.4CD**
36 R.5T ?

La faute irréparable ; tandis que toujours par 36 R.7T — T.4CD ; 37 T pr T (non pas P.4CR) — P pr T ; 38 P.4CR on pouvait, peut-être, annuler.

36   **T.4CD**
37 R.4C   **T pr T**
38 R pr T   **P.4TD**
39 R.4R   **P.4FR +**

Les Blancs abandonnent

Car les Noirs par — P.5FR isolent les P ennemis et les gagnent tous deux. Une finale très intéressante.

4. — Gambit de la Dame refusé

BLANCS	NOIRS
RUBINSTEIN	TEICHMANN
1 P.4D	P.4D
2 C.3FR	P.4FD
3 P.4FD	P.3R
4 C.3FD	C.3FD
5 PF pr PD	PR pr PD
6 P.3CR	F.3R
7 F.2CR	C.3FR
8 Roq	F.2R
9 P pr P	F pr P
10 P.3TD	Roq

10 — P.4TD pouvait être pris en considération.

11 P.4CD   **F.2R**

11 — F.3D permettant la suite 12 — P.4TD ; 13 P.5CD — C.4R, etc.

12 F.2CD	T.1FD
13 C.4D	C pr C
14 D pr C	P.4TD
15 P.5CD	D.2D
16 TR.1D	TR.1D

17 TD.1FD   **D.1R**

Meilleur était 17 — F.4FD tout de suite.

18 P.3R

A 18 D.6CR pour gagner un P il eût été répondu par 18 — F.4FD et la D aurait été en danger.

18	F.4FD
19 D.4TD	D.2R
20 C.2R	P.3TR
21 C.4FR	P.3CD

Les faibles variantes avec lesquelles les Noirs ont procédé à leur développement les privent maintenant des moyens de défendre leur P isolé.

22 F pr C

Il n'y avait aucune urgence à prendre le P ; ils pouvaient d'abord l'attaquer une fois de plus avec 22 D.3CD.

22	D pr F
23 F pr P	

32 T.3D	R.3D
33 R.3C	F.4FR

Après le 23ᵉ coup des Blancs

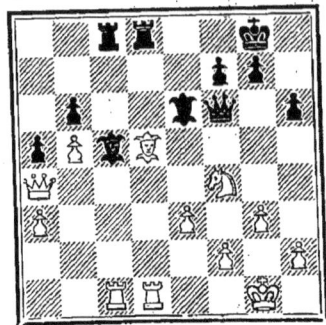

Après le 38ᵉ coup des Noirs

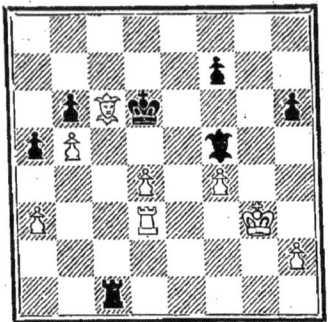

23	F.5CR

Une contre attaque qui prit évidemment Rubinstein par surprise.

24 T.2D	F pr PR

L'opinion de Teichmann est que 24 — P.4CR avant le sacrifice eût été meilleur.

25 T pr T	T pr T

25 — FR pr T aurait coûté la partie à cause de 26 T pr T + — D pr T; 27 D.4D et le F est perdu car F pr P + gagnerait la D.

26 P pr F	T.8FD +
27 R.2F	P.4CR
28 D 4D	D pr D
29 P pr D	P pr C
30 F.6FD	R.1F

Meilleur eût été 30 — P pr P + suivi de — T.8D avec une nullité commode.

31 P pr P	R.2R

Ici la partie fut ajournée.

34 T.3R	T.8D
35 P.5D	T.6D
36 T pr T	F pr T
37 R.4C	R.4F
38 P.6D	R pr P
39 R.5T	R.2R
40 R pr P	R.3F
41 F.7D	R.2R
42 F.6FD	R.3F
43 P.4TR	F.4FR
44 F.8R	F.6D
45 F.6FD	F.4FR
46 F.8R	F.6D
47 F.7D	R.2R
48 F.4CR	R.1F

Il est évident que si 48 — F pr P ; 49 R.7C suivi de P. 5TR gagnerait.

49 F.7D	R.2R
50 F.6FD	R.3F
51 P.5TR	F.7R
52 F.7D	F.8D

Partie nulle.

5. — Partie Lopez

BLANCS	NOIRS
DURAS	JANOWSKI
1 P.4R	P.4R
2 C.3FR	C.3FD
3 F.5CD	P.3TD
4 F.4TD	C.3FR
5 P.3D	P.3D
6 P.4FD	

Variante favorite de Duras qui l'expérimenta récemment contre Atkins et Yates. A première vue cela semble contraire aux principes par le fait d'affaiblir le PD ; cependant le coup offre comme compensation l'avantage de confiner les Noirs dans un rôle défensif et gêné.

6   F.5CR

S'écartant du chemin adopté par Atkins : 6 — P. 3CR ; 7 P.3TR — F.2CR ; 8 F. 3R — Roq ; 9 D.2D — C.1R ?

D'autre part Burn critique 6 — P.3CR et recommande 6 — F.2R suivi du Roq.

La longueur extraordinaire de cette partie nous empêche de donner d'autres commentaires sur la suite.

7 P.3TR	F.4TR	34 T.1R	P.4TD
8 F.3R	F.2R	35 D.1FD	D.4R

Après le 35ᵉ coup des Noirs

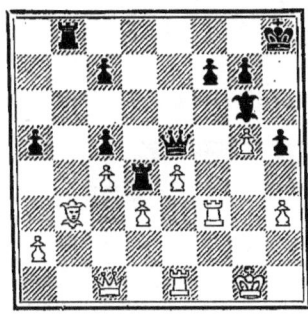

9 P.4CR	F.3CR		
10 C.3FD	P.4TR		
11 P.5CR	C.2D	36 P.4TR	T.3D
12 T.1CR	Roq	37 D.1TD	D.3R
13 D.2D	D.1R	38 T.3CR	T.5D
14 C.4TR	C.4FD	39 D.3FD	T.5CD
15 F.1D	D.2D	40 P.3TD	T.1CD
16 T.3CR	P.4CD	41 F.2FD	D.3TD
17 P.3FR	TR.1CD	42 T.2R	D.3CD
18 P.3CD	F.1FR	43 T de 3 à 2CR	
19 C.5D	R.1T	43	P.3FD
20 F pr C	P pr F	44 D.1R	D.1D
21 P.4FR	PR pr PF	45 D.3FD	D.2FD
22 C pr PFR	F.3D	46 T de 2R à 2FR	
23 F.2FD	F pr C	46	T.2CD
24 D pr F	D.5D	47 T.3FR	T.1D
25 T.1D	D.6FD +	48 T de 2C à 2FR	
26 D.2D	D.4R	48	T de 1D à 1CD
27 R.2F	C.5D	49 R.2C	T.7CD
28 C.3FR	C pr C	50 T.2D	D.1D
29 T pr C	T.1D	51 T de 2D à 2FR	
30 R.1C	P pr P	51	R.1C
31 PC pr P	TD.1CD	52 D.5R	D.2D
32 F.3CD	T.5D	53 T.4FR	R.2T
33 D.4FR	D.2R	54 D.3FD	D.3D
		55 T de 4 à 3FR	
		55	D.2FD
		56 T.2D	T.7TD
		57 F.1D	T pr T +
		58 D pr T	T.8CD
		59 T.1FR	D.4R
		60 P.4TD	T.7CD
		61 F.2FD	D.3R
		62 T.4FR	D.3D
		63 T.2FR	D.2D

64	T.4FR	D.5D	98 T.1TR	T.6TD
65	T.2FR	T.7TD	99 F.2FD	F pr PR
66	R.2T	D.2D	100 T.1CD	F.3CR
67	D.3R	D.3D +		
68	R.2C	D.4R		
69	D.2D	D.5D		
70	R.2T	T.6TD		

Après le 70ᵉ coup des Noirs

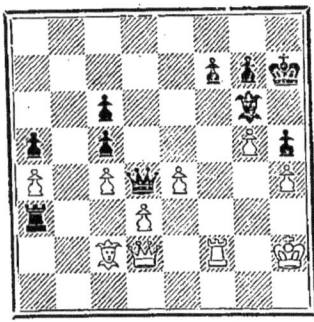

Après le 100ᵉ coup des Noirs

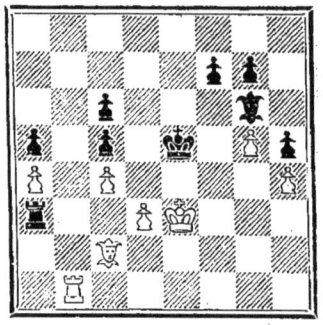

71	R.2C	R.1C	101 T.6CD	R.3D
72	D.2R	T.7TD	102 T.6TD	T.8TD
73	D.2D	D.1D	103 T pr PT	T.8TR
74	D.3FD	D.2D	104 T.6TD	T pr PT
75	T.4FR	D.5D	105 F.1D	T.5D
76	D.2D	D.2D	106 F.2R	R.2F
77	D.3FD	D.5D	107 T.8TD	P.5TR
78	D.2D	D.7CD	108 T.8TR	R.3C
79	T.2FR	D.5CD	109 T.8CD +	R.2T
80	R.3F	T.6TD	110 T.8TR	R.2C
81	R.2C	D pr D	111 T.8FR	P.6TR
82	T pr D	R.4F	112 T.8TR	F.4FR
83	R.3F	R.2R	113 P.5TD	R.2T
84	R.3R	R.3R	114 T.8FR	T.2D
85	R.4F	T.7TD	115 R.4F	F.3R
86	T.2CR	T.8TD	116 F.3FR	R.3T
87	T.2TR	T.8FR +	117 F pr PF	T.2TD
88	R.3R	R.4R	118 R.5R	R pr P
89	R.2R	T.8CR	119 P.6CR	R.5C
90	R.2F	T.8FD	120 F.4R	R.6F
91	R.3R	T.8TD	121 T.8TR	F.5CR
92	T.3TR	T.6TD	122 R.4F	P.4FR
93	T.3FR	T.8TD	123 F pr P	F pr F
94	T.3TR	T.8R +	124 R pr F	R pr P
95	R.2D	T.8CR	125 T pr P +	R pr P
96	R.3R	T.7CR	126 R.6R	R.4C
97	F.1D	T.7TD	127 T.3FR	P.5FD
			128 T.5FR +	R.3C
			129 T.1FR	T.2FD
			130 R.6D	T.3FD +
			131 R.5D	P.6FD

— 10 —

Après le 131e coup des Noirs

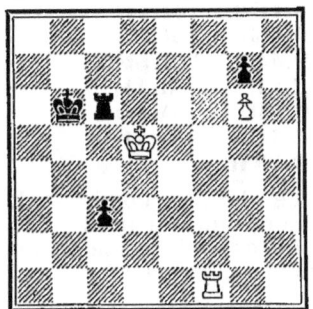

132 T.1FD	P.7FD
133 R.4D	R.2F
134 R.3D	R.3D
135 R.2D	R.3R
136 T.1R +	R.3F
137 R.1F	R pr P
138 T.1CR+	R.2F
139 T.2CR	P.3CR
140 T.2FR+	R.2C

141 T.2CR	T.4FD
142 T.2D	R.3F
143 T.2FR+	T.4FR
144 T pr P	T.8FR +
145 R.2C	P.4CR
146 T.8FD	T.8D
147 R.2F	T.4D
148 T.8FR+	R.3C
149 T.1FR	R.4T
150 R.3F	P.5CR
151 R.4F	T.1D
152 T.1TR+	R.4C
153 T.1CR	R.5F
154 T.1FR+	R.6C
155 R.3F	R.7C
156 T.7FR	P.6CR
157 T.7CR	R.7F
158 T.7FR+	R.8C
159 R.2F	P.7CR
160 T.6FR	T.4D
161 T.8FR	R.7T

Les Blancs abandonnent.

6. — Partie Lopez

BLANCS	NOIRS
SCHLECHTER	BURN
1 P.4R	P.4R
2 C.3FR	C.3FD
3 F.5CD	P.3TD
4 F.4TD	C.3FR
5 Roq	F.2R
6 T.1R	P.4CD
7 F.3CD	P.3D
8 P.3FD	F.5CR

Joué par Duras contre Spielmann dans le précédent tournoi de Hambourg.

9 P.3D	Roq

Si 9 — P.3TR ; 10 CD.2D puis 1FR et 3CR.

10 CD.2D	C.4FD
11 F.2FD	P.4FD
12 C.1FR	C.3FD
13 P.3TR	F.2D
14 C.3CR	D.2FD
15 F.5CR	C.1D
16 P.4TD	C.3R
17 C.5FR	F.3FD
18 D.2D	F.1D
19 F.3R	P.3CR
20 C.3CR	F.2R
21 C.5CR	C pr C
22 F pr C	C.1R

Après le 22e coup des Noirs

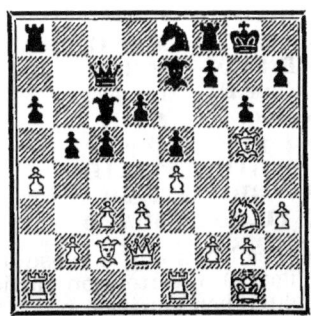

23 P pr P	P pr P
24 T pr T	F pr T
25 T.1TD	

Les Blancs semblent faire abandon de l'initiative.

25	C.2CR
26 F pr F	D pr F
27 P.4D	C.3R
28 C.2R	F.2CD
29 P.5D	C.2FD
30 P.3CD	T.1TD
31 T pr T +	F pr T
32 F.3D	F.2CD
33 D.2TD	F.3TD
34 D.5TD	R.2C

35 C.3CR	D.2D
36 C.4FR	R.1F
37 D.6CD	R.2R
38 P.4CD	P.5FD
39 F.2R	R.1F
40 C.3R	D.1D
41 C.4CR	F.1FD
42 C.2TR	

Ce dernier coup est le seul à critiquer. Par 42 C.6FR les Blancs avaient une bonne chance à chercher.

| 42 | R.2R |

Partie nulle.

7. — Défense Berlinoise

| BLANCS | NOIRS |
| SPIELMANN | VIDMAR |

1 P.4R	P.4R
2 F.4FD	C.3FR
3 P.3D	F.4FD
4 C.3FD	P.3D
5 P.4FR	C.3FD
6 C.3FR	Roq
7 P pr P	

Ne devrait pas sur 7 P.5FR mériter la préférence.

7	P pr P
8 F.5CR	D.3D
9 F pr C	D pr F
10 C.5D	D.3D
11 D.2D	C.5D
12 C pr C	F pr C
13 P.3FD	F.3CD
14 C pr F	PT pr C
15 Roq	F.3R
16 F pr F	D pr F
17 P.3TD	TD.1D
18 D.3R	T.2D
19 TD.1D	P.4FD

Les Noirs ont, à cause de la ligne D ouverte, une partie quelque peu supérieure.

Après le 19e coup des Noirs

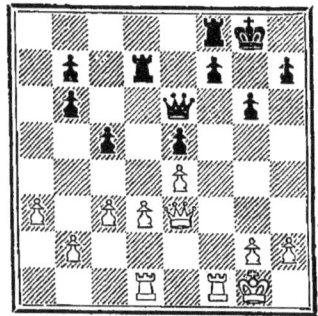

20 T.2D	TR.1D
21 TR.1D	D.6CD
22 D.3CR	P.3FR
23 D.3FR	P.4CD
24 P.3TR	T.3D
25 F.2R	D.3R
26 D.3R	P.3CD
27 R.1C	D.2D
28 R.2T	D.3R
29 R.1C	D.2D
30 R.2T	D.3R
31 R.1C	

Partie nulle

parce que la même position, avec le même joueur à jouer, s'est produite trois fois.

Deuxième Tour — 21 Février

Bernstein	Spielmann.	Janowski	Niemzowitch.
Leonhardt	Duras.	Vidmar	Rubinstein.
Marshall	Capablanca.	Burn	Maroczy.
Tarrasch	Schlechter.	Teichmann.	*repos.*

Presque toutes les parties de la deuxième journée de jeu se terminent en remises.

Seul le Doct. Bernstein obtient la victoire contre Spielmann en tirant profit d'un coup faible de celui-ci et par une combinaison surprenante.

Duras arrive avec Leonhardt dans une position désespérée, ce dernier ne voit pas un gain facile et il laisse son adversaire s'échapper habilement avec une nullité.

Marshall néglige contre Capablanca de s'assurer la meilleure fin de partie par des échanges avantageux ; la partie se termine en remise.

Le même résultat après 24 coups est à enregistrer entre le Dr Tarrasch et Schlechter, leur partie est jouée des deux côtés avec une correction absolue et d'une manière fort circonspecte.

La partie Janowski - Niemzowitch entre assez promptement dans la phase finale et elle reste également indécise.

Rubinstein fait encore cadeau d'un demi-point ; avec Vidmar il laisse par erreur la variante gagnante la croyant dangereuse et doit se contenter ensuite de la nullité.

La partie entre Burn et Maroczy est sans intérêt spécial en raison de sa remise après dix-huit coups.

* *

8. — Partie Française

BLANCS	NOIRS
BERNSTEIN	SPIELMANN
1 P.4R	P.3R
2 P.4D	P.4D
3 C.3FD	C.3FR
4 F.5CR	F.2R
5 P.5R	CR.2D
6 F pr F	D pr F
7 C.5CD	C.3CD
8 P.3FD	P.3TD
9 C.3TD	P.3FR
10 C.3FR	

Bien préférable était :

10 P.4FR	P pr P
11 D.5TR +	R.1D
12 PF pr P	C.5TD
13 D.2R	C pr PF
10	CD.2D

Le développement habi-

tuel se continue par — P.
4FD suivi de — C.3FD.

11 P pr P
11 F.3D valait mieux.

11   D pr P
Par ce coup ils menacent bien de 12 — P.4R, mais plus fort était 11 — P pr P.

12 P.4FD

Si 12 F.3D   P.4R
13 P pr P   C pr P
14 D.2R   C de 3C à 2D
15 Roq avec l'avantage.

12   P.4FD
S'opposant à la menace 13 — P.5FD.

13 P pr PD   PR pr PD
14 F.2R   Roq
15 Roq   P.5FD

D'une valeur douteuse. 15 — P pr PD méritait considération avec l'idée de développement du côté D par C.4R.

16 C.2FD   D.3D

Les Noirs ont l'infériorité en dépit de leur colonne ouverte.

17 C.3R   C.3FR
18 P.3CD   F.3R
19 C.5CR   TD.1FD
20 C pr F   D pr C
21 T.1R   T.2FD ?

Les Noirs semblent faire fi de l'attaque adverse.

Après le 21e coup des Noirs

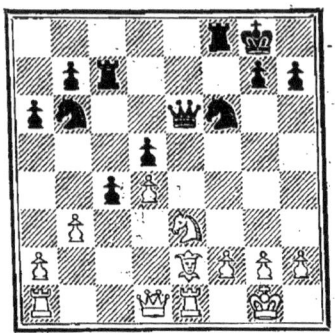

22 C pr PF   C.5R

Il est clair que si 22 — P pr C ; 23 F pr PFD gagne la D.

23 C pr C   D pr C
24 F.3FR   D.3FR
25 T.3R   P.4CR
26 P.3TR   P.4TR
27 D.2R   T.2R
28 F pr C   P pr F
29 T.1FR   D.3CR
30 P.5D   T.1D
31 T.1D   T.4R
32 T.4D   T de 1D pr P
33 T pr T   T pr T
34 T pr P   T.2D
35 T.6R   D.4FR
36 T.8R +   R.2C
37 D pr PT

Les Noirs abandonnent.

9. — Gambit de la Dame refusé

BLANCS	NOIRS
LEONHARDT	DURAS
1 P.4D	P.4D
2 P.4FD	P.3R
3 C.3FD	P.4FD
4 P.3R	C.3FR
5 C.3FR	C.3FD
6 F.3D	P.3TD ?

Cette méthode de développement, qui fut pendant longtemps en faveur, est considérée comme fausse aujourd'hui.

7 Roq   PD pr P
8 F pr PF   P.4CD
9 F.3D   F.2CD

10 P.4TD !   P.5CD
11 C.4R   C pr C

11 — P pr P semble préférable. Cela simplifie la position tout au moins.

12 F pr C   D.3CD ?

Bien que la continuation 12 — C.4TD, choisie par Lasker dans son match contre Janowski ne donne pas davantage un jeu satisfaisant, elle mérite toujours la préférence malgré le mauvais poste occupé finalement par le C à 2CD.

13 P.5TD !   D.2FD

Les Noirs ne pouvaient pas accepter le sacrifice du P, exemple :

Si 13   C pr P
   14 D.4TD +   C.3FD
   15 C.5R   T.1FD
   16 P.5D   P pr P
   17 F pr P   T.2FD
   18 T.1D etc.

Ou 14 F pr F — C pr F; 15 D.4TD + suivi de C.5R etc.

14 D.4TD   T.1FD
15 F.2D !   P.4FR

Etant gênés sur le côté D ils n'avaient pas d'autre moyen de déloger le F.

16 F.3D   D.2D
17 D.3CD   P.3TR ?

Avec le dessein d'une marche du R via 2F. Ainsi qu'il lui arrive fréquemment, Duras s'engage inconsidérément dans une position tout à fait sans ressource. Son pacte avec dame Bonne Fortune est toutefois bien connu et en la circonstance il se fait voir bien vite.

Préférable était 17 — F.2R. Peut-être le Roq eût-il été encore meilleur ! Quoi qu'il en soit leur partie est mauvaise. Leonhardt traita le début de façon parfaite et énergique avec 10 P.4TD.

18 F.4FD   R.2F ?

Après le 18ᵉ coup des Noirs

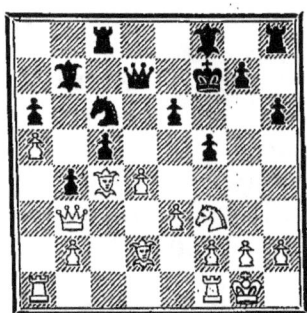

19 P.5D

Les Blancs laissent passer un gain facile avec :

19 F pr P +   D pr F
20 P.5D   D.4R
21 P pr C+d   P.5FD !
22 D pr P + etc.

19   P pr P
20 F pr P +   R.3F
21 TR.1D

Il semble presque qu'une pièce pouvait être sacrifiée avec 21 F.3FD + ; en dehors de ce plan audacieux, simplement 21 F.5D aurait permis de garder l'avantage de position. Le coup du texte permet à l'adversaire de rétablir l'équilibre.

21   C.5D !

Une heureuse ressource qui parait sortir les Noirs de sérieuses difficultés.

22 P pr C   F pr F
23 D.3R   F pr C

Il n'y a plus rien maintenant et Duras mérite d'être félicité pour sa ténacité à soutenir un tel combat. Néanmoins on doit reconnaitre qu'il eût un peu de bonne fortune.

24 D pr F   P pr P

25 D.3D	D.3D	30 D pr PD+	D pr D
26 P.3CR	P.4CR	31 T pr D	F.4FD
27 T.4TD	T.1CD	32 T.4FD	TR.2CD
28 F.1R	T.4CD		
29 P.3CD	T.2TR		

Partie nulle.

10. — Gambit de la Dame refusé

BLANCS	NOIRS
MARSHALL	CAPABLANCA
1 P.4D	P.4D
2 P.4FD	P.3FD
3 P pr P	

Il semble que la désagrégation hâtive du centre adverse ne puisse amener un avantage de début à même d'être conservé si grand ou si petit qu'il soit. Le meilleur paraît être 3 C.3FR — C.3FR (3 — P pr P ; 4 P.3R — P.4CD ; 5 P.4TD suivi de P.3CD etc.) 4 P.3R et à présent peut-être 4 — P.3CR comme dans la dernière partie du match Lasker-Schlechter).

La défense 2 — P.3FD offre un champ très vaste aux recherches analytiques sur cette riche matière.

3	P pr P
4 C.3FD	C.3FD
5 C.3FR	C.3FR
6 D.3CD	

Afin d'empêcher le développement du FD des Noirs.

6	P.3R
7 F.5CR	P.3TR
8 F.4TR	D.3CD

Amène une perturbation considérable dans la position des P. noirs, tandis que la ligne TD ouverte et l'attaque sur le P.TD blanc ne forment pas l'équivalence suffisante. Meilleur était :

8	F.2R
9 P.3R	C.5R

10 F pr F	D pr F
11 C pr C	P pr C
12 C.2D	P.4FR
13 F.2R	Roq

9 D pr D	P pr D
10 P.3R	F.2D
11 F.5CD	

Pour échanger si possible le FD noir et par là acquérir le point 5CD ; le résultat serait une faiblesse accentuée du côté D des Noirs.

11	F.5CD

Le projet des Noirs est d'isoler le PTD adverse par suite de l'échange à 3FD des Blancs. En même temps ils menacent par — C.5R de former une contre attaque sur le côté D.

Après le 11e coup des Noirs

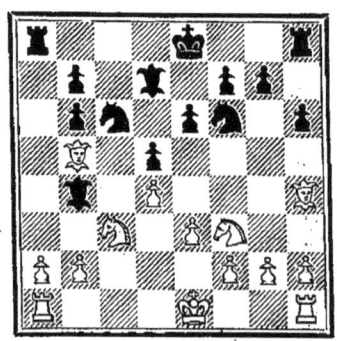

12 Roq

Avec 12 F pr CD les Blancs auraient eu la meilleure fin de partie ; ils échangeaient ainsi un F inactif contre un C important. Mais comme ils jouent; leur léger avantage acquis s'évanouit et après un intéressant combat sur l'aile de la D, le jeu se dégage petit à petit pour finir par une remise.

12	F pr C
13 P pr F	C.5R
14 P.4FD	

Si 14 TR.1FD — T.6TD ; 15 P.4FD — C.6FD ; 16 T.2FD la position serait probablement restée plus avantageuse pour les Noirs qu'avec la suite adoptée.

14	C.6FD
15 P.4TD	

Bien joué! Ne s'arrêtant pas à la perte d'un P pour garder l'initiative.

15	P pr P
16 F pr P	T pr T
17 T pr T	C pr T
18 T.1TD	C.4TD
19 C.5R	C pr F

Ici 19 — P.4CD était tentant ; mais la réplique 20 C pr F — C pr F ; 21 C.5FD eût été très satisfaisante.

20 C pr C

Si 20 C pr F   R pr C
21 T pr C   P.4CD et le P passé deviendrait dangereux.

20	P.3FR
21 T.1CD	F.3FD

Sans valeur était 21 — P.4CD auquel il eût été répondu par 22 C.6D + regagnant le P avec une bonne position.

22 P.3FR	R.2D
23 C pr P +	C pr C

Les F étant de différente couleur il n'y a plus maintenant que la nullité en perspective.

24 T pr C	T.1TD
25 T.2CD	T.8TD +
26 R.2F	P.4FR
27 F.3CR	F.4D
28 F.5R	P.3CR
29 F.7CR	P.4TR
30 P.4TR	T.7TD
31 T pr T	F pr T
32 P.4R	

Partie nulle.

11. — Giuoco Piano

BLANCS	NOIRS
TARRASCH	SCHLECHTER
1 P.4R	P.4R
2 C.3FR	C.3FD
3 F.4FD	F.4FD
4 P.3FD	C.3FR
5 P.4D	P pr P
6 P pr P	F.5CD +
7 F.2D	F pr F +
8 CD pr F	P.4D

Les Noirs avaient une partie plus facile avec 8 — C pr PR ; 9 C pr C — P.4D, etc.

9 P pr P	CR pr PD
10 D.3CD	CD.2R
11 Roq	Roq
12 TR.1R	P.3FD
13 P.4TD	C.3CR

Au lieu de cela, bien souvent on continue par — D.3CD, D.2FD ou encore — T.1CD suivi de — F.3R.

14 P.5TD	T.1CD

Afin de faciliter le développement du FD.

15 C.4R	F.4FR

16 C.5FD	P.3CD
17 C.6TD	T.1FD
18 C.4CD	

Les Blancs visent la suppression du CR adverse qui soutient fortement la position des Noirs.

18	F.3R
19 P pr P	P pr P
20 C pr C	F pr C
21 F pr F	P pr F

Les Noirs ont maintenant un PD faible, mais la question pour les Blancs est de tirer profit de ce désavantage.

22 C.5R

Après le 22e coup des Blancs.

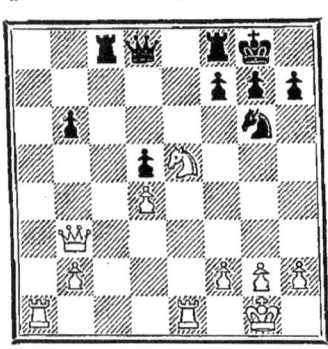

| 22 | C.5FR + |

Les Noirs manœuvrent fort habilement cette finale. Ils écartent avec raison la variante ci-après qui, défavorable, se serait terminée en leur laissant un PD très faible :

23	C pr C
24 P pr C	T.1R
25 TD.1D	T.4FD
26 P.4FR etc.	

23 D.3R

Pour répondre à — C.3R par C pr PF. On obtenait le même effet avec cette suite qui était à considérer :

23 D.3CR	C.3R
24 C pr PF	R pr C
25 T pr C	R pr T
26 D.5R + et gagnent.	

Toutefois les Noirs pouvaient répondre à 23 D.3CR par — C.3CR

| 23 | C.3CR |
| 24 D.3CD | C.5FR |

Partie nulle.

12. — Gambit de la Dame refusé

BLANCS	NOIRS
JANOWSKI	NIEMZOWITCH
1 P.4D	P.4D
2 P.4FD	P.3R
3 C.3FD	P.4FD
4 C.3FR	C.3FD
5 PF pr PD	PR pr PD
6 F.5CR	

Ce coup n'est pas bon, car après 6 — F.2R ; 7 F pr F — CR pr F les Noirs sont bien développés.

6	F.2R
7 F pr F	CR pr F
8 P.3R	P pr P
9 CR pr P	Roq
10 F.2R	F.3R
11 Roq	T.1FD
12 T.1FD	C pr C

Une innovation ; ici on joue ordinairement 12 — D. 3CD.

| 13 D pr C | C.3FD |
| 14 D.4FR | D.2FD |

15 D pr D	T pr D
16 TR.1D	T.1D
17 F.3FR	T de 2F à 2D

Après le 17e coup des Noirs

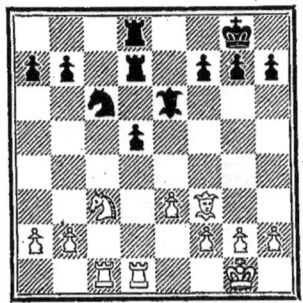

18 C.5CD	R.1F
19 R.1F	R.2R
20 R.2R	P.4CR !
21 P.3TR	P.4FR
22 R.1R	R.3F
23 C.4D	C pr C
24 T pr C	R.4R
25 R.2D	P.3TR
26 T.5FD	T.3D
27 T.4TD	P.3CD
28 T.7FD	P.5D
29 P pr P +	T pr T +
30 T pr T	T pr T +
31 R.3F	T.2D
32 T.6FD	T.3D
33 T.7FD	T.2D

Partie nulle.

13. — Partie du PD

BLANCS	NOIRS
VIDMAR	RUBINSTEIN
1 P.4D	P.4D
2 C.3FR	P.4FD
3 P.3R	C.3FR
4 F.3D	C.3FD
5 Roq	F.5CR
6 P.3FD	P.3R
7 CD.2D	F.3D
8 D.4TD	

Puisque la gêne du CR subsiste après le coup du texte, il semble mal à propos de déplacer la puissante D pour la porter à un poste où elle sera inefficace ; meilleur était 8 D.2FD.

8	Roq
9 T.1R	D.2FD
10 P pr P	F pr P
11 P.4R	

L'idée est plausible, elle dissout le centre ; mais le coup est risqué.

11	F pr C
12 C pr F	

Après le 12e coup des Blancs

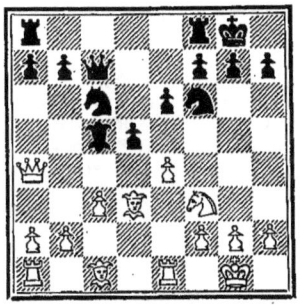

12	P pr P

Il fut démontré après la partie que 12 — C.5CR aurait offert des chances de gain. Et à cela il est difficile de trouver une défense suffisante pour les Blancs. Rubinstein vit un danger imaginaire dans 13 P pr P suivi de F pr P + et d'une menace éventuelle de la D sur le côté R. La position mérite l'étude.

Ceci est la seule critique à faire de cette courte partie.

13 F pr P	C pr F
14 D pr C	C.2R
15 F.5CR	C.3CR
16 TD.1D	P.3TR
17 F.3R	F pr F
18 T pr F	TR.1D
19 T de 3R à 3D	
19	C.5FR
20 T pr T +	T pr T
21 T pr T +	D pr T
22 P.3TR	

Partie nulle.

14. — Partie Française

BLANCS	NOIRS
BURN	MAROCZY
1 P.4D	P.3R
2 P.4R	P.4D

Par interversion le début « Partie du PD » rentre dans la « Partie Française », les deux côtés suivent une variante de nullité.

3 P pr P	P pr P
4 C.3FR	F.3D
5 F.3D	C.3FR
6 Roq	Roq
7 T.1R	

Si 7 P.3FD	F.5CR
8 F.5CR	CD.2D
9 CD.2D	P.3FD
10 D.2FD	D.2FD
11 TR.1R	TD.1R
12 F.4TR	F.4TR

Si 7 C.3FD	P.3FD
8 C.2R	CD.2D
9 C.3CR	T.1R
10 C.5FR	F.2FD
11 F.5CR	C.1FR
12 D.2D	F pr C
13 F pr F	D.3D !

7	F.5CR

8 CD.2D	CD.2D
9 C.1FR	P.3FD
10 C.3R	F pr C
11 D pr F	D.2FD
12 P.3CR	TR.1R
13 P.3FD	T.2R
14 F.2D	TD.1R
15 C.5FR	

Après le 15ᵉ coup des Blancs

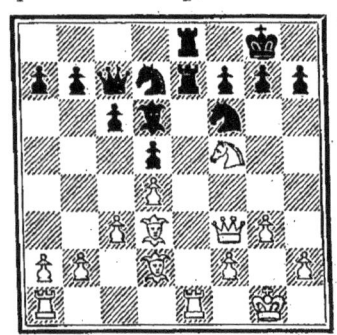

15	T pr T +
16 T pr T	T pr T +
17 F pr T	F.1FR
18 F.2D	

Partie nulle.

Troisième Tour — 23 Février

Schlechter	Janowski.	Spielmann	Marshall.
Capablanca	Burn.	Rubinstein	Bernstein.
Niemzowitch	Leonhardt.	Teichmann	Vidmar.
Maroczy	Tarrasch.	Duras.	*repos.*

Dans une « Partie Viennoise » très vive Schlechter gagne contre Janowski, la manœuvre offensive dirigée par Schlechter n'était peut-être pas absolument correcte.

Burn se défend bien mal d'une « Partie Lopez » que Capablanca conduit énergiquement jusqu'à la fin en utilisant l'avantage de position acquis.

Niemzowitch incite son adversaire Leonhardt à un piège fort subtil dans lequel celui-ci tombe enfin ; alors pour se tirer de ce mauvais pas Leonhardt se voit contraint d'abandonner une T et bientôt la partie qui devient indéfendable.

Le Doct. Tarrasch ayant les Noirs contre Maroczy adopte une variante de la « Partie Lopez » que Schlechter essaya plusieurs fois dans son match avec Lasker ; mais le docteur ne la continue pas de juste manière et il arrive à avoir le désavantage, puis doit abandonner un P. La finale comprend des manœuvres de T intéressantes par lesquelles Tarrasch se défend fort adroitement et obtient la remise. A remarquer aussi que Maroczy ne trouve pas à un moment favorable le chemin caché qui le conduisait au gain.

Deux parties nulles intéressantes sont encore à marquer : la première entre Spielmann et Marshall et la seconde entre Rubinstein et Bernstein. Quant à cette dernière il est à noter que, de nouveau, Rubinstein laisse échapper le gain par une erreur frappante.

Bien que pendant quelque temps, le Dr Vidmar ait maintenu contre Teichmann un léger avantage leur partie se termine par une remise.

15. — Partie Viennoise

BLANCS	NOIRS
SCHLECHTER	JANOWSKI
1 P.4R	P.4R
2 C.3FD	F.4FD
3 C.3FR	P.3D
4 C.4TD	F.3CD
5 C pr F	PT pr C
6 P.4D	P pr P
7 D pr P	D.3FR
8 F.3D	C.3FD
9 D.3R	CR.2R

10 Roq	Roq
11 P.3FD	C.3CR
12 C.4D	C pr C
13 P pr C	T.5TD
14 P.5D	F.2D
15 F.2FD	TD.1TD
16 P.4FR	TR.1R
17 D.3CR	D.5D +
18 T.2FR	P.4FR

Très risqué. Si 18 — F. 4FR paraissant gagner un P, la réplique 19 F.3R — D pr PC ; 20 T.1CD — D.6TD ; 21 T.3CD était pleinement efficace. — Le meilleur était simplement 18 — P.3FR.

Après le 18ᵉ coup des Noirs

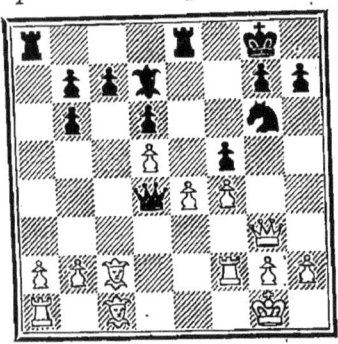

19 F.2D !	P pr P
20 F.3FD	D pr P
21 P.5FR	

A 21 F.3CD les Noirs peuvent sacrifier la D avec avantage, ex. : 21 — D pr F ; 22 P pr D — T pr T + ; 23 T. 1FR — T pr T ; 24 R pr T — T.1FR, etc.

21	P.6R ?

Une faute. Le coup juste était 21 — F pr P, sur quoi les Blancs par 22 P.4TR auraient continué l'attaque, il est vrai, mais avec succès douteux.

22 TR.1FR	P.7R
23 F.3CD	P pr T : D +
24 T pr D	D pr F
25 P pr D	C.4R
26 P.6FR	C.3CR ?

Si 26 — P.3CR ; 27 F pr C — T pr F ; 28 D.4FR ! et gagnent.

27 P.7FR +

Les Noirs abandonnent.

16. — Partie Lopez

BLANCS	NOIRS
CAPABLANCA	BURN
1 P.4R	P.4R
2 C.3FR	C.3FD
3 F.5CD	P.3TD
4 F.4TD	C.3FR
5 P.3D	P.3D
6 P.3FD	F.2R
7 CD.2D	Roq
8 C.1FR	P.4CD
9 F.2FD	P.4D
10 D.2R	P pr P
11 P pr P	F.4FD
12 F.5CR	F.3R
13 C.3R	T.1R
14 Roq	D.2R

14 — F pr C était nécessaire.

Après le 14ᵉ coup des Noirs

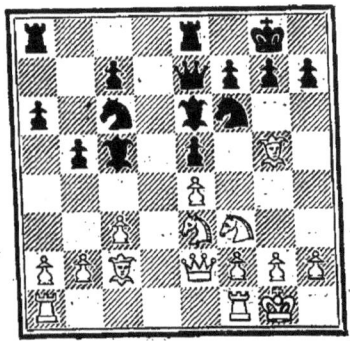

15 C.5D !

Par ce coup les Blancs ont maintenant le jeu supérieur.

15		F pr C
16	P pr F	C.1CD
17	P.4TD !	P.5CD
18	P pr P	F pr PC
19	F pr C !	D pr F
20	D.4R !	F.3D

Si 20   D.3CR
  21 D pr F   D pr F
  22 TD.1FD   D.6D
  23 TR.1D et gagnent.

21	D pr P +	R.1F
22	C.4TR	D.3TR
23	D pr D	P pr D
24	C.5FR	P.4TR
25	F.1D	C.2D
26	F pr P	C.3FR
27	F.2R !	C pr P
28	TR.1D	C.5FR
29	F.4FD	TR.1D
30	P.4TR	P.4TD
31	P.3CR	C.3R
32	F pr C	P pr F
33	C.3R	TR.1CD
34	C.4FD	R.2R
35	TD.1FD	T.2TD
36	T.1R	R.3F
37	T.4R	T.5CD

38 P.4CR

Après le 38e coup des Blancs

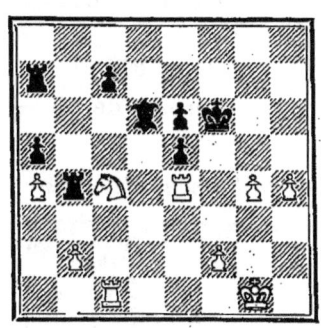

38		T.3TD

Naturellement pas 38 — T pr PT ? à cause de 39 C pr F qui gagnerait une pièce.

39	T.3FD	F.4FD
40	T.3FR +	R.2C
41	P.3CD	F.5D
42	R.2C	T.1TD
43	P.5CR	T.3TD
44	P.5TR	T pr C
45	P pr T	T.3FD
46	P.6CR	

Les Noirs abandonnent.

17. — Partie des Quatre Cavaliers

BLANCS	NOIRS
NIEMZOWITCH	LEONHARDT

1	P.4R	P.4R
2	C.3FR	C.3FD
3	C.3FD	C.3FR
4	F.5CD	F.5CD
5	Roq	Roq
6	F pr C	

L'échange des F pour C est, dans ce début, une innovation de Niemzowitch.

6		PD pr F

Meilleur était 6 — PC pr F suivi de — P.3D.

7	P.3D	F.5CR
8	P.3TR	F.4TR
9	F.5CR	

Si 9 P 4CR ? alors C pr PC avec une forte attaque.

9		D.3D
10	F pr C	D pr F
11	P.4CR	F.3CR
12	R.2C	TD.1D
13	D.2R	F pr C

14 P pr F

Les Blancs sont maintenant fortement établis au centre ; le PD des Noirs ayant disparu et le PFR de ceux-ci étant obstrué.

14 .... P.4FD

Avec le projet de 15 — P.5FD.

Après le 14e coup des Noirs

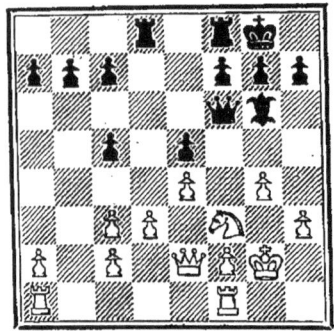

15 C.2D

Une double intention : la première de s'opposer à la rupture de leur centre par — P.5FD alors qu'ils ont besoin de manœuvrer le C à 4FD, 3R et 5FR ; la seconde de ne pas être contraints de déranger le dit centre par l'avance P.4FD qui laisserait libre aux Noirs la case — 5D.

15	D.2R
16 C.4FD	P.3CD
17 C.3R	P.3FR
18 T.1CR	D.2D
19 R.2T	R.1T
20 T.3CR	

Afin de pouvoir doubler les T ; toutefois ce plan aurait pu être différé, surtout que, trop clairement indiqué, il prête le flanc à une contre-manœuvre gênante.

20 .... D.4CD

Provoquant 21 — P.4FD pour, de ce fait, faciliter à la D la case 5D, via 7CD.

21 D.1R

Prévenant le projet de 21 — D.7CD parce que 22 T.1CD — D pr PT ; 23 T.1TD, etc.

21	D.5TD
22 D.1FD	T.2D
23 P.4TR	F.2FR
24 P.4FD	F.3R
25 D.2CD	P.4TD
26 TD.1CR	D.3FD

Après le 26e coup des Noirs

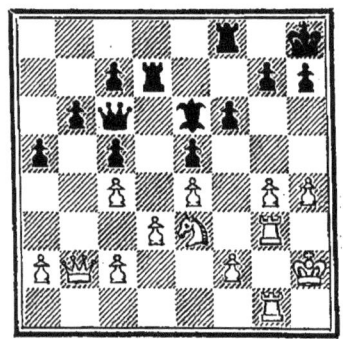

27 T de 1 à 2CR !

Voyant l'intention des Noirs de pénétrer avec leur D à 5D, but vers lequel ceux-ci ont courageusement manœuvré, les Blancs imaginent une subtile combinaison qui échappe à leur adversaire.

27	D.3D
28 D.1FD !	D.5D
29 C.5D	

Ce joli coup est le point de départ de la combinaison de Niemzowitch. Menacée de 30 P.3FD ! la D ne pourra assurer sa retraite qu'au prix d'un lourd sacrifice.

29	T pr C
30 P.3FD !	

Beaucoup plus fort que 30 PR pr T qui pouvait laisser aux Noirs des chances de remise.

30		D pr PD
31	PR pr T !	

Très joli ! La D est à présent attaquée par la T, et le F reste en prise.

31		D.5FD pr P
32	P pr F	D pr PR
33	D.2FD	P.5FD
34	D.5FR	D pr D
35	P pr D	T.2FR
36	T.4CR	P.4CD
37	P.4TD	P.3FD
38	T.1CR	P.4TR
39	T.4R	T.2D
40	T.1TD	T.6D
41	P pr P	P pr P
42	T pr PT	T pr P
43	T pr PC	T.6FR
44	R.2C	T pr P
45	T pr PF	R.2T
46	P.4FR	R.3C
47	P pr P	P pr P
48	T de 4 à 5FD	

Les Noirs abandonnent.

18. — Partie Lopez

BLANCS	NOIRS
MAROCZY	TARRASCH
1 P.4R	P.4R
2 C.3FR	C.3FD
3 F.5CD	P.3TD
4 F.4TD	C.3FR
5 Roq	C pr P
6 P.4D	P.4CD
7 F.3CD	P.4D
8 P.4TD	C pr P

Cette suite déjà adoptée par Schlechter dans son match contre Lasker n'est pas encore suffisamment éprouvée.

| 9 C pr C | P pr C |
| 10 C.3FD ! | C.3FR |

Si 10 — P pr C suivrait 11 F pr PD à l'avantage des Blancs. Etait à considérer 10 — C pr C suivi de — F.2R !

| 11 D pr P | P.4FD |

11 — F.2CD était à examiner.

| 12 D.5R + | F.3R |
| 13 F pr P | |

Joué par Schlechter contre Perlis dans un récent tournoi. Au lieu de cette prise J. Berger recommande : 13 P pr P — F.3D ; 14 D.2R — Roq ; 15 F.5CR.

| 13 | | C pr F |
| 14 | T.1D | D.3D |

Après le 14e coup des Noirs

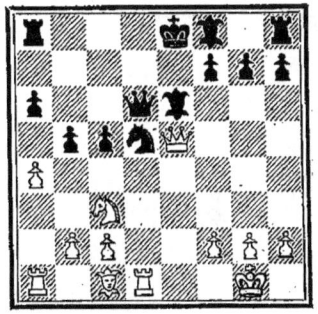

15 T pr C !	D pr D
16 T pr D	F.3D
17 T.1R	P.5CD
18 C.4R	F.2R
19 F.5CR !	F pr F

Bien que les Blancs restent

encore avec un léger avantage le meilleur ici était 19 — T.1FD.

20 C pr F	R.2R
21 T.5R	TD.1FD
22 TD.1R	T.3FD
23 P.4FR	P.3CR

Le meilleur.

Si 23   P.3TR ?
24 C pr F   T pr C
25 T pr T +   P pr T
26 P.5FR, etc.

24 P.4CR   P.5FD !

La meilleure parade contre la forte menace des Blancs C.4R puis P.5FR.

25 P.4TR

Etait préférable 25 R.2F. Par contre 25 P.5FR échouerait à cause de — P pr P ; 26 P pr P — T.1CR ! 27 P pr F — P.3FR !

25	P.3TR
26 C pr F	T pr C
27 T pr T +	P pr T
28 P.5FR	PC pr P
29 P pr P	R.3F !

Après le 27e coup des Noirs

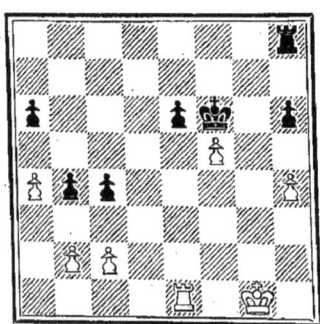

30 T pr P +

Si 30 P pr P — R.2R suivi de — T.1FD.

30   R pr P
31 T pr PTD   T.4D

32 T.6CD !	T.7D !
33 T pr PC	T pr P
34 P.5TD	T.8FD +
35 R.2F	T.8TD
36 T.5CD +	

Plus simple était 36 T pr PF — T pr PT ; 37 R.3R afin de gagner avec le PC ; toutefois la continuation choisie aurait dû conduire au même résultat victorieux.

36	R.5C
37 R.3R	R pr P
38 R.4D	R.5C !

Si 38 — T.5TD ? 39. R.5F suivi de 40 R.6C, puis P.6TD et T.5TD était décisif.

39 R pr P	P.4TR
40 P.4CD	P.5TR
41 T.8CD	P.6TR
42 T.8TR	R.6C
43 R.5C	P.7TR

Après le 43e coup des Noirs

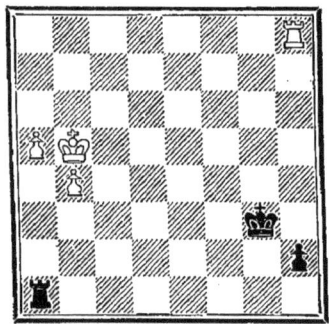

44 R.6F ?

Sur ce faible coup les Noirs forcent la remise, tandis que par 44 R.6T — T.4TD ; 45 T pr PT — T pr P ; 46 T.5TR les Blancs gagnaient.

44	T.8FD +
45 R.6C	T.5FD !
46 T pr P	T pr P +
47 R.5F	T.5TD

Partie nulle.

19. — Défense Petroff

BLANCS	NOIRS
SPIELMANN	MARSHALL
1 P.4R	P.4R
2 C.3FR	C.3FR
3 C pr P	P.3D
4 C.3FR	C pr P
5 P.4D	P.4D
6 F.3D	F.3D
7 Roq	Roq
8 P.4FD	F.5CR
9 P pr P	P.4FR
10 C.3FD	C.2D
11 P.3TR	F.4TR
12 C pr C	P pr C
13 F pr P	C.3FR
14 F.5FR	R.1T
15 D.3CD	

Jusque là les coups joués sont identiques à ceux d'une partie entre les mêmes adversaires au dernier Tournoi de Hambourg, voir aussi la partie Bernstein-Marshall du 7e tour.

15	C pr P
16 F.5CR	F.2R
17 F pr F	C pr F
18 F.4R	F pr C
19 F pr F	C.4FR

Après le 19e coup des Noirs

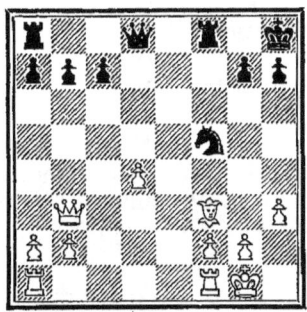

20 F pr PC

Préférable était 20 D pr PC avec la finesse 20 — C pr P; 21 TD.1D — C pr F +?, 22 D pr C! et si 22 — T pr D; 23 T pr D + — T pr T; 24 P pr T — T.7D; 25 T.1R laissant un minime avantage aux Blancs; mais les Noirs en jouant 21 — D.3D, certainement le meilleur, le poste excellent de leur C à 5D est une compensation du P de moins.

20	T.1CD
21 D.5D	C.3D
22 F.6FD	T pr PC
23 TD.1R	D.5TR
24 P.4FR	P.3TR
25 D.6R	T pr PF
26 R.2T	C.4FR

Après le 26e coup des Noirs

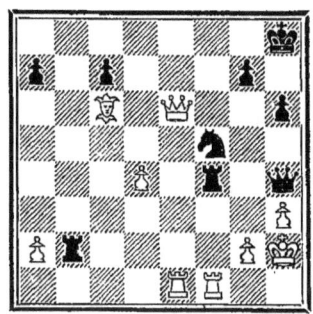

27 D.8R +

Le sacrifice de P découlant de 26 D.6R n'a donc donné aucun avantage décisif.

| 27 | R.2T |
| 28 F.4R | T de 7C à 7FR |

Le coup sauveur. Maintenant le jeu dégagé marche vers la remise.

29 F pr C +	T pr F
30 T pr T	T pr T
31 T.4R	D.3FR
32 D.5R	

Partie nulle.

20. — Contre Gambit du Centre

BLANCS	NOIRS
RUBINSTEIN	BERNSTEIN
1 P.4R	P.4D
2 P pr P	D pr P
3 C.3FD	D.4TD

Si 3   D.1D
   4 P.4D   P.3FD
   5 C.3FR   F.4FR
   6 F.3D   F.3CR
   7 Roq   C.3FR
   8 F.5CR   CD.2D

4 P.4D	C.3FR

Si 4   P.4R
   5 P pr P   D pr PR +
   6 F.2R   F.5CD
   7 C.3FR   F pr C +
   8 P pr F   D pr P +
   9 F.2D   D.4FD

| 5 C.3FR | F.5CR |
| 6 P.3TR | F pr C |

Meilleur était 6 — F.4TR.

7 D pr F	P.3FD
8 F.2D	CD.2D
9 Roq TD	P.3R
10 F.4FD	D.2FD
11 TR.1R	Roq TD
12 F.3CD	P.3TR

Était préférable : 12 — F.2R suivi de — C.3CD et — T.2D.

13 R.1C	C.3CD
14 C.2R	F.2R
15 P.4FD	T.2D
16 P.4TD	C.1TD
17 F.4FR	F.3D
18 F.3R	D.4TD
19 T.1FD	F.1CD
20 TR.1D	C.2FD
21 C.4FR	TR.1D
22 F.2D	D.3TD
23 F.3FD	D.3CD
24 R.2T	C.3TD
25 C.3D	P.4FD

Après le 25ᵉ coup des Noirs

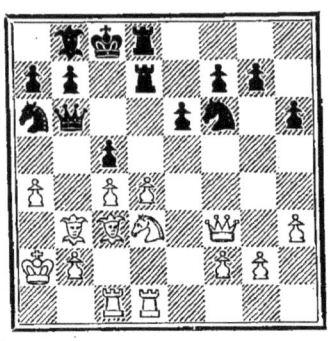

26 P.5TD	D.2FD
27 P pr P	C pr P
28 C pr C	T pr T
29 T pr T	T pr T

Après 29 — D pr C la position des Noirs serait également désavantageuse.

30 C pr PR !

Joli et imprévu.

30	P pr C
31 D pr T	C.5R
32 F.4CD	C.4FD
33 D.5TR	P.3CD
34 F.1D	D.2R
35 F.3FR	F.3D
36 P pr P	P pr P
37 D.6CR	F.4R
38 F.3TD	F.3FR
39 P.4CD	D.2D

Une dernière tentative qui, curieusement, réussit. Relativement meilleur était C 5TD.

| 40 P pr C | D.7D + |
| 41 R.3C | |

Une faute incompréhensible. Après :

41 R.1C	D.8R +
42 R.2F	D.6FD +
43 R.1D	D pr F
44 D.8R +	R.2F

45 D.6FD +   R.1D
46 D.6D +   R.1F forcé
47 F.7CD + !! suivi de P.6FD + gagnent.

D'autres coups que 43 — D pr F ne sauveraient pas davantage les Noirs.

44   D.6FD +

Partie nulle par échec perpétuel.

21. — Partie Lopez

BLANCS	NOIRS
TEICHMANN	VIDMAR
1 P.4R	P.4R
2 C.3FR	C.3FD
3 F.5CD	P.3TD
4 F.4TD	C.3FR
5 Roq	C pr PR
6 P.4D	P.4CD
7 F.3CD	P.4D
8 P pr PR	F.3R
9 P.3FD	F.4FD
10 CD.2D	Roq
11 F.2FD	P.4FR
12 C.3CD	F.3CD
13 CR.4D	C pr C
14 C pr C	F pr C
15 P pr F	

Après le 15e coup des Blancs

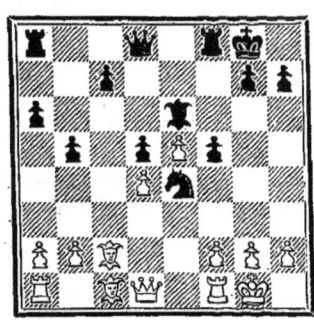

15	P.5FR
16 P.3FR	C.6CR
17 T.1R	

Il ne serait pas avantageux de courir les risques du sacrifice offert.

17   D.5TR
18 D.2D

Après 18 P pr C ? — P pr P ; 19 F.3R — D.7TR + ; 20 R.1F — F.6TR ! les Blancs perdraient certainement.

18   C.4FR
19 T.2R

A cause de la menace — C pr PD.

19   TD.1FD

Les Noirs projettent faussement une trouée au lieu de continuer sagement une attaque, précédée de quelques coups préparatoires avec — P.4CR.

20 P.3CD   P.4FD
21 P pr P   T pr P
22 F.3D !

Si 22 F.3TD — T pr F suivi de — C.5D.

22   T.3FD
23 F.3TD   T.2FR
24 T.1FD   T pr T

Maintenant obligés d'abandonner à l'adversaire la ligne qu'ils avaient ouverte pour eux-mêmes.

25 D pr T   C.5D

Pour empêcher 26 D.6FD.

26 T.2FR   D.4CR ?

Une erreur !

27 D.3FD !   P.5CD

Comme il leur est interdit de capturer le PR, les Noirs cherchent à prendre leur adversaire par la ruse.

28 D pr P	D pr P
29 F.2CD	C.3FD
30 D.2D	D.3D
31 F pr PTD	C.5CD
32 F.3D	

Ici 32 F.3TD était décisif.

32	C pr P
33 D.5TD	C.5CD
34 F.3TD	T.2CD
35 T.2R	F.2FR

Partie nulle.

Car après 36 T.2FD les Noirs peuvent encore jouer — F.3R alors 37 T.2R entraînant à une répétition.

Quatrième Tour — 24 Février

Janowski	Maroczy.	Burn	Spielmann.
Tarrasch	Capablanca.	Bernstein	Teichmann.
Duras	Niemzowitch.	Leonhardt	Schlechter.
Marshall	Rubinstein.	Vidmar.	*repos.*

La partie Janowski-Maroczy, conduite des deux côtés dans un style d'attaque vive, finit après un combat opiniâtre par la victoire du maître hongrois.

Très intéressante est la marche de l'importante partie Tarrasch-Capablanca dans laquelle le Dr Tarrasch adopte la même ouverture que contre Schlechter.

Capablanca, par un coup subtil obtient un léger avantage ; malgré cela la partie se termine par la remise.

Une autre nullité se montre nettement dans la finale fort intéressante entre Duras et Niemzowitch.

Dans sa fin de partie contre Marshall, Rubinstein obtient un avantage matériel qui, avec la meilleure manœuvre, aurait sans doute mené à la victoire, mais le maître russe n'est évidemment pas dans son bon jour, et grâce à une fine défense, Marshall sauve un demi point.

Burn joue contre Spielmann dans un style entreprenant et celui-ci est très heureux de sortir d'embarras par une nullité alors que le vénérable maître anglais, pressé par le temps, laissait passer le meilleur coup.

Teichmann perd une partie égale contre Bernstein pour avoir dépassé le temps réglementaire. Il oublia un moment que le délai accordé était de 15 coups par heure et non pas 30 coups en deux heures.

La partie Leonhardt-Schlechter est enregistrée comme remise après le dix-huitième coup.

22. — Partie du PD

BLANCS	NOIRS
JANOWSKI	MAROCZY
1 P.4D	P.4D
2 C.3FR	P.4FD
3 P.3R	P.3R
4 F.3D	C.3FR
5 Roq	C.3FD
6 P.3CD	F.3D
7 F.2CD	Roq
8 CD.2D	D.2R

Etait également à prendre en considération :

8	F.2R
9 C.5R	D.2FD
10 P.4FR	F.3D
11 P.4FD	C.2R
12 T.1FD	P.3CD suivi

de — F.2CD.

9 C.5R

Pour parer à la menace — P.4R.

9	P pr P
10 P pr P	F.6TD !
11 D.4FD	F pr F
12 D pr F	T.1D
13 TR.1R	F.2D
14 CD.3FR	TD.1FD
15 P.3FD	F.1R
16 T.3R	C.2D
17 C pr CR	T pr C
18 TD.1R	T de 2D à 2FD
19 F.4CD	P.4CD
20 P.4TR	

Les Blancs attaquent le côté R ; les Noirs le côté D.

20	D.3D

Pour prévenir une attaque éventuelle C.5CR suivi de C pr PR.

| 21 D.2D | C.1D |

22 C.5R	P.3FR

Après le 22e coup des Noirs

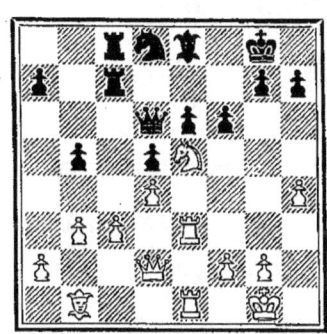

23 D.2FD	

Cette combinaison est manquée ; le C devait retourner à 3FR.

Maîtres de la colonne FD les Noirs arrivent bientôt à prendre un avantage marqué.

23	P.3CR
24 C.3FR	

Si 24 C.4CR — D.5FR.

24	P.5CD
25 P.4FD	P pr P
26 P pr P	T pr P
27 D.2D	F.3FD !
28 P.5TR	F pr C
29 T pr F	T pr P
30 D.2R	T.5CR
31 T.3CR	P.4CR
32 T.1D	

A 32 D.5CD menaçant de 33 T pr PC + la réplique — C.2FR donnerait toute satisfaction.

32	T.5D
33 T pr T	D pr T

Tout de suite 33 — T.8FD + valait sans doute mieux.

34 F.2FD	T.6FD
35 T pr T	D pr T
36 P.3CR	

36 D.4D était à tenter.

36	R.2C
37 F.3CD	D.5D
38 D.2FD	D.3D
39 D.4R	R.3T
40 D.3R	C.3FD

Après le 40e coup des Noirs

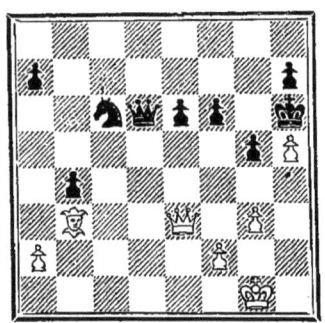

41 D.3FR

Si 41 F pr P — D.4R forcerait l'échange des D.

41	P.4FR
42 F.4TD	C.5D
43 D.8TD	P.3TD
44 D.8TR	P.4R
45 F.8R	P.5CR
46 F.7FR	P.5FR
47 F.8CR	C.6FR +
48 R.2C	C.4CR
49 F.3CD	P pr P
50 P pr P	D.7D +
51 R.4F	D.6D +
52 R.4R	C.6FR +
53 R.2F	D.7D +

Les Blancs abandonnent.

Avec une sage circonspection Maroczy sut mettre en valeur tout le matériel qu'il avait à manœuvrer.

---

23. — Giuoco Piano

BLANCS	NOIRS
TARRASCH	CAPABLANCA
1 P.4R	P.4R
2 C.3FR	C.3FD
3 F.4FD	F.4FD
4 P.3FD	C.3FR
5 P.4D	P pr P
6 P pr P	F.5CD +
7 F.2D	F pr F +
8 CD pr F	P.4D
9 P pr P	CR pr P
10 D.3CD	CD.2R
11 Roq	Roq
12 TR.1R	P.3FD
13 P.4TD	D.3CD
14 D.3TD	F.3R
15 P.5TD	D.2FD
16 C.4R	TD.1D
17 C.5FD	F.1FD
18 P.3CR	

S'opposant à — C.5FR et pour doubler les T sur la ligne du R ; mais le coup affaiblit leur aile droite. Les Blancs n'ayant pas de continuation favorable pour l'offensive le mieux était 18 C.5R.

18   C.4FR !

Commencement de l'attaque sur le PD isolé.

19 TD.1D   C.3D !

Très bien joué.

20 F pr C

Si 20 F.4FR — F.5CR.

20   **C.4CD !!**

Après le 20ᵉ coup des Noirs.

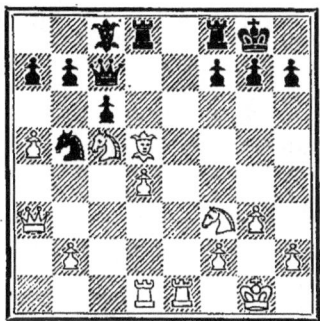

21 D.4CD

Naturellement pas 21 F pr P + à cause de — D pr F gagnant nettement une pièce.

21   **T pr F**

Ils menacent à présent de — F.5CR.

22 C.3D !!

La seule défense. En même temps les Blancs menacent de 23 C.4FR suivi de P.5D.

22   **F.5CR**

Ici Schlechter recommande 22 — D.3D.

23 C de 3D à 5R
23   **P.4TR**

Plus simple était :

23	T pr C
24 C pr T	F pr T
25 T pr F	T.1D !

24 C pr F   **P pr C**
25 C.4TR !   **TR.1D**
26 T.7R   **D.3D**

A ce moment, d'après Tarrasch, les Noirs auraient tiré un meilleur profit de leur position avantageuse en continuant par 26 — D.1FD.

27 D pr D	C pr D
28 P.6TD	P pr P
29 T pr P	C.4CD
30 T pr P	C pr P
31 R.4F !	P.4CR
32 C.2CR	C.6FR
33 T pr T	

Après le 33ᵉ coup des Blancs

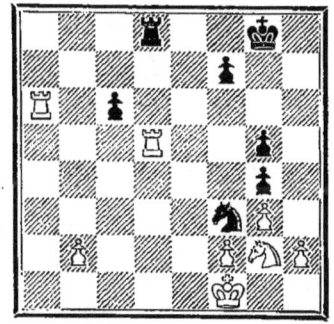

33   **P pr T**

Si 33   C pr PT +
   34 R.2R   P pr T
   35 C.3R   P.5D
   36 C.5FR   P.6D +
   37 R.1D. Partie nulle.

34 C.1R !

Non pas 34 C.3R à cause de — P.5D et 6D qui suivrait.

34   **T.1R**
35 C pr C   **P pr C**
36 T.6D

Les Blancs ne doivent pas s'engager avec 36 T.6FR — P.5CR ; 37 T.4FR — T.5R ; 38 T pr T — P pr T, car le R blanc est limité dans sa liberté d'action à cause de la constante menace — P.6R, et que finalement le PCD serait capturé par le R noir.

36   **T.1FD**
37 R.1R   **T.1R +**
38 R.1F   **T.1FD**

Partie nulle.

24. — Partie Lopez

BLANCS	NOIRS
DURAS	NIEMZOWITCH
1 P.4R	P.4R
2 C.3FR	C.3FD
3 F.5CD	P.3TD
4 F.4TD	C.3FR
5 Roq	F.2R
6 T.1R	P.3D
7 P.4D	C.2D
8 F pr C	P pr F
9 P pr P	P pr P
10 CD.2D	P.3FR
11 C.4FD	P.4TD
12 P.4TD	

Meilleur était 12 F.2D.

12	C.3CD
13 D pr D +	F pr D
14 C.3R	F.3R
15 P.3CD	F.2R
16 F.2D	R.2F
17 TR.1D	TR.1CD
18 F.3FD	F.4FD
19 T.3D	F pr C

Devait se jouer de préférence 19 — F.1FD puis 3TD.

20 T pr F	P.4FD
21 F.4R	P.5FD ?
22 T.3FD	T.1D
23 F.2D	T.3D
24 F.3R	TD.1D
25 P.3TR	

Après le 25e coup des Blancs

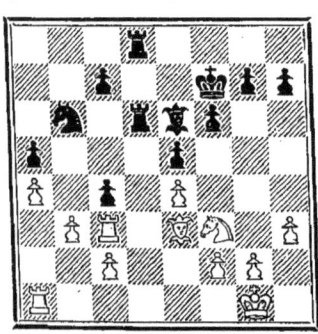

25	T.5D

Les Noirs auraient dû préparer la subtile combinaison qui suit en commençant par un mouvement du R à 1R qui soutenait leur T à 1D.

26 C pr T	P pr C
27 T.1D	P pr T

Etait aussi à considérer :

27	P.4FD
28 F.4FR	T.2D
29 T.3CR	P.6FD
30 F.1FD	P.5FD
31 P pr P	C pr P suivi

de — C.4R.

Très mauvais pour les Blancs serait : à 27 — P.4FD ; 28 P pr P ? à cause de 28 — T.2D ; 29 T.3CD — P pr F et gagnent.

28 T pr T	P pr P
29 P pr P	F pr PC
30 T.3D !	C pr P
31 T.7D +	R.3R
32 T pr PFD	P.7FD
33 T.7CD	F.5FD
34 T.7TD	C.6FD
35 T pr PT	C pr P

C'eût été une faute que de faire D à 8FD car après 36 F pr D — C.7R + ; 37 R.2T — C pr F ; 38 T.5FD ! les Noirs étaient obligés de rendre la pièce.

36 T.3TD	P.4FR
37 R.2T ?	C pr P
38 T.7TD	

Si 38 T.6FD ? — C.8D.

38	C.8D
39 F.4FR	R.3F
40 T.7FD	F.6D

Partie nulle.

25. — Gambit de la Dame refusé

BLANCS	NOIRS
MARSHALL	RUBINSTEIN
1 P.4D	P.4D
2 P.4FD	P.3R

Bien que ce coup soit sans critique on lui préfère maintenant 3 — C.3FR ; si on adopte plus habituellement cette continuation c'est surtout pour s'opposer au Contre Gambit de la D qui offre aux Noirs maintes perspectives non encore suffisamment éprouvées.

3 C.3FD	P.4FD
4 PF pr PD	

Je n'ai jamais considéré ce coup comme correct. La suite logique est 4 P.3R.

4	PR pr PD
5 C.3FR	C.3FD
6 F.5CR	

Meilleur encore est le F à 4FR. Après le coup du texte les Noirs obtiennent presque toujours un avantage de position.

6	F.2R
7 F pr F	CR pr F

Les Noirs ayant gagné un temps dans le développement on peut en conclure qu'ils ont acquis le trait.

8 P.3R

8 P pr P — P.5D! ; 9 C.4R — Roq leur serait défavorable.

8	P pr P
9 C pr P	F.3R

Ici 9 — D.3CD semble fort.

10 C pr F

Le début d'une combinaison agressive ; mais fausse elle laisse finalement un avantage décisif aux Noirs.

10	P pr C
11 D.4CR	C.4FR
12 P.4R	

Les Blancs échafaudèrent trop sur ce coup. Bien sûr les Noirs se seraient placés défavorablement s'ils avaient pris ce PR.

12 P.5D

Par cette réplique les Noirs repoussent énergiquement l'attaque prématurée de l'adversaire.

13 Roq TD

Si 13 P pr C — P pr C avec la menace immédiate — D.7D ×, et si 13 T.1D ou D.3FR — D.4TD avec de futures menaces.

13	D.5TR
14 D pr D	C pr D
15 C.5CD	Roq TD

Après les intéressantes escarmouches des cinq derniers coups le jeu est devenu fort clair. Les Noirs sont de beaucoup les mieux placés, car ils ont de l'avance dans le développement ; ils ont deux P au centre dont l'un est passé, et ils possèdent enfin des chances d'attaque sur le côté R, en raison de la ligne FR ouverte. De plus il faut compter avec la position menaçante de leur C à 5TR et la facilité pour eux de chasser le C blanc.

16 P.5R

Pour empêcher — P.4R ; mais ce PR doit être finalement perdu.

16	TR.1FR

Etant menacés de la perte de la qualité par 17 C.6D + suivi de 18 C.7FR.

17 C.6D +	R.1C

Après le 17e coup des Noirs

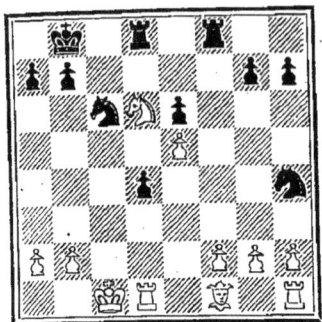

18 P.4FR

Encore le meilleur, puisque 18 — T pr P ne peut pas se faire à cause de 19 P.3CR.

En somme Marshall défend d'excellente manière sa position perdue et il donne encore de sérieuses difficultés à l'adversaire. Ne menace-t-il pas déjà d'entamer par une contre attaque P.3CR suivi de F.4FD ou 5CD.

18 ⋯ P.4CR

Très bien joué. Le coup empêche la consolidation des P blancs et il ouvre des points nouveaux d'attaque.

19 F.5CD

Un moyen désespéré, insuffisant comme ceux qui suivent. Si 19 P pr P les Noirs gagneraient le PR par — C.3CR, sur quoi le C blanc se trouverait en même temps menacé et de ce fait les Noirs auraient deux P unis au centre.

19 ⋯ P pr P
20 P.3CR

A 20 F pr C — P pr F ; 21 T pr P — C pr P et le PFR noir avance.

20 ⋯ C.6FR

Jusqu'ici Rubinstein a très bien joué. Riche en idées, cette partie est animée et intéressante ; mais ce dernier coup de C n'est pas le meilleur, bien qu'il paraisse fort à cause de la protection qu'il apporte au PD, et à son attaque du PR adverse.

En dehors de cette suite était à considérer 20 — C.4FR avec lequel les Noirs se rapprochaient en tout cas mieux de leur idéal qui est d'obtenir deux P unis centraux, ex.:

20	C.4FR
21 C pr C	T pr C
22 F pr C	P pr F
23 P pr P	T pr P

Et dans cette fin de partie de T qui se produirait, non seulement les Noirs auraient un P passé de plus, mais ils auraient aussi l'attaque constante sur le PR.

Tandis qu'à la suite des complications amenées par le coup du texte le PR est finalement échangé contre le P noir et le danger des P unis et passés est conjuré pour les Blancs.

21 F pr C P pr F
22 TR.4FR P pr P
23 P pr P

Si à ce coup les Noirs répondaient par 23 — C pr P l'échange des T qui suivrait serait loin d'être décisif.

23 ⋯ R.2F

Menace immédiate sur le C par :

24	C pr P
25 T pr T	T pr T
26 T pr PD	T.1D

qui gagnerait une pièce.

24 C.4R

Pare la menace précitée tout en préparant C.5FD.

Après le 24e coup des Blancs

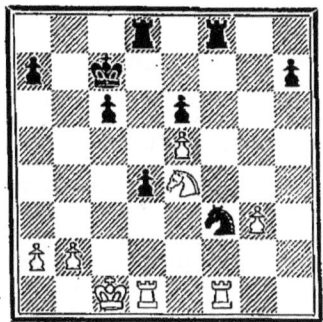

24 ... R.3C

Avec le dessein de continuer par 25 — P.4FD, ce que l'adversaire empêche. Probablement meilleur était tout de suite : 24 — T.4FR avec 25 C. 5FD — T pr P ; 26 C pr PR + — T pr C ; 27 T pr C et les Noirs gagneraient aisément la fin de partie de T avec un P de plus. Encore plus avantageux pour les Noirs serait : si après 24 — T.4FR ; 25 C.6D parce que 25 — T pr PR ; 26 T pr C — T pr C.

25 P.4CD

S'oppose à — P.4FD et rend possible C.5FD.

25 ... T.4FR

Le R étant à 3C cela n'est plus aussi bon car après C.6D la T ne peut pas prendre le PR à cause de C.4FD +.

26 C.6D TR.4FR

Le sacrifice de la qualité était à considérer en raison de l'avance du P adverse, mais cela n'aurait pas suffi pour gagner, exemple :

26	T pr C
27 P pr T	P.4R
28 R.2F	P.5R
29 T pr C	P pr T
30 T pr P	P.7FR
31 P.7D	T.4FR

32 T.4FR et les Blancs obtiennent la remise.

27 C.4R R.4C

On entrevoit déjà que la marche en avant va être contrariée. Ils ne gagnent plus nettement le PR.

28 C.5FD C pr P
29 T pr T T pr T
30 C pr P

Avec ce coup et le suivant les Blancs écartent le plus grand danger, c'est-à-dire détruisent le centre ennemi. Toutefois les Noirs restent avec la supériorité numérique et en plus avec l'avantage de position.

30 ... T.7FR
31 T pr P T pr P

Maintenant les Noirs cherchent à caser leur C à 5FD et obtenir ainsi une attaque décisive au moyen de leurs trois pièces.

32 C.7FD +

Après le 32e coup des Blancs

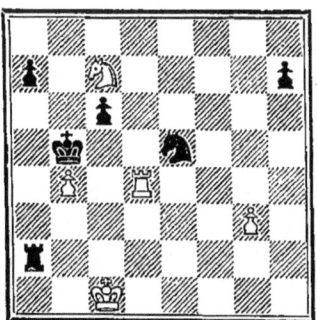

32 ... R.3C

En permettant la retraite de leur R les Noirs diminuent leurs chances d'attaque. Rubinstein craignait la suite :

32	R.5T
33 P.5CD+ d	R.6C

34 P pr P	T.8TD +
35 R.2D	C.6FR +
36 R.3R	C pr T
37 R pr C	

Après quoi le P blanc passé peut devenir inquiétant. Malgré cela les Noirs doivent quand même gagner car ils peuvent arrêter le dit P et avancer leur PT, en continuant par exemple comme suit :

37	T.8FD
38 R.5D	P.4TD
39 C.6TD	R.5T suivi de

— R.4C et le P serait inoffensif.

33 C.6R	T.7CR

S'écartant de la bonne route droite qui leur était bien indiquée avec 33 — R.4C. Le gain du PCR et plus encore son échange contre le PTR est de peu de valeur pour les Noirs. Il s'agissait plutôt de continuer l'investissement du R blanc et d'achever ce mouvement par une manœuvre de R et C.

34 C.5CR	T pr P
35 C pr P	R.4C

Une bonne chance de gain s'offrait toujours avec 35 — T.7CR rentrant dans le plan conseillé plus haut. La continuation pouvait être :

35	T.7CR
36 C.6FR	R.4C
37 C.7D	C.5FD
38 C.8CD	R pr P
39 C pr P +	R.6F et les

Noirs forcent le mat où gagnent la qualité, ex. :

40 T.4D	T.7FD +
41 R.4C	C.7D +
42 R.4T	C.6CD +
43 R.4C	T.7CD ×

Si 40 T.7D	C.6R
41 R.4C	T.8CR +

42 R.2T	C.7FD suivi de
43 — T.8TD ×.	Deux belles variantes de mat.

36 R.2F	C.5FD
37 T.7D	T.6TD
38 T.7CD +	C.3CD
39 C.6FR	R pr P

Les Noirs ont maintenant le bénéfice de deux P ; mais cela est leur seule chance de gain. Leurs pièces vont être gênées et leur action plutôt défensive est loin de pouvoir mener à une victoire certaine.

40 C.7D	R.4C
41 R.2C	T.5TD
42 R.3C	P.4FD

Peut-être 42 — T.5D suivi de — T.6D + offrait-il ici plus de ressources gagnantes.

43 C.5R	

43 C pr C serait une faute car tout d'abord l'échec des Noirs — T.5CD sauverait cette T et le résultat resterait favorable à ceux-ci par deux P unis et passés.

43	T.5CD +
44 R.3F	P.4TD
45 T.8CD	R.5T

Les chances de gain disparaissent progressivement.

A 45	P.5TD
46 C.7D	R.3F
47 C pr C	
48 T.8TD	

avec une nullité semblable à celle de la partie.

46 R.2F	C.4D
47 T.8FD	R.4C
48 C.7D	T.5FD +
49 R.2C	C.3CD
50 C pr C	R pr C

Après le 50e coup des Noirs

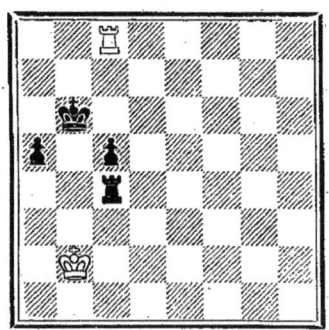

54 R.3C

Sans aucun doute cette finale de T n'est pas gagnable eu égard à la bonne position du R blanc.

51	T.5CD +
52 R.3F	R.4C
53 T.8CD +	R.5T
54 T.8FD	T.6CD +
55 R.2F	T.4CD

56 T.8TR	R.5C
57 T.1TR	P.5TD
58 R.2C	P.6TD +

Il y avait pas à espérer davantage avec — P.5FD qui aurait contraint à la retraite du R blanc par — T.5CR puis — T.7CR, et comme cela le R noir pouvait peut-être gagner la case 6F. Toutefois si le R blanc a la liberté d'aller à 2F au lieu de 2T le gain reste encore très problématique.

59 R.2T	R.5T
60 T.1FD	T.4TD
61 T.1CD	P.5FD
62 T.8CD	T.4FD
63 T.8TD +	R.5C
64 T pr P	P.6FD
65 T.3CD +	R.5F
66 T.8CD	

Partie nulle.

Annotations du Dr Tarrasch
« *Die Schachwelt* ».

26. — Contre Gambit de la Dame

BLANCS	NOIRS
BURN	SPIELMANN
1 P.4D	P.4D
2 P.4FD	P.4R
3 PD pr PR	P.5D
4 C.3FR	C.3FD
5 CD.2D	F.5CR
6 P.3CR	D.2R
7 F.2CR	Roq TD
8 Roq	P.6D
9 P pr P	T pr P
10 D.4TD	D.5CD
11 D.2FD	T.2D

Si 11 — F.4FR ; 12 F.3TR gagnerait l'échange.

12 P.3TD	D.4TD
13 D.4R	P.4FR ?

Il est clair que cette poussée prématurée affaiblit la position des Noirs.

14 D.2FD !

Cette retraite de D laissant le PR sans défense est le prélude d'une jolie combinaison entraînant le sacrifice de l'échange et d'un P.

14   C pr P

Après le 14e coup des Noirs

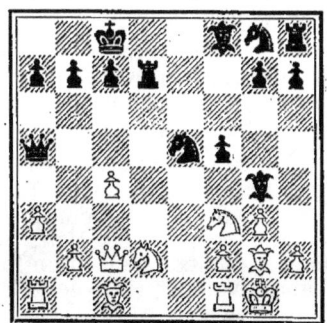

15 P.4CD	C pr C +
16 C pr C	F pr PC
17 P pr F	D pr T
18 F.2CD	D.3TD
19 C.5R	C.3FR

Forcé ; la T n'a aucune bonne case, à 19 — T.2R ; 20 C pr F suivi de 21 D.5FR +.

20 P.3TR	F.4TR
21 C pr T	C pr C
22 D pr P	F.3CR
23 D.4CR	P.4TR

Une faiblesse de position qui est inévitable.

24 D.4D	T.1D
25 T.1TD	C.3FR
26 D.4FR	

Bien certainement 26 T pr D aurait gagné un P, mais le coup du texte est encore plus fort.

26	D.3R
27 F.5R	P.3TD
28 P.5CD !	

28 F pr P aurait gagné, mais 28 P.5CD est plus énergique.

28	T.2D
29 P pr P	

Il est regrettable que Burn, en détresse de temps, ait ici interverti les coups. Au lieu de ce fâcheux P pr P il aurait dû continuer par 29 F pr C et si 29 — D pr F alors 30 D pr D suivi de — P pr P avec une finale pleine de promesses.

29	P pr P
30 F pr C	P pr F
31 D.3FR	R.1D
32 D.8TD +	R.2R
33 F.5D	D.4R
34 D pr P	

Il y aurait eu d'heureuses possibilités pour les Noirs, si dans la chaleur de l'action les Blancs avaient pris avec la T ; exemple 34 T pr PT ? — D. 8R + ; 35 R.2C — T pr F.

34	F.2FR
35 D.3TD +	T.3D
36 T.1FD	R.1F
37 F.2CR	R.2C
38 P.5FD	T.7D
39 D.3FD	

Après le 39ᵉ coup des Blancs

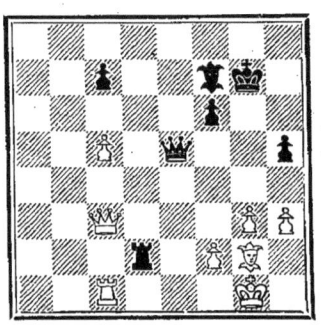

39	D.7R

Ici la partie fut ajournée, Spielmann mit ce coup sous enveloppe, mais il n'y mit pas le meilleur. 39 — D pr D ; 40 T pr D — T.8D + ; 41 R.2T — T.7D aurait probablement amené les Blancs à offrir la nullité, tandis que la suite du texte conduit à cinq heures d'un jeu laborieux avec des chances de gain pour les Blancs.

40 D.3R	D pr D
41 P pr D	F.4D
42 F pr F	T pr F
43 R.2F	P.3FD
44 R.3F	P.4FR
45 P.4CR	PT pr P +
46 P pr P	P pr P +
47 R pr P	R.3F
48 P.4R	T.4CR +
49 R.4F	T.4TR
50 R.3R	R.4R
51 T.1FR	T.6TR +
52 T.3FR	T.8TR
53 T.5FR +	R.3R

Après le 53e coup des Noirs

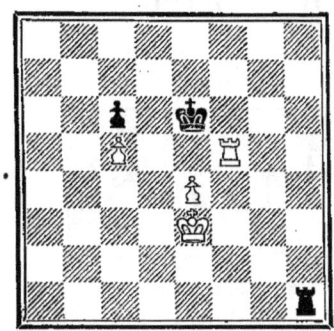

54 R.2D	T.5TR
55 R.3D	T.8TR
56 T.5CR	T.8D +
57 R.4F	T.8FD +
58 R.4C	T.8R
59 R.5T	T pr P
60 R.6C	R.2D
61 T.7CR +	R.1F
62 T.6CR	T.2R
63 T pr P +	R.1C
64 T.6TR	T.2CD +
65 R.6F	T.2FD +
66 R.6D	R.2C
67 T.8TR	T.3FD +
68 R.5D	T.3CR
69 T.7TR +	R.1F

Partie nulle.

Une partie animée et hérissée de difficultés qui fait grand honneur à la fraîche lucidité et à l'endurance du vétéran maître Burn.

27. — Gambit de la Dame refusé

BLANCS	NOIRS
BERNSTEIN	TEICHMANN
1 P.4D	P.4D
2 P.4FD	P.3R
3 C.3FD	P.4FD
4 C.3FR	C.3FD
5 PF pr PD	PR pr PD
6 F.4FR	P pr P
7 C pr P	F.5CD
8 P.3R	C.3FR
9 F.5CD	F.2D
10 Roq	F pr C
11 P pr F	Roq
12 F pr C	F pr F
13 C pr F	P pr C
14 D.4TD	1 heure.

Après le 14e coup des Blancs

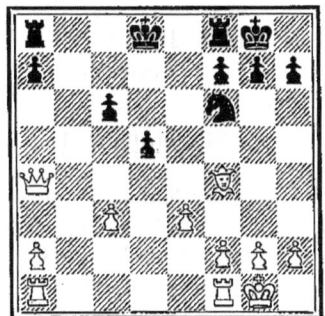

Les Noirs n'ayant pas joué leur 15e coup dans l'heure perdent pour avoir dépassé le temps réglementaire.

28. — Partie des Trois Cavaliers

BLANCS	NOIRS
LEONHARDT	SCHLECHTER
1 P.4R	P.4R
2 C.3FR	C.3FD
3 C.3FD	F.5CD
4 F.4FD	C.3FR
5 Roq	Roq
6 P.3D	F pr C

7 P pr F	P.4D
8 P pr P	C pr P
9 P.3TR	C pr PF
10 D.2D	CD.5D
11 C pr P	

Il est bien évident que si 11 D pr C — C 7R + gagne la D.

11	C de 6FD à 7R +
12 R.2T	C pr F
13 TD pr C	F.3R
14 TR.1R	T.1R
15 F pr F	T pr F
16 P.3FD	C.3FD
17 C pr C	D.3D +
18 R.1C	D pr C

Après le 18e et dernier coup des Noirs

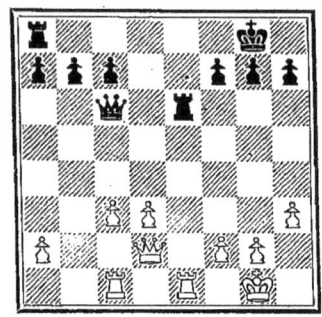

Partie nulle.

Cinquième Tour — 27 Février

Schlechter	Duras.		Maroczy	Leonhardt.
Capablanca	Janowski.		Spielmann	Tarrasch.
Vidmar	Bernstein.		Rubinstein	Burn.
Teichmann	Marshall.		Niemzowitch.	*repos*.

Cette cinquième journée apporte des parties intéressantes en même temps qu'elle est fertile en surprises.

Une sensationnelle partie est celle Schlechter-Duras, que le premier gagne par un sacrifice de deux pièces paraissant tout à fait correct. Par curiosité il faut citer que des sept premières parties jouées par Schlechter celle-ci, contre le maître de Bohème, est la première qu'il gagne.

Peut-être avec plus d'émotion encore les spectateurs suivent la partie Capablanca-Janowski. En effet, c'est ici un combat émouvant mené des deux côtés avec élan et énergie. L'issue longtemps douteuse semble se balancer sur le tranchant d'une lame. A l'extrême surprise de tous, au 53e coup Janowski laisse passer la continuation facile clairement indiquée, puis refusant ensuite une nullité découlant d'échecs perpétuels, il permet à Capablanca d'enregistrer à son actif une victoire fort importante qui lui donne une avance appréciable sur ses concurrents à la première place.

Dans la partie VIDMAR-BERNSTEIN aucun fait saillant ne la caractérise, tout va confusément, quand à la fin le Dr BERNSTEIN commet une grosse faute qui entraine la perte immédiate.

Dans celle TEICHMANN-MARSHALL la finale est remarquablement bien conduite par le champion américain.

Semblant subir un destin MAROCZY cette fois encore lutte malheureusement contre LEONHARDT; il est vrai que cette défaite découle d'un sacrifice de qualité un peu risqué.

Le Dr TARRASCH, qui jusqu'ici avait manœuvré dans ce tournoi de manière vigoureuse, avec son expérience et coutumier de la victoire, se trouve le mieux placé contre SPIELMANN dans une « Partie Française », mais le gain n'est pas forcé, et il est difficile, alors la finale n'aboutit qu'à une remise.

BURN, qui ne traite pas soigneusement le début, a fort à faire contre le jeu solide de RUBINSTEIN, toutefois celui-ci ne peut rien obtenir et offre la remise après maintes tentatives sans résultats.

29. — Partie des quatre Cavaliers

BLANCS SCHLECHTER	NOIRS DURAS
1 P.4R	P.4R
2 C.3FR	C.3FD
3 C.3FD	C.3FR
4 F.5CD	F.5CD
5 Roq	Roq
6 P.3D	P.3D
7 F.5CR	C.2R
8 C.4TR	P.3FD
9 F.4FD	C.4R

Après le 9e coup des Noirs

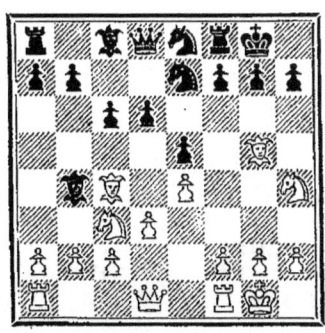

10 P.4FR.

Ceci parait être une erreur qui abandonne aux Noirs le gain d'une pièce, mais c'est en réalité une combinaison à longue portée. Cette variante fut jadis suggérée par le maitre viennois, toutefois sans que son promoteur en ait jamais fourni d'analyses.

10	F pr C
11 P pr F	P.4D
12 F.3CD	P.3FR

Duras, avec plusieurs autres maitres, pense que le gain de la pièce est défavorable aux Noirs.

13 P pr PR	P pr F
14 T pr T +	R pr T
15 D.3FR +	R.1C
16 T.1FR	C.2FD !
17 D.7FR +	R.1T
18 P pr P	

Etait à considérer 18 D.8FR + qui semble donner quelque chose de mieux, car au coup du texte les Noirs avaient la meilleure continuation 18 — F.3R suivi de P pr C.

Après le 18ᵉ coup des Blancs

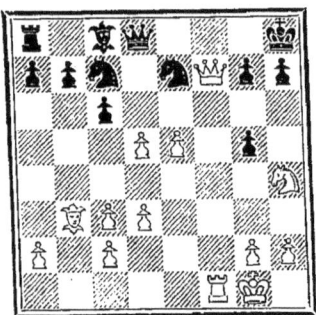

18   P pr P

Si le sacrifice imaginé par Schlechter est valable c'est ici que la preuve devait en être faite par 18 — F. 3R suivi de P pr C. Avec la variante choisie par Duras la partie des Noirs ne semble pas tenable.

19 D.8FR +	D pr D
20 T pr D +	C.4CR
21 C.3FR	F.3R

Si 21 — P.3TR ; 22 C.4D !

22 T pr T	C pr T
23 C pr PC	C.2FD
24 C pr F	C pr C
25 F pr P	C.4D
26 P.4D	C.2R
27 F.3CD	C de 4D à 3FD
28 R.2F	C.4TD

Ceci n'est pas une défense quelconque ! 28 — P.3CR afin de permettre l'action rapide du R était préférable.

29 P.6R	C de 4T à 3FD
30 P.5D	C.4D
31 P.6D	C de 4D à 3FD
32 P pr C	C pr P

Deux P de plus et le R en jeu gagnent d'eux-mêmes ; les Noirs ne peuvent s'y opposer.

33 R.3F	R.4C
34 R.4R	R.4F
35 R.5R	R.4R
36 F.5D	P.3CD
37 R.6D	R.4D
38 F.4R	P.3TR
39 F.3D	P.4TR
40 P.4TR	P.4CD
41 F pr P	C.4FR +
42 R.5R	C pr P
43 F.3D	

Les Noirs abandonnent.

Si les Noirs jouent 43 — R.2R pour empêcher l'entrée du R blanc à 6D, alors 44 F. 4R suivi de P.3CR déciderait de la partie (*).

(*) Cette partie aurait probablement reçu le prix de beauté si les seize premiers coups n'étaient identiques à ceux d'une partie jouée en consultation à la Société des Echecs de Berlin le 7 octobre 1910, entre E. Post et Alliés (*Blancs*) et Ed. Lasker et Alliés (*Noirs*) et dont des commentaires furent publiés par le Doct. Em. Lasker dans une de ses colonnes d'échecs.

30. — Partie du PD

BLANCS	NOIRS
CAPABLANCA	JANOWSKI
1 P.4D	P.4D
2 P.3R	C.3FR
3 C.3FR	P.4FD
4 P.4FD	P.3R
5 C.3FD	F.2R
6 P pr PF	Roq

— 44 —

7 P.3TD	F pr P
8 P.4CD	F.2R
9 F.2CD	P.4TD ?

Meilleur était 9 — C.3FD suivi de — PD pr PF.

| 10 P.5CD | P.3CD |
| 11 P pr P | P pr P |

Voilà que commence la bataille pour le PD isolé.

Après le 11e coup des Noirs

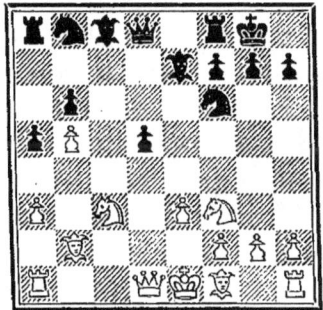

| 12 C.4D ! | F.3D |
| 13 F.2R | |

Préférable était 13 P.3CR puis 14 F.2CR.

| 13 | F.3R |
| 14 F.3FR | |

Le coup initial d'une attaque concentrée sur le PD.

| 14 | T.2TD |

14 — CD.2D suivi de — T.1FD aurait rempli le même but ; mais ils pouvaient avoir en vue — T.2D, dans le cas où un surcroît de défense du P deviendrait nécessaire.

| 15 Roq | T.2FD |
| 16 D.3CD | |

Par ce coup les Blancs abandonnent l'avantage de position acquis, ils devaient jouer T.1FD.

| 16 | CD.2D ! |

Un très bon coup.

17 TR.1D

Les Blancs ne peuvent pas risquer :

17 C pr P	F pr C
18 F pr F	C.4FD
19 D.4FD	C pr F gagnent

une pièce, car si 20 D pr C — F pr PT + !

17	C.4R
18 F.2R	D.2R
19 TD.1FD	TR.1FD
20 C.4TD ?	

Ceci peut être considéré comme un temps perdu puisque après l'échange des T, ils abandonnent au C noir l'entrée à 4R de leur camp, et pendant ce temps là le PCD ne peut pas être pris.

20	T pr T
21 T pr T	T pr T +
22 F pr T	C.5R !
23 F.2CD	

23 D.2FD méritait la préférence. Naturellement à 23 C pr P il serait répondu 23 — D.2FD attaquant deux pièces.

| 23 | C.5FD ! |

Un coup puissant qui menace en premier lieu de — C pr F pour être suivi de — F pr PTD dégageant ainsi la diagonale pour le F avec la combinaison du sacrifice projeté.

Après le 23e coup des Noirs

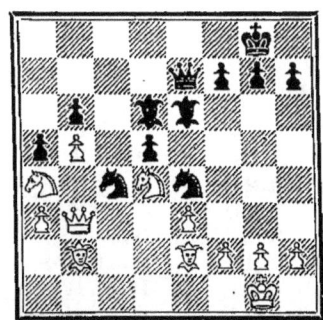

— 45 —

24 F pr C

Les Blancs sont contraints à cet échange du C pour F car ils sont menacés de — C pr F suivi de la perte de leur PTD.

24 ... F pr P +!

Une combinaison parfaitement juste et cachée. Au premier aspect il semble que c'est la nullité assurée ; mais d'autres possibilités plus avantageuses sont à prévoir. Toutefois les Blancs répondent à cette offensive de très habile manière et sortent indemnes de toutes les difficultés.

25 R pr F

Naturellement forcé.

25	D.5TR +
26 R.4C	D pr PF +
27 R.2T	D.6CR +
28 R.4C	

Non pas 28 R.4T ? à cause de 28 — F.6TR ; 29 F.4FR — C.7FR + suivi de — C.5CR.

28	P pr F
29 D.2FD	D pr PR +
30 R.2T	D.6CR +
31 R.4C	D.8R +
32 R.2T	D.6CR +
33 R.4C	D.8R +
34 R.2T	C.3FR
35 C pr F	D.5TR +
36 R.4C	D.8R +
37 R.2T	D.5TR +
38 R.4C	C.5CR
39 D.2D !	

Le seul coup.

39	D.7TR +
40 R.4F	D.8TR +
41 R.2R	D pr P +
42 R.1D	C.7FR +
43 R.2F	D.3CR +
44 R.1F	D.8CR +
45 R.2F	D.3CR +
46 R.1F	C.6D +
47 R.1C	P pr C

48 D.2FD

Peut-être 48 R.2T était-il meilleur !

48 ... P.4TR

Le chemin qui mène droit à la victoire.

49 F.4D	P.5TR
50 F pr PC	P.6TR
51 F.7FD	P.4R
52 P.6CD	

Là-dessus les Blancs semblent avoir la partie perdue ; mais n'auraient-ils pas eu de bonnes chances de remise avec :

52 D pr P +	R.1F
53 F.6D +	D pr F
54 D.8FD +	R ?
55 D pr P	

Nous laissons cette question ouverte.

52 ... D.5R !

Encore un coup remarquable.

53 F pr P

Après le 53e coup des Blancs

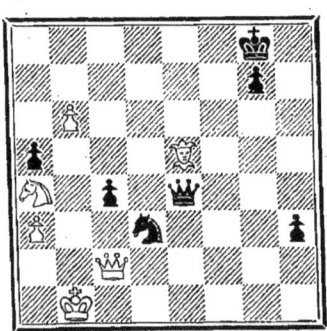

53 ... D.8R + ?

Une faute difficile à s'expliquer. Avec 53 — D.8TR + ils arrêtaient l'avance du PC adverse. Après 54 R.2T — C pr F, etc., la partie est gagnée.

54 R.2T	C pr F ?

Bien à tort les Noirs refusent la nullité par 54 — C.8FD +

55 P.7CD	

Les Blancs gagnent maintenant par force et ils terminent élégamment.

55	C.2D
56 C.5FD !	C.4CD
57 D pr P +	R.4T
58 C.4R !	

Menaçant à présent de D.8FD + suivi de D pr PT + et D.6R + et éventuellement de gagner la D.

58	R.2T
59 D.3D	P.3CR

Si 59 .... D.5TR
60 C.5CR++ R.3T
61 C.7FR + R.4T
62 D.5FR + P.4CR
63 C.5R etc.

60 D pr P +	R.2C
61 D.3FR	D.8FD

A 61 — D.5TR ; 62 D.3FD +. Et si 61 — C.2D les Blancs gagneraient par 62 D.3D.

62 D.6FR +	R.2T

Si 62 — R.4C les Blancs obtiennent la même position que celle de la partie par 63 D.6R + — R.2C ; 64 D.7R.

63 D.7FR +	R.3T
64 D.8FR +	R.4T
65 D.8TR +	R.5C
66 D.8FD +	

Les Noirs abandonnent.

Une partie d'un captivant intérêt du commencement à la fin. Si Janowski l'avait gagnée elle aurait été certainement retenue à l'examen des Prix de beauté.

31. — Défense Sicilienne

BLANCS	NOIRS
VIDMAR	BERNSTEIN
1 P.4R	P.4FD
2 C.3FR	C.3FD
3 P.4D	P pr P
4 C pr P	C.3FR
5 C.3FD	P.3D
6 F.4FD	F.2D

ou

6	P.3CR
7 C pr C	P pr C
8 P.5R	C.5CR
9 P.6R	P.4FR, etc.

comme dans le match Lasker-Schlechter.

7 Roq	P.3CR
8 C pr C	F pr C !

Si 8 — P pr C les P seraient désunis par D.2R suivi de P.5R.

9 D.2R	F.2CR
10 T.4D	C.2D
11 F.3R	Roq
12 F.3CD	

Pour protéger le PC d'une attaque éventuelle de la D à 3CD.

12	D.2FD
13 F.4D	C.4FD
14 F pr F	R pr F
15 C.5D	F pr C
16 P pr F	

Les Blancs sont maintenant supérieurement placés et ils commencent une attaque au R.

16	TR.4R
17 D.2D	R.4C
18 P.3FD	D.3CD
19 D.6TR	C pr F

20 P pr C	D pr P

Après le 20e coup des Noirs

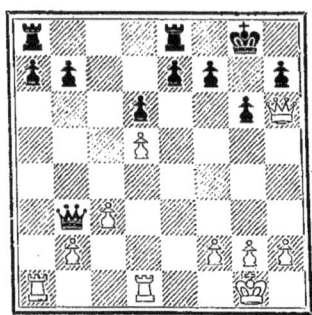

21 T.3D	P.4R !

Cette réplique, qui assure un passage au R noir bloqué, échappa sans doute au Dr Vidmar, autrement il n'aurait pas sacrifié un P pour l'attaque.

22 T.3TR	D pr PD
23 D pr PT+	R.4F
24 D.4TR	

Menaçant du coup décisif 25 D.6FR.

24	R.2C
25 D.6TR +	R 3F
26 T.3FR +	R.2R
27 D.4TR +	R.2D
28 D.4TD +	R.2F
29 T.6FR	

Menaçant de 30 T.1D.

29	P.4CD
30 D.5TD +	

Inférieur à 30 D.4CR suivi de T.1D. 30 P.4FD aurait probablement annulé la partie.

30	R.2D
31 P.4FD	D pr P
32 T.1D	R.2R
33 T de 6FR pr PD	
33	R.4F

Voilà maintenant le R revenu dans ses quartiers après une pénible excursion.

34 D.3TD	R.2C

34 — P.5CD était à considérer.

35 D.3FR	P.4TD
36 P.3CR	TD.1FD
37 D.6FR +	R.1C
38 P.4TR	D.5CR
39 T.7D	D.3R
40 D.5CR	T.5FD ?

Ici 40 — T.3FD était la défense correcte; toutefois il restait encore des difficultés à vaincre après T.7TD ou T.7CD des Blancs.

41 T de 1 à 6D !	
41	D.5CR ?

Cela mène à la perte. Avec 41 — D.4FR les Noirs avaient des chances de remise.

42 T.8D

Un fort joli coup. Au tentant 42 D.6FR les Noirs répondaient 42 — T.5FR.

Les Noirs abandonnent.

Une partie très vive.

32. — Défense Petroff

BLANCS	NOIRS
TEICHMANN	MARSHALL
1 P.4R	P.4R
2 C.3FR	C.3FR
3 C pr P	P.3D
4 C.3FR	C pr P
5 P.4FD	

On doit cette variante à un fort amateur viennois, le Dr Kaufmann. La suite habituelle est : 5 P.4D.

— 48 —

```
 5 P.4D       P.4D
 6 F.3D       C.3FD
 7 Roq        F.2R
 8 T.1R       F.5CR
 9 P.3FD      P.4FR
10 P.4FD !
```

5 .... F.2R

Etait à prendre en considération :

```
5             P.4D
6 P pr P      D pr P
7 C.3FD       C pr C
8 PC pr C     P.4FD avec un
```
jeu satisfaisant pour les Noirs.

```
6 C.3FD.      C pr C
7 PD pr C     C.3FD
8 F.4FR
```

Tout de suite 8 F.2R préparant le Roq méritait examen.

```
 8            F.5CR
 9 F.2R       D.2D
10 D.2D       Roq TD
11 Roq TD     P.3TR
12 P.3TR      F.3R
13 C.4D ?     C pr C
14 P pr C     D.5TD !
```

Portant la gêne dans le grand Roq ennemi.

```
15 P.3CD      D.3TD
16 R.1C       F.3FR
17 P.5D       F.2D
18 D.2FD      TR.1R
19 F.3R       D.4TD
20 F.4D       F pr F
21 T pr F     T.4R
22 D.2D       D.3CD
23 TR.1D      TD.1R
24 F.4FR      P.4TD
25 T.1FD      R.1C
26 T.4FR      F.4FR +
27 R.2C       P.4CR
28 T.3FR      F.3CR
29 T de 3FR à 3FD
29            T.4FR
30 P.3FR      D.4FD
31 T.1D       T de 4F à 4R
```

Après le 31e coup des Noirs

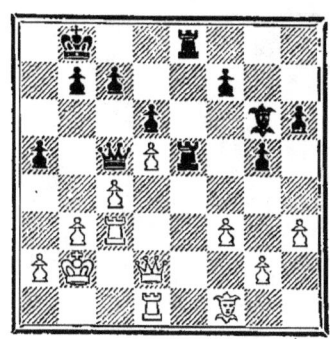

32 D.4D

L'unique tentative possible pour sauver la partie. Toutefois les D disparues la finale sera encore d'une manœuvre peu facile.

```
32            D pr D
33 T pr D     T.8R
34 T.1FD      T de 1 à 6R
35 T de 4 à 1D T pr T
36 T pr T     R.2T
37 T.2D       T.8R
38 F.2R       R.3C
39 R.3F       R.4F
40 P.3TD      T.8FD +
41 R.2C       T.8CR
42 F.1D       T.8R
43 F.2R       P.4TR
44 R.3F       T.8FD +
45 R.2C       T.8CR
46 F.1D       T.8R
47 F.2R       P.5TR
48 R.3F       T.8FD +
49 R.2C       T.8CR
50 F.1D       T.8R
51 F.2R       P.3FR
52 R.3F       T.8FD +
53 R.2C       T.8CR
54 F.1D       T.8R
55 F.2R       P.3FD
56 R.3F       T.8FD +
57 R.2C       T.8CD +
58 R.3F
```

Après le 58e coup des Blancs | *Après le 67e coup des Noirs*

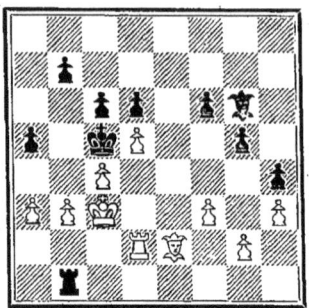
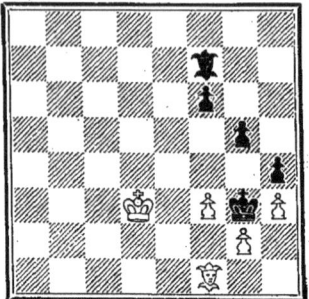

68 R.3R   F.4D
69 R.2R

Point de départ d'une fin de partie fort intéressante.

Le seul coup pour sauver la partie.

58	P.4CD

Menace de mat.

59	P.4CD +	P pr P +
60	P pr P +	T pr P
61	PD pr PF	PC pr PF
62	T.5D +	R pr P

Il est évident que si :

62		R pr T
63	R pr T	R pr P
64	R pr P	P.4D +
65	R.4D.	

Les Blancs resteraient avec de bonnes chances de remise.

63	T pr P +	R pr T
64	R pr T	R.4R
65	R pr P	F.2FR +
66	R.3D	R.5F
67	F.4FR	R.6C

69	P.4FR
70	R.3R	F.3R
71	R 2R	P.5CR
72	PT pr P	

La partie ne pouvait être sauvée davantage avec :

72	PF pr P	P pr P
73	R.3R	F.2D
74	R.2R	F.4CD +
75	R.1R	F.3FD
76	P pr P	F pr P
77	P.5CR	P.6TR et gagnent.

72		P pr P
73	R.3R	F.2D
74	P pr P	F pr P
75	R.4R	F.1FD
76	R.3R	F.2D

Les Blancs abandonnent

33. — Partie des Quatre Cavaliers

BLANCS	NOIRS
MAROCZY	LEONHARDT
1 P.4R	P.4R
2 C.3FR	C.3FD
3 C.3FD	C.3FR
4 F.5CD	F.5CD
5 Roq	Roq
6 P.3D	P.3D
7 C.2R	C.2R
8 C.3CR	P.3FD
9 F.4TD	C.3CR

10 P.3FD	F.4TD
11 P.4D	P.4D !
12 C pr P	C pr C
13 P pr C	C pr P
14 C pr C	P pr C
15 F.4FR	F.2FD
16 D.1R ?	F.4FR
17 P.3FR	

Naturellement il est facile d'annuler une telle partie. Cependant Maroczy tenta de rompre cette solution et il élabora une combinaison entraînant au sacrifice de l'échange pour l'ouverture de la colonne CR; ce plan n'était pas tout à fait correct, et il fut pris par une réplique décisive.

Si 17 F.2FD	D.4D
18 P.3FR	D.4FD +
19 R.1T	F pr PR etc.

17	P pr P
18 P pr P ?	

Conduit à la perte.

18	F.6TR !

Après le 18e coup des Noirs

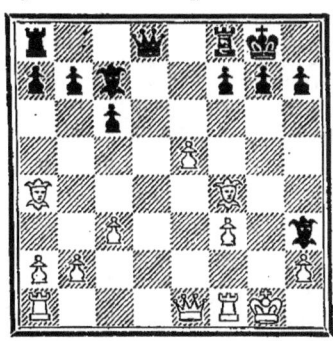

19 D.3CR	

Ce don d'une qualité est une erreur ; ils devaient jouer d'abord 19 TD.1D.

Si 19 T.2FR alors — D.5TR ! 20 D.4R — F.3CD ! avec un gros avantage.

19	F pr T
20 T pr F	D.6D !

Les Blancs n'avaient pas suffisamment considéré ce coup ; ils pensaient pouvoir continuer par 21 D.2CR, comprenant la menace F.2FD ; mais ils n'ont pas vu que les Noirs pouvaient répondre 21 — D.4FR. La partie est maintenant perdue pour eux et les Noirs jouent la fin avec beaucoup de soin et circonspection.

21 D.3TR	TD.1R !
22 T.1R	P.3FR
23 T.1D	D.3CR +
24 F.3CR	T pr P
25 D.7D	F.3CD +
26 R.1T	D.4FR
27 F.3CD +	R.1T
28 D pr D	T pr D
29 F.6D	

La manière de jouer est maintenant sans importance la partie étant perdue.

29	T.1D
30 T.3D	F.2FD
31 F.6R	T.4CR
32 P.4FR	T.4TR

Les Blancs abandonnent.

34. — Partie Française

BLANCS	NOIRS
SPIELMANN	TARRASCH
1 P.4R	P.3R
2 P.4D	P.4D
3 C.3FD	C.3FR
4 F.5CR	F.2R
5 P.5R	CR.2D
6 F pr F	D pr F

7 F.3D	Roq !
8 P.4FR !	P.4FD
9 C.3FR	P.3FR

Pour parer l'attaque : 10 F pr PT + etc.

10 Roq

Le coup correct est 10 P pr PFD.

10	C.3FD
11 C.5CD	

Les Blancs sont à présent obligés de sacrifier un P, car à 11 P pr PFD suivrait PF pr PR.

11	P.3TD
12 C.6D	PFD pr PD
13 D.2R	C.4FD

Faux serait : 13 — P pr PR ; 14 P pr P — C pr P ; 15 C pr C ; 16 D.5TR et gagnent.

14 TD.1R	F.2D

Les Noirs sont maintenant bien développés et les Blancs n'ont pas d'attaque en compensation du P sacrifié.

15 P.3TD	P.4CD !

Défendant leur PTD.

16 P.4CD	C.5TD !

Si 16 — C pr F les Blancs, par 17 P pr C, prendraient possession de la ligne FD ouverte.

17 C.4TR

Menaçant de 17 F pr PT + suivi de D.5TR + et C.6CR.

17	P.4FR
18 D.2FR	C.6FD !
19 C.3FR	C.5R
20 F pr C	PF pr F
21 C pr PD	

Après le 21e coup des Blancs

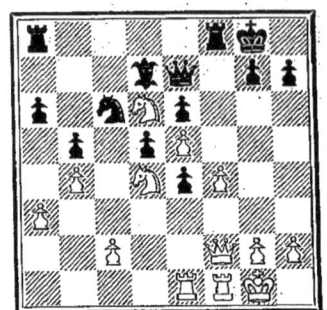

21	C pr PR

En cet instant la partie est nettement dessinée en faveur des Noirs.

22 C.7CD	C.5FD
23 D.3CR	P.4TD

Ici devait se jouer : 23 — P.4R ; 24 PF pr PR — D pr P etc.

24 C.5FD	P pr P
25 P pr P	C.3D

Si 25 — T.6TD ; 26 P.3FD — P.6R ; 27 T pr P et les Noirs ne peuvent plus gagner.

26 T.1TD	C.4FR
27 D.3FD	C pr C
28 D pr C	T pr T
29 D pr T	D.3D

Pour empêcher 30 D.5R.

30 D.4D	D.2FD

Afin de parer 31 C.4R pr P.

31 P.5FR

Force l'égalité.

31	P pr P
32 D pr P +	T.2FR
33 C pr F	

A considérer était 33 T.1TD. Là-dessus les Noirs ne pouvaient pas jouer 33 — 3FD à cause de 34 T.8TD + — F pr T ; 35 D pr F +

— T.1FR ; 36 D pr T + suivi de C.6R+. Mais avec 33 — P.3CR ; 34 T.8TD + — R.2C ; 35 D.4D + — R.3T ; 36 T.3TD — P.5FR ils s'assuraient de la remise.

| 33 | D pr C |

34	D pr D	T pr D
35	T pr P	T.8D +
36	R.2F	T.7D +
37	R.3C	T pr PF
38	T pr P	T.7CD
39	T.7CD	

Partie nulle.

35. — Gambit de la Dame refusé

BLANCS	NOIRS
RUBINSTEIN	BURN
1 P.4D	P.4D
2 C.3FR	P.4FD
3 P.4FD	PF pr PD
4 P pr P	D.4TD +

Nous n'approuvons pas les Noirs sur leur façon de traiter le début.

5 D.2D	D pr D +
6 F pr D	C.3FR
7 C pr P	C pr P
8 C.5CD	C.3TD
9 P.4R	

Il y avait aussi à considérer 9 C.3FD et dans ce cas si 9 — C pr C alors 10 F pr C ou si 9 — CR.2FD alors 10 P.3CR suivi de 11 F.2CR.

9	C.3FR
10 CD.3FD	P.3R
11 T.1FD	F.2R
12 F.2R	Roq
13 P.5R	C.2D
14 P.4FR	CR.4FD
15 Roq	T.1D
16 F.3R	P.3CD
17 F.3FR	F.2CD
18 F pr F	C pr F
19 C.4R	CD.4FD
20 C.2FR	P.4TD
21 T.3FD	T.2D
22 TR.1FD	TD.1D
23 P.3CD	P.3TR
24 C.7TD	F.1FR
25 C.6FD	T.1TD

Après le 25e coup des Noirs

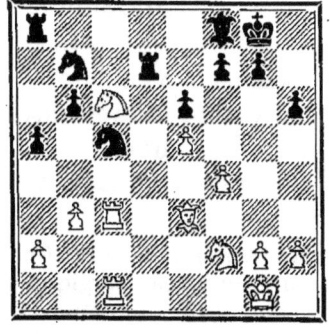

26 R.1F ?	C.4D
27 C.4D	T.1CD
28 R.2R	C.3TD
29 T.8FD	F.4FD
30 T pr T	C pr T
31 C.5CD	C.3TD
32 C.4R	F pr F
33 R pr F	C.5CD
34 P.3TD	C.4D +
35 R.3F	R.2T
36 C de 4R à 6D	
36	C.2CD
37 C pr C	T pr C
38 R.4R	T.2D
39 P.4CR	

Ce dernier coup n'est peut-être pas recommandable en raison de l'affaiblissement du PF qui en est la conséquence.

39	P.3CR
40 T.6FD	R.2C
41 C.6D	P.4FR +
42 P pr P	PC pr P +

43	R.3F	R.4F	le cas présent, plus que la nullité.	
44	T.4FD +			

Très probablement la variante :

44	C.4FD	R.2F	44	R.2C
45	C pr P	C pr C	45 P.4TD	R.3C
46	T pr C	T.6D +	46 T.8CR +	

ne donnait pas, comme dans

Partie nulle.

Sixième Tour — 28 Février

Marshall	Vidmar.	Duras	Maroczy.
Leonhardt	Capablanca.	Niemzowitch	Schlechter.
Tarrasch	Rubinstein.	Burn	Teichmann.
Janowski	Spielmann.	Bernstein.	*repos.*

Marshall contre Docteur Vidmar; le premier met à profit et de manière très énergique une faute commise dans le début par son adversaire; il remporte en trente coups une éclatante victoire.

Sans raison apparente Leonhardt contre Capablanca sacrifie un pion; toutefois celui-ci a ensuite de fortes difficultés en fin de partie pour triompher malgré sa supériorité matérielle.

Après une lutte acharnée dans une finale de T le Docteur Tarrasch gagne un pion à Rubinstein; mais le maître russe manœuvre fort adroitement une contre attaque et obtient la remise.

Deux intéressantes parties, bien que se terminant également par des remises, sont celles de Janowski-Spielmann et Duras-Maroczy. De cette dernière il faut retenir l'esprit malin du maitre tchèque évitant, par un piège de finesse, une perte qui semblait inévitable.

Les combats entre Niemzowitch et Schlechter puis Burn et Teichmann se terminent tous deux par une nullité, sans que les quatre maîtres aux prises ne méritent ni éloges ni critiques.

36. — Gambit de la Dame refusé

BLANCS	NOIRS
MARSHALL	VIDMAR
1 P.4D	P.4D
2 P.4FD	P.3R
3 C.3FD	C.3FR
4 F.5CR	F.2R
5 P.3R	Roq
6 C.3FR	C.5R

Un coup du D^r Em. Lasker dont la valeur est fort contestée et de tous côtés.

7 F pr F	D pr F

7 — C pr C arrive au même résultat que le texte par une interversion de coups.

8 P pr P	C pr C
9 P pr C	P pr P
10 D.3CD	T.1D

La suite correcte est 10 — P.3FD.

Après le 10º coup des Noirs

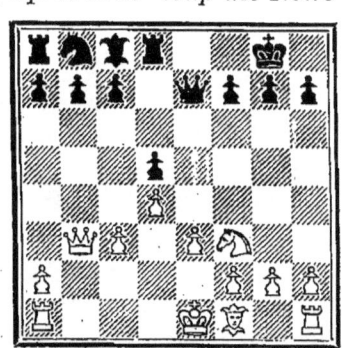

11 P.4FD !	P.3FD

Fausse serait cette variante rejetée par Vidmar au dernier moment :

11	F.3R
12 D pr PC	P pr P
13 D pr T	D.5CD +
14 C.2D	P.6FD
15 F.3D !	P pr C +

16 R.2R et les Blancs maintiennent leur supériorité numérique.

12 F.3D	F.3R
13 P.5FD	

L'avantage des Blancs sur le côté D est bien nettement prononcé.

13	P.3CD

Naturellement, ils n'ont guère d'autre moyen de développer leur C, mais ils laissent le PFD faible et d'une proie facile.

14 T.1FD !	

Il ne serait pas avantageux de continuer par : 14 P pr P — P pr P; 15 D pr P — C.2D avec des perspectives d'attaque pour les Noirs, surtout qu'ils n'ont pas encore roqué.

14	D.2FD
15 Roq	P pr P

Bien que 15 — P.4CD ne semble pas séduisant il devait être examiné.

16 T pr P	C.2D
17 T.3FD	C.4FR
18 TR.1FD	T.3D
19 C.5R	F.2D
20 D.2FD	T.3TR

Les Noirs cherchent le salut dans une attaque sur le Roq.

21 P.3TR	T.1FD
22 T.5FD	C.3R
23 C pr F	D pr C
24 T pr P	T.1FR
25 F.5FR	T.3FR
26 F pr PT +	R.1T
27 F.5FR	P.3CR
28 F pr C	P pr F
29 T.7FD	D.3D
30 P.4FR	

Les Noirs abandonnent.

Une partie admirablement conduite par Marshall.

37. — Gambit de la Dame refusé

BLANCS	NOIRS
LEONHARDT	CAPABLANCA
1 P.4D	P.4D
2 P.4FD	P.3R
3 C.3FD	P.4FD
4 P.3R	C.3FR
5 C.3FR	C.3FD
6 F.3D	PD pr PF
7 F pr P	F.2R
8 Roq	Roq
9 D.2R ?	

Un sacrifice sans l'équivalence.

9	P pr P
10 P pr P	C pr P
11 C pr C	D pr C
12 T.1D	D.5CR
13 P.3FR	D.4TR
14 C.4R	

Maintenant les Blancs devaient énergiquement se lancer dans l'attaque par la poussée du P à 4CR. Aussi 14 F.4FR était de valeur à considérer.

14	D.4R
15 C pr C +	F pr C
16 D pr D	F pr D
17 P.4TD	P.3CD
18 P.5TD	F.2CD
19 P pr P	P pr P
20 T pr T	T pr T

Après le 20e coup des Noirs

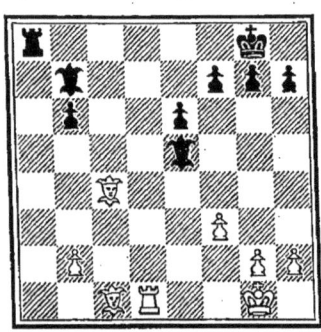

21 P.3CD

Meilleur était de suite 21 F.3R. Dans le « Berliner Lokal-Anzeiger » le Dr Tarrasch recommande 21 P.4FR suivi de T.7D.

21	F.3FD
22 F.3R	P.4CD
23 F.2R	P.3FR
24 T.1FD	T.8TD
25 T pr T	F pr T
26 R.2F	R.2F
27 R.1R	P.4R
28 R.2D	R.3R
29 F.3D	P.3CR
30 P.4TR ?	P.4FR
31 P.4CD	P.5R !
32 P pr P	F pr P
33 F pr P	

Là-dessus les Noirs ont deux P. unis et passés; mais 33 F.1FR bien que défendant le PC ne sauvait pas la partie.

33	F pr P
34 F.6TD	F.6FR
35 F.2FR	

Après le 35e coup des Blancs

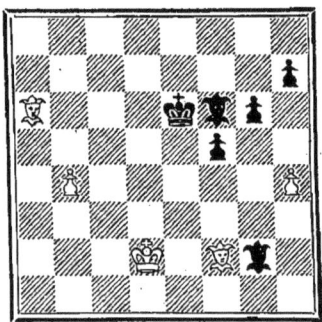

A nouveau le Dr Tarrasch écrit dans le « B. L. A. » : Jusqu'ici Capablanca a conduit la partie de façon irréprochable, mais la fin, qui cependant fut beaucoup admirée, ne nous semble pas avoir été traitée avec la même justesse.

Il devait dès maintenant se préparer à former obstacle à l'avancement du P passé, par exemple par — F.8FR aussitôt P.5CD. Cette tactique a aussi comme effet de rendre inactif le F blanc à 6TD.

Dans cet ordre d'idée il fallait jouer le R immédiatement et n'importe où, toutefois sans qu'il puisse recevoir un échec du FR blanc.

Mais si les Blancs ne continuaient pas par P.5CD et jouaient d'abord F.4FD + et le P ensuite, dans ce cas celui-ci ne pourrait jamais franchir la case 7CD.

35	F.4R
36 P.5CD	P.3TR
37 P.6CD	P.4CR
38 P pr P	P pr P
39 F.8FD +	R.3F
40 R.2R	F.3FD

D'après Tarrasch, le plan exact consistait à porter au plus vite le R à 2TR, puis à conduire ensuite le PC à D, alors que le PF n'avancerait qu'en cas de nécessité, car à 4FR il est de bonne protection au R contre les attaques du FR des Blancs.

Si ceux-ci postaient leurs F de façon à barrer le chemin au R, alors viendraient d'autres variantes gagnantes.

41 R.1F	F.4D
42 R.2R	F.5FD +

Ce coup et le suivant s'écartent absolument du chemin prescrit et recommandé plus haut. (Dr *Tarrasch*.)

43 R.2D	P.5FR
44 F.4CR	F.3R
45 F.3FR	P.5CR
46 F.4R	P.6CR
47 F.5FD	F.5CR

48 R.1R	P.6FR
49 F.3R	F.3D
50 P.7CD	R.4R
51 F.6FD	F.1CD

Pour empêcher 52 F.7TD.

52 R.1F	F.4TR !

Avec le projet de conduire le R à 5C ou 5R *via* 4FR.

53 R.1C	R.4F

Après le 53e coup des Noirs

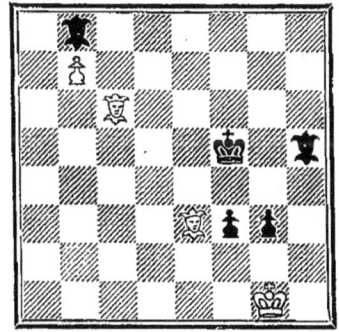

54 F.5D

Ici se présente une façon piquante de continuer :

54 R.1F	R.5C
55 F.7D +	R.5T
56 F.6FD	R.6T
57 F.1CR	F.5CR
58 F.5D	P.7CR +
59 R.1R	R.3C
60 F.6FD	F.4R
61 F.4D !	F pr F !
62 P.8CD : D +	
62	R.6T et gagn.

54	R.5C
55 F.6R +	R.5T
56 F.5FD	F.5CR
57 F pr F	R pr F
58 R.1F	R.6T
59 F.1CR	

Une variante charmante était :

59 R.1C	P.7CR
60 R.2F	R.5C
61 R.1R	R.6C

62 F.1CR	F.4R !
63 F.4D	F pr F
64 P.8CD : D +	
64	R.6T
65 D.8FD +	R.7T
66 D.7FD +	R.1C et gagn.

59   **F.2FD**
60 F.7TD

Si 60 R.1R alors — R.2C suivi de — P.7FR.

| 60 | R.7T |
| 61 P.8CD : D | P.7CR + |

Les Blancs abandonnent.

Car à 62 R.1R suivrait — F pr D ; 63 F pr F + — R.8T, etc.

---

38. — Partie Française

BLANCS	NOIRS
TARRASCH	RUBINSTEIN
1 P.4R	P.3R
2 P.4D	P.4D
3 C.3FD	P pr P

Sur ce dernier coup les Blancs obtiennent un léger avantage.

4 C pr P	C.2D
5 C.3FR	CR.3FR
6 F.3D	F.2R
7 Roq	Roq
8 C pr C +	

Pour empêcher — P.3CD suivi de — F.2CD.

| 8 | C pr C |
| 9 C.5R | P.4FD |

Si 9 — P.3CD ; 10 C.6FD.

10 P pr P	D.2FD
11 D.2R	F pr P
12 F.5CR	C.2D
13 C pr C	F pr C
14 TD.1D	

Menace de F pr PT + suivi de D.3D + et D pr F.

14	F.3FD
15 D.5TR	P.3CR
16 D.4TR	TR.1R
17 TR.1R	F.2R
18 F pr F	D pr F
19 D pr D	T pr D

La TR est mal placée à 2R et les Blancs possèdent la seule ligne ouverte.

20 F.4R	T.1FD
21 P.3FD	P.4R
22 T.6D	F pr F
23 T pr F	P.4FR
24 T.4TD	P.3CD
25 P.4CR !	

Mène à une rupture de la chaîne des P noirs!

25	P.5R !
26 P pr P	P pr P
27 R.1F	R.2F
28 TD.4D	T.3R

Meilleur encore était 28 — T.1CR suivi de — T.4CR dans le cas de T.5D.

Après le 28e coup des Noirs

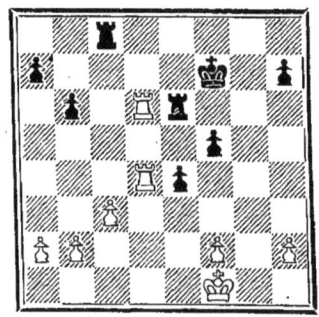

| 29 T.7D + | T.2R |
| 30 T de 4 à 5D | |

Nettement les Blancs gagnent le Pion.

30	T pr T
31 T pr T +	R.3C
32 T pr PTD	T.1D

Il est curieux que dans cette position tant de chances de remise soient offertes aux Noirs.

33 T.6TD

Si 33 R.1R, les Noirs continueraient par P.5FR, 6FR suivi de R.4F, T.1CR, T.8CR + puis T.8FR et gagneraient le PFR, ce qui naturellement serait fort dangereux pour les Blancs.

33	T.7D !
34 T pr P +	R.4C
35 R.1R	T.7FD

36 T.5CD	

S'opposant à 36 — P.5FR.

36	R.5C
37 P.3TR +	R pr P
38 T pr P	T pr P
39 T.4FR	T pr P
40 T pr P	P.4TR
41 P.4FD	R.7C
42 T.4FR	T.7FD
43 T.4TR	R.6F

Il est facile à voir que 43 — T pr PF serait une grosse faute.

44 R.1D	T pr PFR
45 P.5FD	R.6R
46 T pr P	R.5D

Partie nulle.

39. — Partie du PD

BLANCS	NOIRS
JANOWSKI	SPIELMANN
1 P.4D	P.3R
2 C.3FR	P.4D
3 P.3R	C.3FR
4 F.3D	P.4FD
5 Roq	C.3FD
6 P.3CD	F.3D
7 F.2CD	P pr P
8 P pr P	Roq
9 C.5R	D.2FD
10 T.1R	F.2D

Les Noirs ne devaient pas laisser échapper l'occasion d'échanger leur C pour le FR blanc par 10 — C.5CD.

11 P.3TD	F.1R
12 C.2D	C.2D
13 C pr CR	

Etait à considérer : 13 CD.3FR.

13	F pr C
14 C.3FR	TD.1R
15 C.5R	

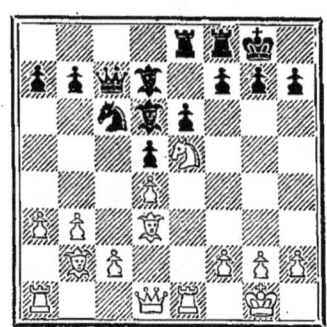

Après le 15ᵉ coup des Blancs

15	P.4FR

Nécessaire ; à 15 — P.3FR suivrait 16 D.5TR, etc.

16 C pr F	D pr C
17 D.3FR	D.2FR
18 P.4FD !	P.3CR
19 TD.1D	T.2R
20 F.1FR	TR.1R
21 P.3CR	P.3TD
22 F.2CR	P pr P
23 P pr P	P.4R
24 P pr P	F pr P

25 F pr F	C pr F
26 D.3FD	D.3FR

Menaçant de 27 — C. 6FR +.

27 F.5D +	R.2C
28 R.2C	C.5CR
29 T pr T +	T pr T
30 D.2D	D.4R
31 F.3FR	C.3FR
32 T.1CD	C.5R
33 D.3R	D.4FD
34 D pr D	C pr D
35 T.6CD	C.5R

Autrement 36 F.5D deviendrait fort désagréable.

36 F pr C	P pr F
37 R.1F	T.2FD
38 R.2R	R.3T
39 R.3R	

Après le 39e coup des Blancs

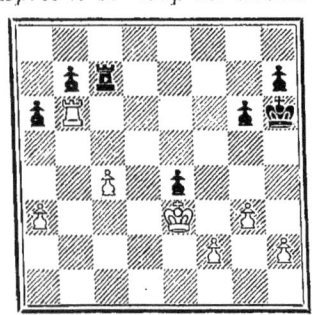

39	T pr P ?

Il fallait jouer 39 — R.4C.

40 T pr P	R.4C !

L'unique chance de salut. Faux serait 40 — T.6FD + à cause de 41 R pr P — T pr PT; 42 P.4TR suivi de la menace P.4 et 5CR.

41 T pr PT	R.4F
42 T.7FR +	R.4R
43 T.7R +	R.4F
44 T.7FR +	R.4R
45 P.4FR +	P pr P e. p.
46 R pr P	P.4CR
47 P.3TR	R.3R
48 T.8FR	

Ou 48 T.7CR — P.5CR +; 49 P pr P — R.3F partie nulle.

48	T.6FD +
49 R.4C	T pr PT
50 T.8FD	T.4TD
51 T.3FD	T.4D
52 T.3TD	P.4TD
53 R.5T	R.3D
54 R.6C	R.3F
55 P.4CR	R.4C

Partie nulle.

40. — Partie Lopez

BLANCS	NOIRS
DURAS	MAROCZY
1 P.4R	P.4R
2 C.3FR	C.3FD
3 F.5CD	P.3TD
4 F.4TD	C.3FR
5 P.3D	P.3D
6 P.3FD	F.2R

Etait à considérer : 6 — F.2D suivi de — P.3CR.

7 Roq	Roq
8 T.1R	C.2D
9 F.3R	F.3FR
10 CD.2D	C.2R
11 P.4D	C.3CR
12 C.1FR	C.5FR
13 C.3CR	P.4CR
14 C.5FR	R.1T
15 F.3CD	D.1R
16 P.3CR	T.1CR
17 C.6TR	T.2CR

Après le 17e coup des Noirs

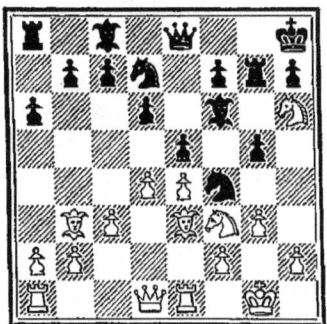

18 R.1T

Il est intéressant de suivre la variante qui se produirait avec :

18 C pr PF +	T pr C
19 F pr T	C.6TR +
20 R.2C	D pr F
21 R pr C	P.5CR +, etc.

ou
19 P pr C	PC pr PF
20 F pr T	D pr F
21 F.2D	C.1FR, avec

une forte attaque.

18	C.3R
19 P pr P	C pr P
20 C pr C	P pr C
21 C.4CR	D.2R
22 D.5D	

Les Blancs ne voient évidemment pas la réplique assez subtile de l'adversaire.

22	C.5FR !
23 D.1D	C.6D
24 T.1CR	C pr PC
25 D.3FR	F pr C
26 D pr F	P.4CD

Le C était en danger

27 D.2R	C.5TD
28 F pr C	P pr F
29 D.4FD	P.4TR

A tout prix les Noirs veulent garder l'offensive.

30 D pr PT	D.3R
31 TR.1D	F.2R

32 R.2C

A 32 D.7D à présent suivrait simplement 32 — D.3FR.

32	P.4FR
33 P pr P	D pr P
34 D.6FD	T.1FR
35 T.7D	P.5TR
36 TD.1D	

Après le 36e coup des Blancs

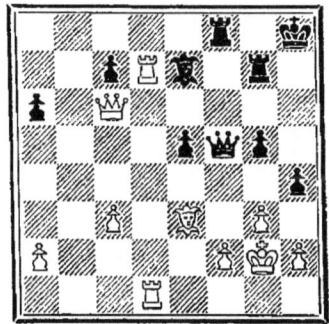

36	T.3CR !

Très bien joué ; maintenant les Noirs doivent gagner.

37 D.5D	F.3D
38 D.3D	

Si 38 D.6FD T de 3C à 3FR (et non pas 38 — T.3TR)

39 TD pr F	P pr T
40 T pr P	P.6TR +
41 R.1F	T.1CD !!
42 F.6CD	T pr T
43 D pr T	D.8CD + et ga-

gnent.

38	D.5CR

Trop de précipitation ! Meilleure était cette suite :

38	D.6FR +
39 R.1C	T.3TR
40 D.2D	P pr P
41 PF pr P	D.5CR
42 F pr PC	T.3CR
43 F.6TR	T de 1F à 1CR
44 T.7FR	D.3R et gagn.

39 P.3TR	D.6FR +
40 R.1C	P pr P

Si 40 — T.3TR alors 41 P.4CR et les Blancs restent avec l'avantage.

41 D pr T	D pr T +

42 R.2C	D.6FR +
43 R.1F	D.8D +

Partie nulle par échec perpétuel.

41. — Début Zukertort

BLANCS	NOIRS
NIEMZOWITCH	SCHLECHTER
1 C.3FR	P.4D
2 P.3D	

Si 2 P.4D !

	P.3R
3 P.4FD	C.3FR
4 C.3FD	P.4FD
5 P.3R	F.2R
6 F.2R	C.3FD
7 Roq	Roq égalité.

(A. B. C.)

2	C.3FR
3 CD.2D	C.3FD
4 P.4R	P.4R
5 F.2R	F.4FD
6 Roq	Roq
7 P.3FD	P pr P
8 P pr P	D.2R
9 P.4CD	F.3D
10 D.2FD	F.5CR
11 P.3TR	F.4TR
12 P.4CR !	

Joué hardiment.

12	F.3CR
13 C.4TR	P.4TD !
14 P.5CD !	C.4CD

Si 14 — C.1D ; 15 C.5FR — D.2D ; 16 C.4FD avec une forte position.

15 F.3FR	CD.2D
16 T.1R	C.4FD
17 T.1CD	

Ce coup menace clairement de 18 P.6CD avec l'intention d'affaiblir le côté D adverse.

Après le 17e coup des Blancs

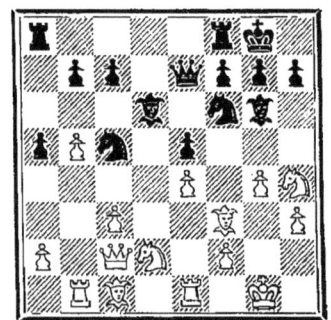

| 17 | TD.1D |

Sans doute les Blancs avaient envisagé :

| 17 | P.3CD |

sur lequel ils auraient continué par :

18 C.5FR	F pr C
19 PR pr F	TR.1R
20 P.5CR	CR.2D
21 C.4R !	

18 P.6CD	P pr P
19 C.4FD	F.2FD
20 F.3TD	D.3R
21 C pr PT	

La pointe de la manœuvre. Toutefois les audacieux Blancs n'ont pas toutes chances de gain car l'échange des T sur la colonne D ne peut pas être évité.

21	CR.2D
22 F.3CD	D.3FD
23 F.2CR	TR.1R
24 C.5FR	D.5TD
25 F.1FD	C.4FR
26 F.3R	C de 1F à 3R
27 TR.1D	

Partie nulle.

42. — Gambit de la Dame refusé

BLANCS	NOIRS
BURN	TEICHMANN
1 P.4D	P.4D
2 P.4FD	P.3R
3 C.3FD	P.4FD
4 P.3R	C.3FR
5 C.3FR	P.3TD
6 F.3D	PD pr PF
7 F pr P	P.4CD
8 F.3D	F.2CD
9 Roq	CD.2D
10 P.4TD	P.5CD
11 C.1CD	F.2R
12 CD.2D	Roq

Après le 12e coup des Noirs

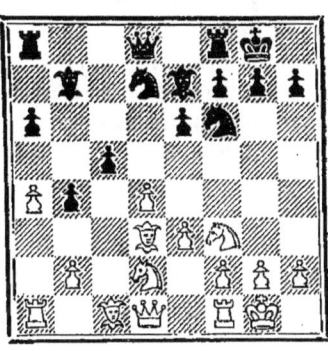

13 P.3CD

Le projet de poster le F à 2CD n'est pas avantageux, dans la circonstance son action n'est pas grande.

13	P pr P
14 P pr P	C.3CD
15 F.2CD	CD.4D
16 T.1R	T.1FD
17 F.4FD	D.4TD
18 C.5R	C.5FR
19 C de 2D à 3FR	
19	CR.4D
20 P.3CR	C.3CR
21 D.2R	C pr C
22 C pr C	F.3D
23 P.3FR	F pr C

Meilleur eut été 23 — C. 3CD pour échanger éventuellement le FR adverse qui est fort bien placé.

24 D pr F	TR.1D
25 TD.1D	D.2FD
26 D pr D	C pr D
27 R.2F	P.4TD
28 T.3R	

Partie nulle.

Septième Tour — 2 Mars

Teichmann	Tarrasch.	Maroczy	Niemzowitch.
Spielmann	Leonhardt.	Bernstein	Marshall.
Vidmar	Burn.	Capablanca	Duras.
Rubinstein	Janowski.	Schlechter.	*repos.*

Le Doct. Tarrasch, qui avait si bien joué jusqu'ici, subit sa première défaite contre Teichmann dans une Partie Lopez. Il perd par une faute de début qui lui coûte un P ; malgré une ténacité défensive admirable qu'il maintient jusqu'au 98e coup, il succombe contre la manœuvre fine et correcte de Teichmann.

Spielmann combat victorieusement contre Leonhardt dans un style offensif d'une grande énergie.

La lutte entre le Doct. Vidmar et Burn se termine en faveur du premier ; elle fournit des phases intéressantes, dont la dernière peut être citée comme finale classique.

Dès le début Rubinstein obtient l'avantage contre Janowski ; il garde cette supériorité et gagne la fin sans difficulté.

Par suite de la façon de traiter le début par Niemzowitch, Maroczy acquiert la meilleure position en milieu de partie ; mais son entreprenant adversaire amène une finale de T dont le résultat est forcément nul.

Deux autres parties sont remises : celle entre le Dr Bernstein et Marshall, puis celle entre Capablanca et Duras ; autant la première est riche en combinaisons ; autant la seconde est dépourvue d'intérêt.

43. — Partie Lopez

	BLANCS	NOIRS
	TEICHMANN	TARRASCH
1	P.4R	P.4R
2	C 3FR	C.3FD
3	F.5CD	P.3TD
4	F.4TD	C.3FR
5	Roq	C pr P
6	P.4D	P.4CD
7	F.3CD	P.4D
8	P.4TD	T.1CD

Le Doct. Tarrasch reconnaît lui-même ce coup comme étant la faute décisive ; il recommande à sa place 8 — C pr P et il prétend qu'après ce coup l'attaque se trouve arrêtée et tombe après quelques coups.

9	P pr PR	F.3R
10	P pr P	P pr P
11	P.3FD	F.4FD
12	CD.2D	Roq
13	F.2FD	P.4FR
14	C.3CD	F.3CD
15	CR.4D	D.2D

16 C pr C	D pr C
17 C.4D	D.2D
18 P.3FR	C.4FD
19 R.1T	P.5FR
20 P.4CD	C.2CD
21 D.3D	P.3CR
22 D pr PCD	

Après le 22ᵉ coup des Blancs

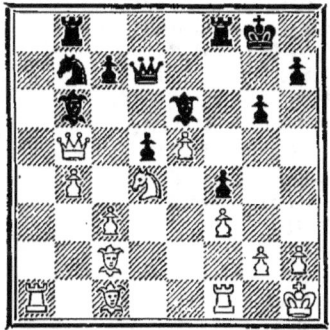

22	F pr C
23 D pr D	F pr D
24 P pr F	C.1D
25 F.2D	F.4CD
26 TR.1D	C.3R
27 F.3FD	R.2F
28 F.3CD	TR.1D
29 R.1C	R.2R
30 T.5TD	T.3CD
31 T.1FD	F.3FD
32 R.2F	F.4CD
33 R.1R	F.3FD
34 TR.1TD	F.4CD

Des deux côtés la manœuvre est fort exacte, elle ne laisse prise à aucun commentaire.

35 T.8TD	T pr T
36 T pr T	T.3FD
37 R.2D	F.5FD
38 F pr F	T pr F

Peut-être même trop exacte pour certain lecteur avide d'émotion.

39 R.3D	C.1D
40 P.5CD	C.3R
41 T.6TD	R.2D
42 P.6CD	P pr P
43 T pr P	T.3FD
44 T.5CD	C.2FD
45 T.5TD	T.3TD
46 T pr T	C pr T

Après le 46ᵉ coup des Noirs

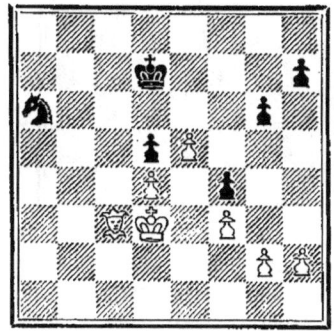

47 F.5TD	C.1CD
48 F.2D	P.4CR
49 P.3CR	P pr P
50 P pr P	P.3TR
51 P.4CR	C.3FD
52 P.4FR	P pr P
53 F pr P	C.2R
54 F pr P	C.3CR
55 R.3R	R.3R
56 R.3F	R.2F
57 R.3C	C.2R
58 F.3R	C.3CR
59 R.3F	C.5TR +
60 R.2R	C.3CR
61 F.5CR	C.1FR
62 R.3D	C.3R
63 F.3R	R.2R
64 R.3F	R.2D
65 F.4FD	C.1FR
66 F.3TD	C.3R
67 R.3D	R.1R
68 F.1FD	R.2R
69 F.3R	R.1R
70 R.2F	R.2D
71 R.3C	R.3F

La fin est extrêmement difficile à gagner pour les Blancs ; cependant Teichmann manœuvre fort habilement et sa victoire est bien méritée.

Après le 71e coup des Noirs

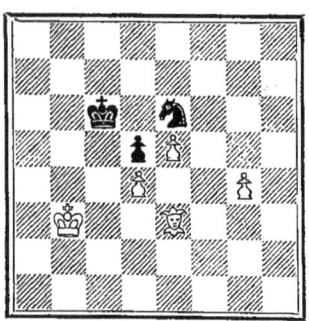

72 R.3T	C.4FR
73 R.3C	C.3R
74 R.2F	R.2D
75 R.2C	R.3F
76 R.3F	C.4FR
77 R.4C	C.3R
78 R.5T	C.4FR
79 R.6T	

Toutefois le même lecteur suivra avec intérêt ce mouvement tournant par le côté D.

79	C.3R
80 R.7T	R.2F
81 F.2FR	C.4CR
82 F.1CR	C.6FR
83 F.3R	C.5TR
84 F.2D	C.6FR
85 F.3FD	R.3F
86 R.8C	R.2D
87 R.7C	R.2R
88 R.7F	C.4CR
89 F.4CD +	R.3R
90 R.8D	C.6FR
91 F.3FD	C.5TR
92 R.8R	C.3CR
93 F.2D	C.2R
94 R.8F	C.3FD
95 F.3R	C.2R
96 R.7C	C.3FD
97 R.6C	C.2R +
98 R.7T	

Les Noirs abandonnent.

44. — Défense Berlinoise

BLANCS	NOIRS
SPIELMANN	LEONHARDT
1 P.4R	P.4R
2 F.4FD	C.3FR
3 P.3D	C.3FD
4 C.3FD	F.5CD
5 F.5CR	P.3TR
6 F pr C	F pr C +
7 P pr F	D pr F
8 C.2R	P.3D
9 Roq	P.4CR

Pour empêcher P.4FR.

10 P.4D	F.5CR
11 P.3FR	F.2D
12 T.1CD	T.1CD ?

Par 12 — P.3CD les Noirs devaient se garder la possibilité du grand Roq.

13 P.3CR	T.1CR
14 R.1T	R.2R
15 D.3D	T.2CR
16 P.4FR	PC pr PF
17 PC pr PF	D.5TR

Après le 17e coup des Noirs

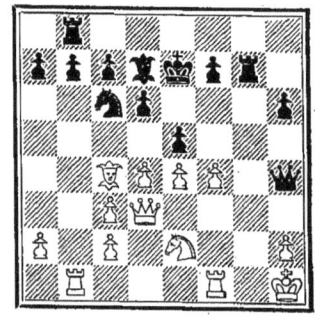

18 PD pr PR !
18   TD.1CR

Encore le meilleur coup !
Si 18 — P pr P aurait suivi 19
P.5FR, enlevant toute action
au F adverse et cela pour
longtemps.

19 P pr P +   P pr P
20 TR.1D !

La seule manœuvre, qui
non seulement sauve la position mais qui menace en
même temps de la perte de la
partie.

Si 20 T pr PC   C.4TD
    21 T pr P   C pr F
    22 D pr C   T.5CR, mena-
çant de — D pr PT + suivi de
— T.5TR ×

20   F.6TR ?

Avec 20 — R.1R les Noirs
avaient de bonnes chances
de se tirer du mauvais pas où
ils sont maintenant. A 21 D
pr PD, ils pouvaient répondre
21 — D.6TR.

21 T pr PC +   R.1R
22 C.3CR   T pr C
23 F pr P +   R.1F
24 D pr P +   C.2R
25 P pr T   F.7CR + +

Il tonne et il passe des
éclairs.

26 R.1C !   T pr P
27 D pr C +   D pr D
28 T pr D   R pr T

Après le 28e coup des Noirs

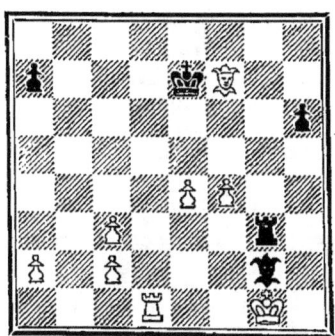

Le ciel s'est éclairci et on
peut évaluer le dommage cau-
sé par l'orage.

29 R.2F   T pr P
30 F.3CD

Plus simple était 30 R
pr F.

30   F pr P
31 T.1R   T.6FR +
32 R.1C   T pr P
33 F.5D   T.5CR +
34 R.2T   T.7CR +
35 R.3T   T pr P
36 T pr F +   R.2D
37 F.3CD   T.4FD
38 T.4TR   P.4TR
39 T.4D +   R.2R
40 T.5D   T.8FD
41 T.5FR   T.6FD +
42 R.2C   R.1R
43 T pr P   T.6R
44 T.8TR +

Les Noirs abandonnent.

45. — Gambit de la Dame refusé

BLANCS	NOIRS
VIDMAR	BURN
1 P.4D	P.4D
2 C.3FR	P.4FD
3 P.4FD	P.3R
4 P.3R	C.3FD
5 P.3TD	C.3FR
6 PD pr PF	F pr P
7 P.4CD	F.2R
8 F.2CD	Roq
9 CD.2D	P.4TD

10 P.5CD	C.1CD
11 P pr P	P pr P
12 F.2R	CD.2D
13 T.1FD	C.5R !
14 Roq	CD.4FD
15 C.4D	D.3CD

Après le 15e coup des Noirs

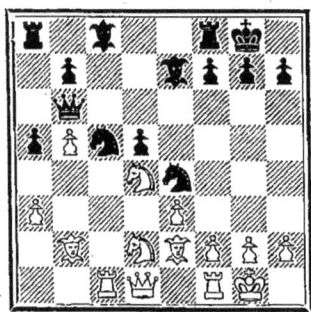

16 CD.3FR	F.3FR
17 C.4R	P.5TD
18 C.3D	C pr C
19 F pr C	P.3CR
20 D.2R	F.2CR
21 TR.1D	F.2D

Sans doute pour se réserver la poussée sans risque de leur PFR deux pas, les Noirs se contentent de cette circonspecte sortie de leur F; autrement il semble que 21 — F.3R aurait dû avoir leur préférence.

22 C.3FR	F.3R
23 F pr F	R pr F
24 D.2CD +	R.1C
25 F pr C	P pr F
26 C.5CR	F.4FR
27 D.4CD	D.4TD
28 T.4D	D pr D

Il n'était pas de l'intérêt des Noirs de commencer eux-mêmes l'échange des D, ils devaient plutôt jouer 28 — TR.4R.

29 T pr D	TR.1R
30 T de 4 à 4FD	
30	T.4TD

Après le 30e coup des Noirs

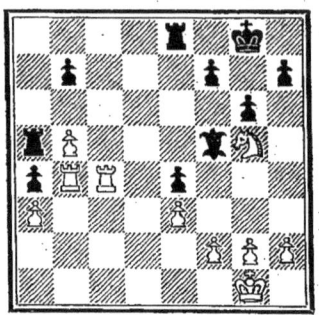

31 P.4CR	F pr P
32 C pr PR	F.3R
33 T.7FD	T.1D
34 T pr PC	T.8D +
35 R.2C	F.4D
36 T.8CD +	R.2C
37 R.3C	T.6D

Si 37 — P.4FR alors C.3FD.

38 C.6D	T pr PT
39 C.8R +	R.3T
40 T.4TR +	R.4C
41 T.4CR +	R.4F

Non pas :

41	R.3T
42 R.4F	P.4CR +
43 T pr P	F.3R
44 C.6FR qui forcerait le mat.	

42 T.8D !

Après le 42e coup des Blancs

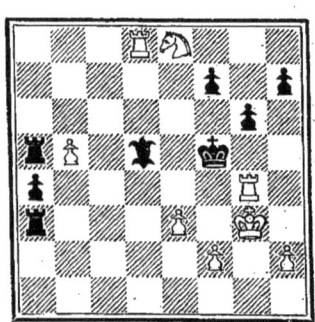

42	F.3R

Ici se présentait cette variante intéressante :

42	T.6D
43 T pr F +	T pr T
44 P.4R +	R.4R
45 P pr T	P.6TD
46 P.6CD	P.7TD
47 P.7CD	P.8TD : D
48 P.8CD : D + avec le mat au prochain coup.	

43 P.6CD	F.4D
44 P.7CD	F pr P
45 C.6D +	R.3R
46 C pr F	T.2TD
47 T.4R +	R.3F
48 C.6D	T.8TD
49 C.8R +	R.4F
50 T.5D +	R pr T
51 C.6FR ×	

Une finale piquante pouvant être comparée à une Etude ; elle fut conduite par le Dr Vidmar d'excellente manière.

46. — Partie Anglaise

BLANCS	NOIRS
RUBINSTEIN	JANOWSKI
1 P.4FD	C.3FR

Si 1 P.3R joué par Blackburne contre Zukertort (1883).

2 P.3R	C.3FR
3 C.3FR	P.3CD
4 F.2R	F.2CD
5 Roq	P.4D
6 P.4D	F.3D, etc.

Si 1 P.4R !

2 P.3R	C.3FR
3 P.3TD	P.4D
4 P pr P	C pr P
5 C.3FD	C.3FR
6 F.4FD	C.3FD
7 CR.2R	F.3D
8 C.3CR	Roq

(A. B. C.)

2 P.4D	P.3R
3 C.3FD	F.2R
4 C.3FR	Roq
5 F.5CR	P.3CD
6 P.3R	F.2CD
7 F.3D	P.3D
8 D.2R	P.4FD
9 TD.1D	C.3FD
10 Roq	C.2D
11 F.4FR	P.3TD
12 F.1CD	D.2FD

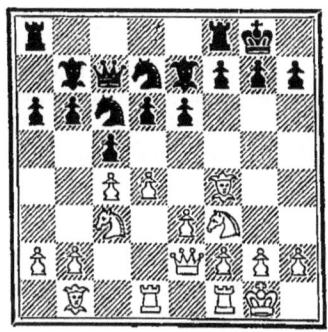

Après le 12e coup des Noirs

Tout le système de développement des Noirs est faux, il va de soi que pour en faire la preuve une réplique subtile est nécessaire.

13 P.5D !

Avant toutes choses les Blancs doivent empêcher la poussée du PR des Noirs.

13	C.1D
14 D.3D	P.3CR
15 P pr P	C.4R !
16 F pr C	P pr F
17 D.7D	C pr P
18 D pr D	C pr D
19 T.7D	F.1D
20 C pr P	F.1FD

24 T.6D	F.3R

Après le 24e coup des Noirs

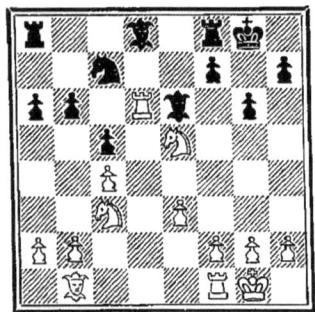

22 F.4R !

Si 22 T pr P   F.3FR
23 C.7D   FR pr CD
24 C pr T   F.4TD !
25 T pr F   C pr T
26 C pr C   P pr C avec de grandes chances de remise, à cause des F de couleur différente.

22	T.4FD
23 F.7CD	T.4CD
24 C.6FD	T pr F
25 C pr F	T.4CD
26 C.6FD	TD.4R
27 C.5D !	F pr C
28 P pr F	P.3FR
29 T.4D	T.2FR

30 R.4F	R.2C
31 R.2R	C.4CD
32 T.6R	C.2FD
33 T pr T	C pr T

Après le 33e coup des Noirs

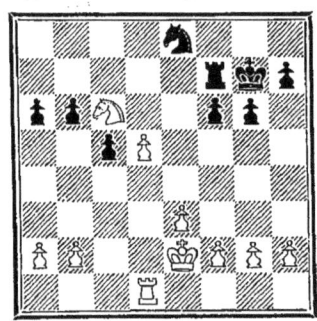

34 P.4R	C.3D
35 R.3D	P.4CR
36 P.3FR	T.2D
37 P.3CR	C.4CD
38 P.4TD	C.3D
39 P.4FR	P pr P
40 P pr P	P.4FR
41 P.5R	C.5R
42 R.3R	P.4CD
43 P pr P	P pr P
44 T.4CR +	R.4F
45 T.4D	

Les Noirs abandonnent.

47. — Défense Philidor

BLANCS	NOIRS
MAROCZY	NIEMZOWITCH
1 P.4R	P.4R
2 C.3FR	P.3D
3 P.4D	C.3FR

Une innovation de Niemzowitch, le plan général de cette défense est de soutenir le point 4R des Noirs par une contre-attaque sur le point 4R des Blancs.

4 CD.2D

Sans doute le coup naturel 4 C.3FD mérite la préférence.

4	P pr P !
5 C pr P	F.2R
6 P.4FD	CD.2D
7 F.2R	Roq
8 Roq	T.1R
9 D.2FD	F.1FR
10 P.3CD	C.4R
11 P.3TR	F.2D
12 F.2CD	P.3FD
13 TD.1D	T.4FD ?

— 70 —

Ceci n'est pas un bon coup, car s'ils avaient formé le projet de continuer par — P.4D; P.4FR puis P.5R aurait suivi.

14 R.2T !	P.3TD
15 P.4FR	C.3CR
16 P.3CR	P.4CD
17 C de 4D à 3FR	
17	P pr P
18 F pr P	P.4D !

Les Noirs sont bien forcés de faire ce sacrifice d'un P, car autrement les Blancs obtiendraient une forte attaque.

| 19 F pr PT | T.1TD |
| 20 F pr C | P pr F ! |

Non pas 20 — D pr F à cause de 21 — D.3D.

Après le 20e coup des Noirs

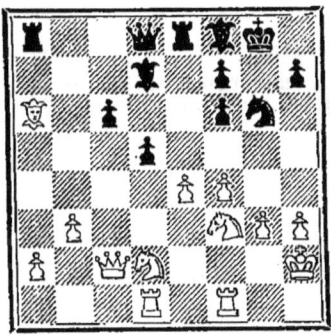

21 F.3D	D.4FD
22 C.1CR	F.3D
23 P.4TD	D.4CD
24 T.3FR	R.2C !
25 P pr P	P pr P
26 F.5FR	F pr F
27 D pr F	F.4FD
28 P.4TR	D.5CD !
29 C.1FR	D.3CD
30 C.2D	D.5CD
31 D.3D	C.2R
32 C.1FR	C.3FD
33 C.3R	C.5D
34 C.5FR +	C pr C
35 D pr C	T.8R !

Un coup très fin.

36 T de 3 à 1FR	
36	T.8FR pr T
37 T pr T	F pr C +
38 T pr F	D pr P
39 P.5TR	D.7CD +

Pas bien joué?

| 40 T.2CR | D.5D |

Après le 40e coup des Noirs

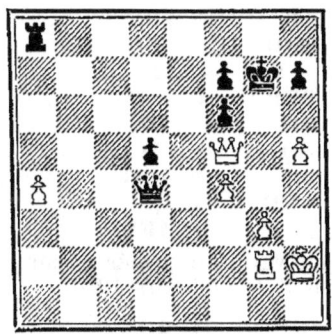

41 P.6TR +	R pr P
42 P.4CR	R.2C
43 P.5CR	P pr P
44 D pr P +	R.1T
45 P.5TD	T.4FR !
46 P.6TD	P.4FR !
47 D.6TR	D.3FR
48 D pr D +	T pr D

Les finales de T comportent encore maintes finesses et embûches, mais elles se terminent le plus ordinairement par une remise.

49 T.2TD	T.4FR
50 R.3C	R.2C
51 R.3F	R.3C
52 R.3R	R.4T
53 T.2TR +	R.5C
54 T.2CR +	R.6T
55 T.7CR	P.4TR
56 R.4D	T.1D
57 P.7TD	P.5TR
58 R.5R	P.5D
59 R pr P	P.6D
60 T.7D	T.4FR +

61 R.4R   R.7C
62 T.7CR+ R.2F
   Partie nulle.

Une partie riche en combinaisons profondes.

48. — Défense Petroff

| BLANCS | NOIRS |
| BERNSTEIN | MARSHALL |

1 P.4R	P.4R
2 C.3FR	C.3FR
3 C pr P	P.3D
4 C.3FR	C pr P
5 P.4D	P.4D
6 F.3D	F.3D
7 Roq	F.5CR
8 P.4FD	Roq
9 P pr P !	P.4FR

La variante préférée par Marshall. (Hambourg 1910.)

10 C.3FD	C.2D
11 P.3TR	F.4TR
12 C pr C	P pr C
13 F pr P	C.3FR

Après le 13ᵉ coup des Noirs

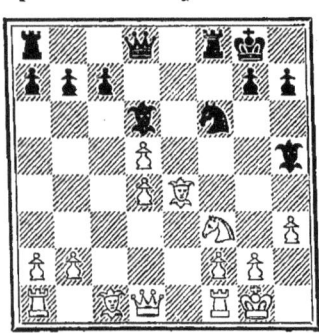

14 F.5FR !

Déjà joué par Spielmann contre Marshall dans le Tournoi de Hambourg précité.

| 14 | R.1T |
| 15 D.3CD ! | |

Dans la partie plus haut mentionnée Spielmann perdit l'avantage qu'il avait acquis par :

15 P.4CR ?	C pr PD
16 D.3D	C.5CD
17 D.4R	F.2FR !
18 F.5CR	D.1R
19 C.5R	F.4D ! et les

Noirs gagnèrent.

| 15 | C pr P |

Si 15 ... F pr C ?
| 16 D pr F | C pr P |
| 17 D.5TR | C.3FR |

18 D.4TR suivi de F.5CR laisserait les Noirs en fâcheuse position.

16 F.5CR

Il est trop visible que la D ne peut pas prendre le C.

16	F.2R
17 F pr F	C pr F
18 F.4R	F pr C
19 F pr F	C.4FR
20 D pr P	T.1CD

Les Noirs pouvaient jouer également 20 — C pr P.

| 21 D pr PT | C pr P |
| 22 F.4CR ! | T pr P |

Après le 22ᵉ coup des Noirs

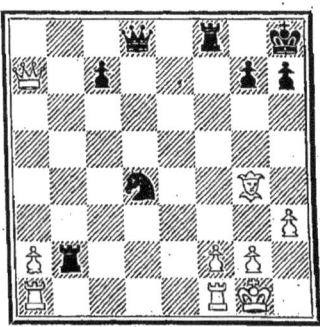

23 TD.1D	T.3CD
24 D.4TD	T.3D
25 R.1T	P.4FD
26 T.1FD	T.4D
27 T.3FD	P.4TR
28 F.1D	TD.4FR
29 T.3R	T.5FR

29 — T pr PF serait une grosse faute.

30 TR.1R !

Pour empêcher 30 — C.6FR.

30	T pr P

Si 30 — C.6FR; 31 D pr T — C pr T; 32 D.5R, etc.

31 T.8R	D.4D
32 T pr T +	T pr T
33 T.8R	D.2FR
34 T pr T +	D pr T
35 F pr P	D.8FR +
36 R.2T	D.5FR +
37 R.1T	

Naturellement pas 37 R.1C à cause de la perte de la D par C.6FR +.

37	D.8FR +

Partie nulle.

49. — Partie du PD

BLANCS	NOIRS
CAPABLANCA	DURAS
1 P.4D	P.4D
2 C.3FR	C.3FR
3 P.3R	P.3R
4 P.4FD	F.2R
5 C.3FD	P.3TD
6 P.3CD	P.4FD
7 P pr PF	F pr P
8 F.2CD	C.3FD
9 F.2R	P pr P
10 F pr P	P.4CD
11 F.2R	D pr D +
12 T pr D	F.2CD
13 Roq	R.2R

Un coup un peu risqué; les Noirs auraient mieux fait de roquer.

Après le 13e coup des Noirs

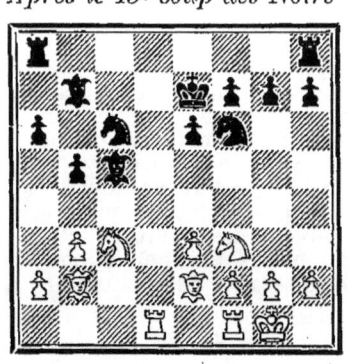

14 C.5CR !

Menaçant maintenant de 15 CD.4R.

14	C.2TD
15 T.1FD	TD.1FD
16 TR.1D	P.3TR
17 F.3FR	

La position pouvait donner lieu à un peu plus d'initiative ; il est visible que ce 17e coup est une invitation à des échanges, dont le profit pour les Blancs n'est pas bien démontré.

17	F pr F
18 C pr F	TR.1D
19 T pr T	T pr T
20 R.1F	F.3D
21 R.2R	T.1FD
22 P.4TD	P pr P
23 C pr P	T pr T
24 F pr T	C.5R
25 C.2D	C pr C
26 F pr C	R.2D

Il est évident que si 26 — F pr PT; 27 P.3CR gagnerait le F par 28 R.1F suivi de R.2C.

27 P.3TR	R.3F
28 R.3D	C.4CD
29 P.4FR	P.4R

Partie nulle.

Huitième Tour — 3 Mars

Niemzowitch	Capablanca.	Janowski	Teichmann.
Leonhardt	Rubinstein.	Tarrasch	Vidmar.
Burn	Bernstein.	Schlechter	Maroczy.
Duras	Spielmann.	Marshall	*repos.*

Très intéressante est la partie entre Niemzowitch et Capablanca ; le premier, pour s'affranchir d'une position gênée, fait un sacrifice de deux pièces mineures contre T et P, sacrifice qui offrait quelques chances ; mais il succombe finalement sur une contre-attaque enlevée de main de maître par le jeune Cubain.

Rubinstein conduisant les Noirs dans une Partie Lopez vainc Leonhardt grâce à une excellente manœuvre en fin de partie.

Le Doct. Bernstein répondant à un Gambit de la Dame que lui offre Burn commet une si grave erreur dans une position fort riche en combinaisons qu'il se voit contraint d'abandonner immédiatement. Il est probable que la partie eut été nulle sans cette grosse faute.

Duras contre Spielmann est assez tôt en infériorité, et le désavantage augmentant il devient bien vite décisif, quand même ; Duras prolonge la partie quoi qu'il eût pu tranquillement et sans regret l'abandonner au 48e coup.

Il est juste de mentionner que, jouant contre Janowski, Teichmann atteint d'une forte indisposition était absolument incapable de jouer.

Bien qu'elle se termine sans résultat, les Doct. Tarrasch et Vidmar fournissent une partie très intéressante.

Aussi des deux côtés est jouée bien et correctement la partie Schlechter - Maroczy, laquelle finit également par une nullité.

* * *

50. — Partie Française

BLANCS	NOIRS
NIEMZOWITCH	CAPABLANCA
1 P.4R	P.3R
2 P.3D	

Niemzowitch fait partie de la plus jeune génération des maîtres ; il est un des mieux doués, possédant un style nettement personnel. Mais il marque une certaine prédilection dans le début pour des coups extraordinaires, bizarres, voire blâmables, avec lesquels il réussit quelquefois, comme par exemple dans sa partie contre Teichmann ; mais cela le conduit aussi à la défaite, telle la

présente partie avec une contre-attaque tout-à-fait simple.
(Dr *Tarrasch*.)

2		P.4D
3	C.2D	P.4FD
4	CR.3FR	C.3FD
5	F.2R	F.3D
6	Roq	D.2FD
7	T.1R	CR.2R
8	P.3FD	Roq
9	P.3TD ?	P.4FR !

Pour faire suivre éventuellement de P.4R.

10	F.1FR	F.2D
11	P pr PD	P pr P
12	P.4CD	TD.1R

Schlechter recommande 12 — P.4CD, car après le coup du texte les Blancs pouvaient améliorer leur jeu par 13 P pr P ! — F pr P; 14 P.4D — F.3D; 15 P.4FD.

13	F.2CD	P.3CD
14	P.4D	P.5FD

Après le 14e coup des Noirs

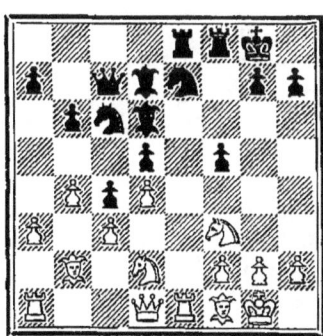

15 C pr P

Par un sacrifice riche en chances les Blancs projettent de se dégager de leur position enfermée.

15		P pr C
16	F pr P +	R.1T
17	C.5CR	F pr PT +
18	R.1T	F.5FR
19	C.7FR +	T pr C
20	F pr T	T.1FR
21	F.5TR	C.1CR

Afin d'ouvrir le chemin à la D pour une manœuvre vers 5TR en passant par 1D.

22 P.4FD

A première vue les Blancs paraissent encore assez bien placés.

22		D.1D
23	D.3FR ?	

Le meilleur était ici 23 P.3CR malgré l'avantage que les Noirs peuvent retirer de F.4CR et 3FR.

23		D.5TR +
24	D.3TR	

Si 24 R.1C — D.7TR +. 25 R.1F — C.3FR; 26 P.5D — C.4R serait décisif.

24		D pr PF
25	T.2R	D.6CR
26	D pr D	F pr D
27	P.5FD ?	CD.2R
28	F.3FR	F.4CD
29	T.2FD	C.3FR
30	P.4TD	F.6D
31	TR.1FD	

Si 31 T.2D alors 31 — C.5R ! également.

31		C.5R

Arrive bien vite une finale inattendue.

32	P.5CD	T.3FR

Menace du mat en 3 coups au plus.

33	F pr C	F.7FR !

Les Blancs abandonnent, le mat ne peut plus être évité.

51. — Partie Lopez

BLANCS	NOIRS
LEONHARDT	RUBINSTEIN
1 P.4R	P.4R
2 C.3FR	C.3FD
3 F.5CD	P.3TD
4 F.4TD	C.3FR
5 Roq.	F.2R
6 T.1R	P.4CD
7 F.3CD	P.3D
8 P.3FD	Roq
Si 8	C.4TD
9 F.2FD	P.4FD
10 P.4D	D.2FD
11 CD.2D etc.	
9 P.3TR	

Si 9 P.4D — F.5CR. Mais les Blancs peuvent fort bien continuer après par 10 D.3D, car F pr C; 11 P pr F n'est guère à craindre. D'où on peut conclure que le coup du texte est peut-être une perte de temps.

9	C.4TD
10 F.2FD	P.4FD
11 P.4D	D.2FD
12 CD.2D	C.3FD
13 C.1FR	

Sacrifice bien connu d'un P dont la valeur reste encore douteuse.

| 13 | PF pr P |
| 14 P pr P | P pr P |

Rubinstein pense sans doute que la prise avec le P vaut mieux que celle avec le C.

15 F.5CR	P.3TR !
16 F.4TR	T.1R
17 T.1FD	D.3CD
18 D 2D	F.3R
19 F.1CD	

19 P.3CD était probable-meilleur, malgré le léger affai-blissement de l'aile gauche.

Après le 19ᵉ coup des Blancs

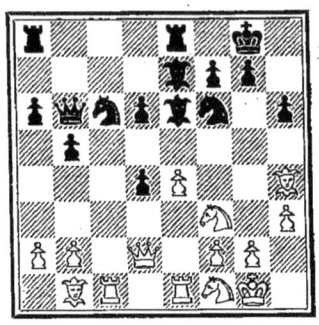

| 19 | C.4R ! |
| 20 C de 1F à 2TR | |

Maintenant un bon consei serait précieux. Ils étaient me-nacés de — C pr C + puis après 20 C pr PD du sacrifice — F pr PTR (21 P pr F? D pr C!). La manœuvre de Rubin-stein est digne de considéra-tion.

20	C.5FD !
21 D pr P	D pr D
22 C pr D	C pr PC

Les Noirs ont à présent et bien nettement un P de plus.

23 C.6FD	P.4CR !
24 C pr F +	T pr C
25 F.3CR	C.5FD
26 C.3FR	TD.1R
27 TD.1D	

Si 27 F pr P — C pr F; 28 P.5R — C de 3D à 5R.

27	P.4D
28 P.5R	C.4TR
29 F.2TR	C.2CR
30 P.4CR	F.1FD !
31 T pr P	F.2CD
32 T.3D	F pr C
33 T pr F	C pr P
34 F pr C	

Forcé.

34	T pr F
35 T pr T	T pr T
36 R.1F	C.3R
37 T.3TD	C.5FR ?

Une légère erreur! Meilleur eût été 37 — C.4FD.

Après le 37e coup des Noirs

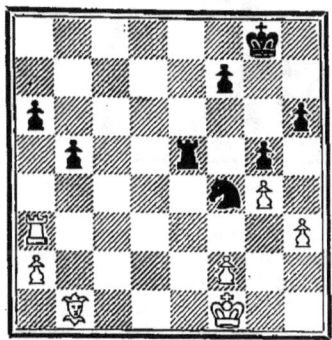

| 38 T pr P ! | T.4FD |
| 39 T.8TD + | R.2C |

40 T.8R	C pr P
41 R.2C	C.5FR +
42 R.3F	C.3R
43 T.8CD	T.6FD +
44 R.2C	T.5FD
45 F.5FR	C.5FR +
46 R.2T	P.5CD
47 T.7CD	C.7R
48 R.2C	T.5FR
49 P.3FR	P.4TR !
50 R 2F	C.6FD
51 T.7TD	P pr P
52 F pr P	R.3F
53 P.3TD ?	

Une grosse faute due certainement à un manque de temps, autrement les Noirs auraient encore eu de la peine à gagner.

| 53 | P.6CD |
| 54 T.7CD | P.7CD |

Les Blancs abandonnent.

52. — Gambit de la Dame refusé

BLANCS	NOIRS
BURN	BERNSTEIN
1 P.4D	P.4D
2 P.4FD	P.3R
3 C.3FD	F.5CD

Cette tactique n'est pas à conseiller puisque l'échange qui en résulte ne fait que renforcer le centre des Blancs.

4 C.3FR	C.3FR
5 P.3R	Roq
6 F.3D	P.4FD
7 Roq	C.3FD
8 P.3TD	F pr C
9 P pr F	P.3CD
10 D.2FD	

Pourquoi n'avoir pas préféré : 10 PF pr PD — PR pr PD ; 11 P.4FD !

10	PF pr PD
11 P de 4F pr PD	
11	D pr P
12 PF pr P	F.2CD

Après le 12e coup des Noirs

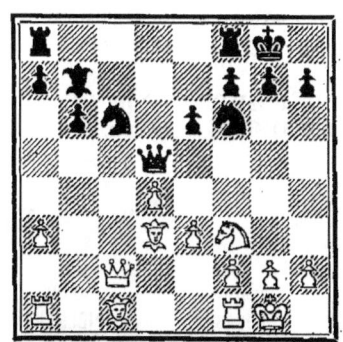

13 F.2CD ?

Avec 13 P.4R les Blancs

obtenaient la supériorité. Il est curieux de signaler que les deux adversaires, sans doute pressés par le temps, s'imaginaient faussement que les Noirs pouvaient y répondre par 13 — C pr PD ?

Dans ce dernier cas, il est bien évident qu'après :

13	C pr PD
14 P pr D	C pr D
15 F pr D	F pr P

les Noirs perdent la pièce et sans qu'ils en trouvent la compensation dans leur supériorité numérique de P.

13	C.4TD
14 TR.1R	TD.1FD
15 D.2R	C.5R !
16 C.5R	C.6FD
17 D.4CR	P.4FR
18 D.3TR	C.6CD
19 F pr C	T pr F
20 TD.1D	D.3D
21 P.3FR !	

Pour empêcher — F.5R.

21	D pr P
22 P.4CR !	F.3TD
23 F.1CD	P.3CR
24 P.5D !	

Très subtil.

| 24 | D.3D |

La prise du P ne serait pas avantageuse à cause de la réplique 25 T pr P suivi de T. 7D ou P pr P..

| 25 P.4FR | P pr PC |
| 26 D.6TR ! | P pr P |

Après le 26ᵉ coup des Noirs

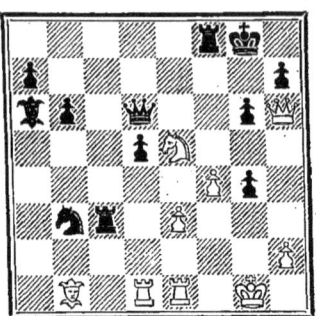

27 F pr PC !

Jusqu'ici le vénérable maitre Burn a joué dans ce Tournoi avec la fraîcheur admirable d'un jeune. Il conduit la présente partie avec un grand élan ; le sacrifice est absolument correct et lui garantit la remise au moins.

| 27 | T.2FD ?? |

Une inconcevable erreur qui coûte la D.

28 F pr PT +

Les Noirs abandonnent.

Après 27 — P pr F les Blancs avaient le choix, soit par 28 C pr P (ce qui aurait conduit à des complications) de chercher le gain, ou par 28 T pr P de se contenter de la remise. Dans ce dernier cas les Noirs devaient prendre la T car à 28 — D.3FR on répondrait 29 T.7D.

53. — Partie Française

BLANCS	NOIRS
DURAS	SPIELMANN
1 P.4R	P.3R
2 P.4D	P.4D
3 C.3FD	C.3FR
4 F.5CR	F.2R
5 P.5R	CR.2D
6 F pr F	D pr F

7 F.3D

Si 7 C.5CD !   C.3CD
   8 P.3FD   P.3TD
   9 C.3TD   P.3FR
  10 P.4FR etc.

7   Roq
8 D.5TR ?

Une attaque prématurée qui finit bien vite par la retraite de la D entraînant en même temps la perte de P et la déroute funeste. Le plan juste consistait en un développement du jeu habituellement conseillé et la protection du centre au moyen de 8 P 4FR ; 9 C.3FR ; 10 D.2D, etc.

8   P.3CR
9 D.6TR   P.4FD
10 C.3FR   P pr P
11 C.5CD   C.3FD
12 C.5CR

Audace inutile dont l'adversaire a trop aisément raison.

12   P.3FR
13 P pr P   C pr P
14 Roq   P.3TD
15 C.3TD   P.4R

Après le 15ᵉ coup des Noirs

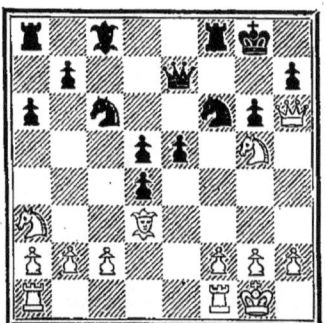

Maintenant on voit clairement le piteux résultat obtenu par l'attaque des Blancs ; on peut constater qu'après le quinzième coup d'une « Partie Française » ceux-ci ont un P de moins et que leurs pièces sont toutes mal placées ; quelques-unes sont même en danger ! Par contre, les pièces noires sont excellemment postées et, grâce à leur centre compact, les Noirs menacent d'une contre-attaque destructive.

16 P.3FR   D.2CR
17 D pr D   R pr D
18 TD.1R   P.3TR
19 C.3TR   F pr C
20 P pr F   C.4TR
21 C.1CD   C.5FR
22 P.4TR   TD.1R
23 P.3TD   T.3R
24 C.2D   C.2R
25 C.3CD   T.1FD
26 R.1T   C.4FR
27 T.1CR   C.6R
28 T.1CD ?

On ne se rend pas bien compte de l'efficacité de ce coup.

28   C pr PF
29 TD.1D ?

Plus simple était 29 F pr C.

39   C.6R
30 T.2D   T.3CD
31 C.1FD   T de 3CD
                    à 3FD

Après le 31ᵉ coup des Noirs

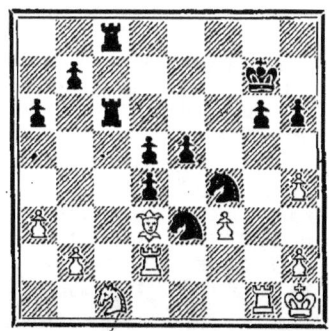

32 C.3CD   C pr F

33 T pr C	T.7FD
34 P.4FR	P.5R
35 T pr P	T pr PC
36 T.4CD	P.4CD
37 C.4D	T pr T
38 P pr T	T.5FD
39 C.2R	P.4TR
40 C.3CR	R.2F
41 T.1R	C.4FR
42 C pr C	P pr C
43 T.1CR	P.6R
44 R.2C	T pr PF
45 R.3C	T.5CR +
46 R.3T !!	T pr PC

C'est dommage ! Presque pat !

47 T.2CR	T.5R

Les Blancs abandonnent.

54. — Partie du PD

BLANCS	NOIRS
JANOWSKI	TEICHMANN
1 P.4D	P.4D
2 C.3FR	P.4FD
3 P.3R	P.3R
4 F.3D	C.3FR
5 Roq	C.3FD
6 P.3CD	F.3D

Ici on joue généralement 6 — P pr P.
Le Doct. Esser dans son dernier match adopta contre Janowski :

6	P.3CD
7 F.2CD	F.3D
8 CD.2D	Roq
9 C.5R	F pr C
10 P pr F	C.2D
11 P.4FR	P.3FR etc.

7 F.2CD	Roq
8 C.5R	

Dans la deuxième partie de son match à Berlin, Janowski contre Lasker continua par :

8 CD.2D	D.2R
9 C.5R	T.1D
10 P.3TD	F.2D

11 P.4FR amenant la disposition connue sous le nom de « Stonewall ».

8	D.2FD
9 P.4FR	C.5R
10 F pr C	P pr F
11 C.3FD	P pr P
12 C.5CD	D.1D
13 C pr C	P pr C

Après le 13e coup des Noirs

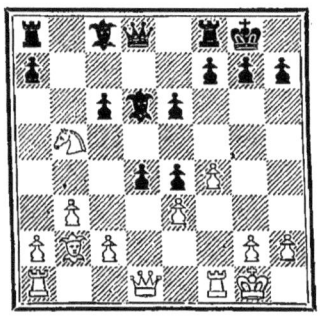

14 D pr P	P.4R
15 D pr F	P pr C
16 D pr P	P.3FR
17 D pr PC	T.2FR
18 TD.1D	F.2D
19 D.5D	D.1R
20 P.4FD	P.4TD
21 T.4D	F.3FD
22 D.5FD	T.2FD
23 TR.1D	TR.1FD
24 T.6D	P.5TD
25 P.4CD	F.2CD
26 D.4D	D.2FR
27 T.7D	

Les Noirs abandonnent.

Teichmann, souffrant ce jour-là, joua très faiblement. Aussi cette partie ne comporte-t-elle pas les commentaires qui auraient pu être joints à une lutte normale.

55. — Partie des Quatre Cavaliers

BLANCS	NOIRS
TARRASCH	VIDMAR
1 P.4R	P.4R
2 C.3FR	C.3FD
3 C.3FD	C.3FR
4 F.5CD	F.5CD
5 Roq	Roq
6 P.3D	P.3D
7 F.5CR	F pr C

Il était bien meilleur de ne pas faire l'échange ; tout au moins fallait-il le différer, car ce FR pouvait encore jouer un rôle important à — 4FD dans le cas où, plus tard, les Blancs eussent joué P.4FR.

| 8 P pr F | C.2R |
| 9 C.4TR ! | |

Maintenant et surtout après l'échange que nous venons de critiquer 9 F pr C était également fort.

| 9 | C.1R |

N'est pas une défense favorable.

10 F.4FD !

Si 10 P.4FR — P.3TR forcerait un échange qui faciliterait le développement des Noirs.

| 10 | F.3R |
| 11 C.5FR ! | |

La continuation juste avec laquelle les Blancs obtiennent la partie supérieure.

11	F pr C
12 P pr F	D.2D
13 P.4CR	

Les C ennemis sont maintenant fort mal placés.

| 13 | P.3FD |
| 14 P.4D ! | |

Afin de répondre à l'éventuelle avance 14 — P.4D par 15 P pr PR.

14	P.5R
15 P.5D	C.2FD
16 P pr P	P pr P

Après le 16ᵉ coup des Noirs

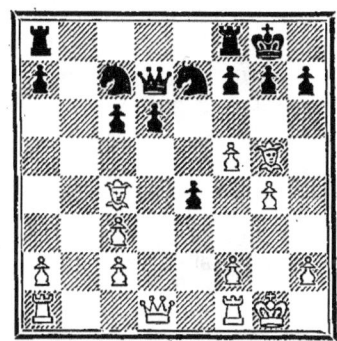

17 T.1R

Jusqu'ici les Blancs avaient correctement conduit la partie; mais à présent ils laissent passer la continuation la plus forte :

17 P.3FR !	P pr P
18 D pr P	P.4D
19 F.3D	TD.1CD
20 TD.1R etc.	

| 17 | P.4D |
| 18 F.3CD | |

Mauvais aurait été 18 T pr PR à cause de — C pr PF; 19 P pr C — D pr P. Mais maintenant la prise est possible.

18	TD.1D
19 P.3FR	P.3FR
20 F.3R	

Meilleur était : 20 F.4FR.

| 20 | P pr P |
| 21 F pr PT | |

Le gain du P est trompeur, car on pressent déjà le sacrifice à 5FR, après quoi le

PFR avancé devient puissant. C'est pourquoi il était préférable de continuer par 21 D pr PF et les Blancs restaient encore avec un avantage appréciable de position.

21   P.4TR !

Sur le faible coup des Blancs les Noirs commencent une contre-attaque énergique.

22 F.5FD   TR.1R
23 P.3TR   C pr PF

Immédiatement 23 — P pr P était encore plus fort.

24 D pr PF

L'acceptation du sacrifice n'est pas possible, en raison de la position découverte du R blanc qui est trop peu sûre.

24   P pr P
25 D pr P   C.3R
26 D pr C   C pr F
27 D pr D   T pr T +
28 T pr T   T pr D
29 T.8R +   R.2F
30 T.8FD

La fin de partie est un peu à l'avantage des Blancs, sans toutefois que cette supériorité soit décisive.

Après le 30e coup des Blancs

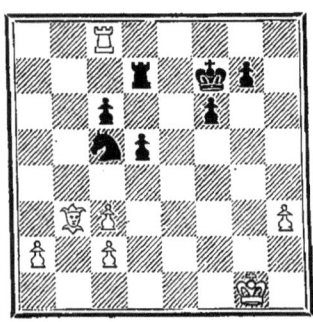

30   C pr F

Cet échange amène une finale de T qui conduit le plus généralement à une remise.

31 PF pr C

Il n'y avait rien de plus à retirer de :

31 PT pr C	T.3D
32 R.2F	T.3R
33 R.3F	P.4CR
34 R.4C	T.5R +
35 R.3F, etc.	

31   T.2TD

Si 31   P.5D
32 P pr P	T pr P
33 T pr P	T.8D +
34 R.2C	T.7D +
35 R ?	T pr P etc., la

remise était obtenue immédiatement.

32 P.4TD   T.2CD
33 P.4CD   P.5D
34 T pr P   P pr P
35 T.4FD

Une dernière tentative, mais avec des moyens insuffisants.

Si 35 P.5CD   T.2TD
36 T.4FD	P.7FD
37 T pr P	T pr P
38 T.2CD etc.	

35   P.7FD

35 — T.2TD perdrait à cause de :

36 P.5TD	T.2CD
37 P.6TD	T.3CD
38 T.7FD +	R.3C
39 P.7TD	T.3TD
40 P.5CD, etc.	

36 T pr P   T pr P
37 T.2TD   T.3CD

Partie nulle.

Analyses du Dr Tarrasch dans le « *Berliner Lokal Anzeiger* ».

56. — Partie Française

BLANCS	NOIRS
SCHLECHTER	MAROCZY
1 P.4D	P.3R
2 P.4R	P.4D
3 C.3FD	C.3FR
4 F.5CR	F.2R
5 P pr P	

La route la plus habituellement suivie est :

5 P.5R	CR.2D
6 F pr F	D pr F
7 C.5CD	C.3CD
8 P.4TD	P.3TD etc.

5	C pr P
6 F pr F	

6 C pr C	P pr C
7 D.2R	F.3R
8 F pr F	D pr F
9 C.3FR	Roq
10 P.3FD etc.	

6	D pr F
7 D.2D	D.5CD !
8 C pr C	D pr D +
9 R pr D	P pr C
10 T.1R +	R.1F

Après le 10ᵉ coup des Noirs

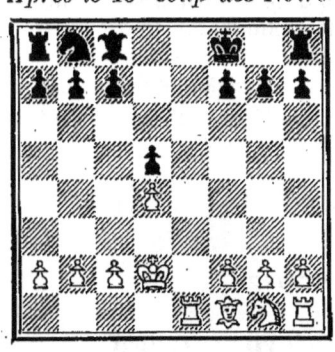

11 F.3D

Sans doute meilleure aurait été la continuation ci-après que Schlechter adopta plus tard contre Spielmann :

11 C.3FR	F.4FR
12 C.5R	P.3FR
13 C.3D	F pr C
14 F pr F	C.3FD
15 P.3FD etc. ; (69ᵉ partie.)	

11	C.3FD
12 P.3FD	F.2D
13 C.2R	T.1R
14 C.4FR	T pr T
15 T pr T	C.2R
16 F.2FD	

A ce coup incolore, n'y avait-il pas mieux ? Par exemple : l'avancement des P sur l'aile droite.

16	P.3FD
17 C.3D	P.4TR !
18 P.4TR	T.3TR

Une manœuvre fort habile.

19 C.4FR

Il semble que le C aurait été mieux posté à 5R ; il empêchait tout d'abord la manœuvre des Noirs — T.3FR à cause de C pr F +.

19	T.3FR
20 P.3CR	P.3CR
21 F.3D	

Partie nulle.

Neuvième Tour — 6 Mars

Teichmann	Leonhardt.	Rubinstein	Duras.
Vidmar	Janowski.	Capablanca	Schlechter.
Spielmann	Niemzowitch.	Marshall	Burn.
Bernstein	Tarrasch.	Maroczy	repos.

Le neuvième Tour se signale par un grand nombre de parties âprement disputées.

Contre Leonhardt, Teichmann gagne une « Partie Lopez » jouée d'un bout à l'autre d'excellente manière.

Les efforts de Vidmar appliqués à une bonne tactique lui assurent aussi une juste victoire sur Janowski dans un Gambit de la Dame.

La « Partie Sicilienne » entre Spielmann et Niemzowitch se présente comme extrêmement intéressante ; ce qui était du reste attendu, étant donné les caractéristiques semblables des deux maîtres : jeu riche en combinaison. Elle se termine par la victoire des Noirs.

Le Doct. Tarrasch défend une « Partie Française » contre le Doct. Bernstein; il profite de ce que son adversaire, dans une position égale, fait une combinaison erronée qui lui coûte la qualité, puis la partie.

En un combat opiniâtre qui dure dix heures, Rubinstein gagne Duras avec un « Gambit de la Dame ». Ce dernier avait très finement joué la première phase de la partie et avait même acquis la supériorité de position, quand plus tard il se ralentit pour succomber dans une finale dans laquelle Rubinstein montre une fois de plus sa maîtrise consommée.

Les deux parties Capablanca-Schlechter et Marshall-Burn sont conduites fort correctement par chacun des quatre maîtres engagés; aussi se terminent-elles toutes deux par des nullités.

57. — Partie Lopez

BLANCS	NOIRS
TEICHMANN	LEONHARDT
1 P.4R	P.4R
2 C.3FR	C.3FD
3 F.5CD	P.3TD
4 F.4TD	C.3FR
5 Roq	F.2R

Une défense plus commode est :

5 .... C pr P

6	P.4D	P.4CD	
7	F.3CD	P.4D	
8	P.4TD	C pr PD	

6	T.1R	P.4CD	
7	F.3CD	P.3D	
8	P.3FD	C.4TD	
9	F.2FD	P.4FD	
10	P.3D		

Depuis quelque temps, ce coup est plus en faveur que 10 P.4D; sans doute parce que le dernier permet la réponse des Noirs 10 — F.5CR suivi de C.3FD.

Après le 10ᵉ coup des Blancs

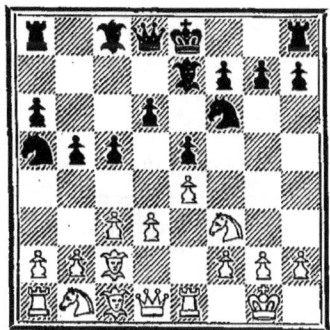

10 ...... F.5CR

Le moment n'est pas propice à ce clouage.

11	CD.2D	Roq
12	C.4FR	T.1R
13	P.3TR	F pr C

Forcé, car à 13 — F.4TR les Blancs continuaient l'attaque par P.4CR suivi de C.3CR et C.5FR.

14	D pr F	P.3TR
15	C.3CR	C.2TR
16	C.5FR	F.4CR
17	D.4CR !	D.3FR

Peut-être les Noirs auraient-ils dû s'engager de préférence dans la variante ci-après quoique un peu douteuse :

17		P.3CR
18	C.pr P+	R.2C
19	F pr F	C pr F
20	P.4TR	R pr C
21	P pr C +	D pr P

18 P.4FR ! P pr P

Après 18 — F pr P ?; 19 F pr F — P pr F; 20 D pr PF les Noirs obtenaient une forte attaque sur la colonne FR ouverte et le PD devenait faible. En outre de ces considérations, le coup du texte contient un piège assez caché.

Après le 18ᵉ coup des Noirs

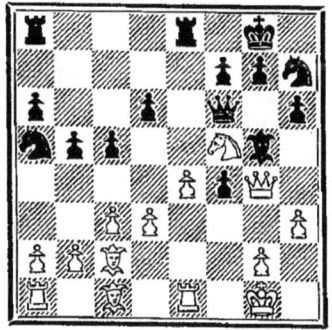

19 P.4TR !

La ruse est dans :

19	F pr P	P.3CR
20	C pr PT+ ?	F pr C
21	F pr P	P.4CR
22	D 5TR	T.3R ! etc.

19		P.3CR
20	P pr F	P pr C
21	P pr D + d	P pr D
22	F pr P	

Les Blancs ont maintenant et nettement une fin de partie gagnée.

22		T.3R
23	F pr P	C pr P
24	F.2D	C.3FD

Si 24 — P.4D; 25 P.4FD, etc.

25 P.4TD T.1D ?

26 P pr P	P pr P
27 F.5CR !	R.2C
28 F.3CD	T.4R
29 F pr C +	R pr F
30 T.1FR +	R.3C
31 F pr P +	R.2C
32 F.5D	C.2R
33 P.4D	

Les Noirs abandonnent.

Ils sont menacés de T. 7FR +.

58. — Gambit de la Dame refusé

BLANCS	NOIRS
VIDMAR	JANOWSKI
1 P.4D	P.4D
2 P.4FD	P.3R
3 C.3FD	C.3FR

Cette défense du « Gambit de la Dame », que j'appellerai pour rire la défense orthodoxe, est celle à laquelle ce début doit sa grande faveur depuis ces dix dernières années.

Contre la défense 3 — P. 4FD les Blancs ne peuvent guère obtenir que l'égalité, c'est pourquoi nous pensons que le début se jouera de plus en plus rarement.

(Dr *Tarrasch*).

4 F.5CR	F.2R
5 P.3R	Roq
6 C.3FR	CD.2D
7 T.1FD	

Une lutte circonspecte pour éviter la perte d'un temps. Les Blancs hésitent encore à sortir leur FR et semblent attendre — PD pr PF des Noirs. Mais comme ceux-ci continuent maintenant par — T.1R, les Blancs doivent se résigner à la perte du temps qui suivra 8 F. 3D — P pr P ; 9 F pr P.

7	T.1R
8 F.3D	P pr P
9 F pr P	P.3TD
10 Roq	P.4CD
11 F.3D	F.2CD
12 D.2R	P.4FD
13 TR.1D	D.3CD

La D doit quitter la rangée des T car les Blancs préparent :

14 P pr P	F pr P
15 F pr C	P pr F
16 F pr PT +	R pr F
17 D.3D + etc.	

14 C.5R

Après le 14e coup des Blancs

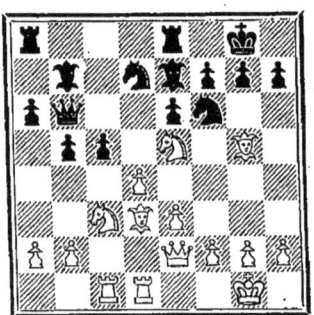

14 ... C pr C

La prise de ce C demande un certain courage car elle va permettre l'accès de la D blanche à 5TR. 14 — P pr P semblait préférable, à moins que Janowski n'ait vu, ce qui est probable, que l'attaque n'était pas si dangereuse qu'elle peut paraître à première vue.

Mauvais aurait été :

| 14 | TD.1D |
| 15 C pr C | C pr C (si 15 — |

T pr C; 16 F pr C suivi de P pr P).
16 F pr F   T pr F
17 P pr P   C pr P (si 17 —
D pr P; 18 C pr PC).
18 F pr PT +   R pr F
19 D.5TR + suivi de T pr T +
et D pr C.

(*Schlechter.*)

15 P pr C   C.2D
16 D.5TR!

Le départ d'une attaque menée énergiquement.

Etait faux de toute évidence :

16 F pr PT +   R pr F
17 D.5TR +   R.1C
18 T pr C   D.3FD ! gagnant la qualité.

16   C.1FR

Si 16 — P.3CR; 17 D.4TR.

17 C.4R

Encore plus fort peut-être était : 17 F pr F suivi de 18 F.4R avec le projet d'amener très vite le C à 6D *via* 4R.

17   F pr C

Forcé, le C est trop puissant.

Si 17   P.5FD ?
18 F pr F   T pr F
19 C.6FR +   P pr C
20 P pr P et gagnent.

Et si :
18   P pr F
19 C.6FR +   R.1T
20 D pr PF et gagnent.

18 FR pr FD   P.3CR ?

Ce coup affaiblit la position. Le meilleur était probablement 18 — TD.1D.

19 D.3FR !   TD.1D
20 F pr F

Ceci semble concluant ; il y a néanmoins une défense fort valable pour les Noirs. Une courte analyse montre que 20 F.6TR était insuffisant.

20   T pr T +

Les Noirs n'auraient pas dû abandonner à l'adversaire la seule ligne ouverte. Après 20 — T pr F ; 21 T pr T — D pr T ; 22 T pr P les Noirs regagneraient le P par — T.2FD ! ; 23 P.4CD — T pr T ; 24 P pr T — D.7D suivi de — D.8FD + et D pr P.

21 T pr T   T pr F

Après le 21e coup des Noirs

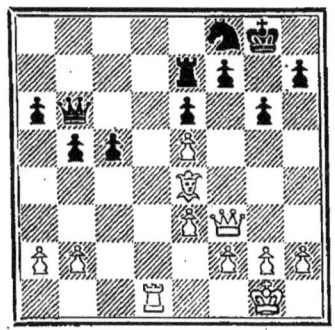

22 T.6D !

Préliminaire d'une attaque sur le Roq préparée de longue main et pour laquelle la D doit, tout d'abord, être écartée.

22   D.4TD

Plus sage était 22 — D.2FD. Janowski, semblant ne pas croire au danger, prépare la double menace d'un mat et du gain d'un P.

23 P.4TR   P.4TR ?

Pour parer la menace P.5TR suivi de D.6FR et P.6TR. Par 23 — T.2D ils avaient encore une défense suffisante.

24 P.4CR   P pr P
25 D pr P

Non pas tout de suite :

25 D.6FR   D.8R + ! ou A
26 R.2C   P.6CR

27 R pr P	D.8CR +
28 R.3T etc.	

Λ

Si 25	T.4R ?
26 P.5TR	P pr P
27 D.5CR +	R.4T
28 T.7D !	C pr T
29 D.6TR + suivi d'un mat en 4 coups.	

25   **D pr P**

La partie n'est plus tenable pour les Noirs ; c'est ainsi que 25 — T.2D ne leur suffit plus à cause de la réplique 26 F pr PC — P pr F ; 27 T pr T suivi de D pr PR +, etc.

26 P.5TR	D pr P
27 D.5CR	T.2TD ?

Ce très faible coup précipite le dénouement. Naturellement ils avaient la ressource de 27 — T.2D avec laquelle ils pouvaient encore poser à leur adversaire un problème difficile à résoudre ; les Blancs n'obtenaient rien après 28 T pr PT à cause de 28 — T.8D + suivi de — D.8FD, pas plus qu'ils n'avaient de solution après :

28 P.6TR	C.2TR
29 D.4FR	T pr T
30 P pr T	C.3FR

laissant aux Noirs une position de gain nettement démontrée.

De même que 28 P pr P, proposé par Schlechter, ne force pas le gain car les Noirs peuvent y répondre 28 — T pr T (non pas, bien entendu, 28 — P pr P ?).

28 T.8D !

Menaçant de 29 D.6TR.

28   **T.2D**

Trop tard à présent !

29 D.6FR

Préparant l'inévitable mat de la D à 7CR par 30 P.6TR.

29	D.8FD +
30 R.2C	D.8D
31 F.3FR	

Les Noirs abandonnent.

Cette partie caractérise le Doct. Vidmar pour son style énergique dans l'attaque.

59. — Défense Sicilienne

BLANCS	NOIRS
SPIELMANN	NIEMZOWITCH
1 P.4R	P.4FD
2 C.3FR	C.3FR

Aussi original que provocant. Et pourtant ! si 3 P.5R cet audacieux C n'aurait plus d'autre retraite que celle de sa case primitive.

3 C.3FD	P.4D
4 P pr P	C pr P
5 F.4FD	P.3R
6 Roq	F.2R
7 P.4D	C pr C
8 P pr C	Roq
9 C.5R	

Une tentative belliqueuse quelque peu prématurée, à laquelle les Noirs répliquent, d'adroite façon, par une contre attaque sur la ligne FD.

9	D.2FD !
10 F.3D	C.3FD
11 F.4FR	F.3D
12 T.1R	P pr P

Cet échange avec le mouvement du C à 5CD forment la manœuvre débutant par 9 D.2FD.

13 P pr P	C.5CD
14 F.3CR	C pr F
15 D pr C	P.3CD
16 P.4FD !	F.3TD
17 TD.1FD	TD.1FD
18 D.3CD	P.3FR

Après le 18e coup des Noirs

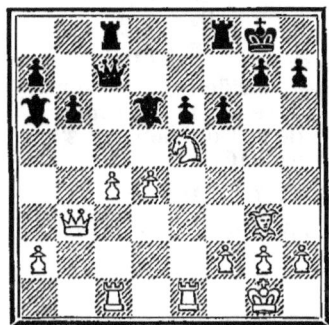

19 D.4TD

Les Blancs ne voient pas une ressource mise à la disposition de leur adversaire et que celui-ci avait prévue.

Aussi avec 19 P.5FD (au lieu du coup du texte) la nullité n'est pas certaine; mais elle peut être réalisée, ex.:

19 P.5FD	F pr C
20 D pr P +	D.2FR
21 D pr D +	R pr D
22 P pr F	T pr P
23 P.6R +	R.2R
24 TD.1D	T.1D etc.

19	P pr C
20 P pr P	F.6TD !

Par cette manœuvre adroite les Noirs regagnent le P et assurent à leur FD une bonne case à 4D.

21 D pr FR	F pr P
22 T.4R	D.2D
23 P.3TR	F.4D
24 T.2R	D.2CD

Suivent quelques mouvements tendant à détruire la position des P blancs.

25 P.4FR	D.2FR
26 TR.2FD	T pr T
27 T pr T	D.3CR !
28 D.3FD	

Les Blancs ne peuvent guère renoncer au bénéfice de la colonne FD ouverte; mais si 28 T.3FD — P.4TR; 29 P.4TR — T pr PF ! etc.

28	F pr PT !
29 F.4TR	

Il est superflu d'annoter que si 29 T pr F — D.8CD + gagne la qualité.

29	F.4D
30 F.7R	T.1R
31 F.6D	D.5R
32 D.7FD	P.3TR !

Les Noirs ne tombent pas dans le piège tendu, ici :

32	D pr PT
33 D pr PT	T.1TD
34 D pr T +	F pr D
35 T.8FD +	R.2F
36 T.8FR +	gagnant la D.

33 T.2FR	D.8R +
34 T.1FR	D.6R +

Après le 34e coup des Noirs

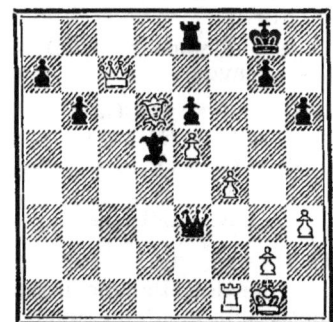

35 T.2FR

Forcé. A 35 R.2T suivrait 35 — D.7D ! 36 T.1CR — D pr PF + ; 37 R.1T — D.6CR et le mat est inévitable.

Une belle phase de cette partie.

35	P.4TD
36 F.7R	D.8R +
37 T.4FR	D.6R +
38 T.2FR	R.4T

Ils étaient menacés de 39 F.6FR. Maintenant les Blancs gagnent bien l'un des deux P unis et passés ; mais sans que cet avantage tardif puisse beaucoup leur servir.

39 F.8D	D.8R +
40 T.4FR	D.6R +
41 T.2FR	D.8R +
42 T.4FR	D.6CR
43 T.2FR	T.4FR
44 D pr PCD	T pr P

45 F.7R

Afin de s'opposer à 45 — T.5CD. Une faute serait : 45 D 2CD à cause de 45 — F pr PC ; 46 T pr F — D.8R + ; 47 R.2T — T.8FR suivi du mat en quelques coups ou de la perte de la D.

45	P.5TD

Le sacrifice du F noir à 7CR ne serait pas correct à cause de la T qui pourrait s'interposer à 4CR.

46 R.4F ?	D pr PC +

Les Blancs abandonnent.

60. — Partie Française

BLANCS	NOIRS
BERNSTEIN	TARRASCH
1 P.4R	P.3R
2 P.4D	P.4D
3 C.3FD	C.3FR
4 F.5CR	F.2R
5 P.5R	CR.2D
6 F pr F	D pr F
7 C.5CD	

Actuellement 7 F.3D est très en faveur.

7	C.3CD
8 P.3FD	P.3TD
9 C.3TD	P.4FD
10 P.4FR	P pr P

Meilleur était 10 — C.3FD.

11 D pr P

Une déviation de la manière habituelle de jouer ce début.

11	D.2FD
12 C.3FR	C.3FD
13 D.2FR !	F.2D
14 F.3D	C.5TD !

Le petit Roq serait dangereux pour les Noirs.

15 Roq	D.3CD
16 D pr D	

L'échange des D n'est pas à éviter, puisque, de ce fait, la menace sur le PC est supprimée.

16	C pr D
17 C.2FD	C.5TD
18 TD.4CD	C.4FD
19 TR.4D	P.3FR
20 P pr P	P pr P
21 C.3R !	

Pour battre en brèche le centre des Noirs au moyen de 22 P.5FR.

21	Roq TD

Si 21 — P.4FR, les Blancs continueraient très fortement par 22 P.4FD.

22 P.5FR

Trop de hâte ! Il fallait d'abord commencer par 22 F.2FD.

22	C pr F

Après le 22e coup des Noirs

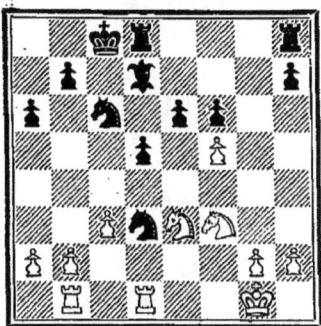

23 P pr P ?

Par cette prise les Blancs perdent la qualité.

Ils obtenaient une position égale avec :

23 T pr C	C.4R
24 C pr C	P pr C
25 P pr P	F pr P
26 TD.1D	P.5D
27 P pr P	P pr P
28 T pr P	F pr PT

23	F.4R :
24 T pr C	F.3CR
25 TD.1D	F pr T
26 T pr F	TR.1R
27 C pr P	T pr P
28 R.2F	TR.3D
29 C.6CD +	

Si 29 P.4FD — C.5CD.

29	R.2F
30 T pr T	R pr T
31 C.4FD +	R.4F
32 C de 4FD à 2D	
32	T.1R !
33 P.3CD	P.4CD
34 P.3TD	P.4TD

Avec l'intention de continuer par 35 — P.5TD.

35 P.4CD +	R.4D !
36 P pr P	T.1TD

Bien plus fort que de prendre tout de suite avec le C; car à cette prise immédiate les Blancs postaient avantageusement leur C à 4D.

37 C.1R	C pr P
38 C.3D	

Tôt ou tard les Blancs auraient dû renoncer à la défense du PT par C.2FD et C.1CD.

38	C.5FD
39 C.4CD +	R.3D
40 C.3FR	C pr P
41 R.3R	C.8CD
42 R.4D	

Après le 42e coup des Blancs

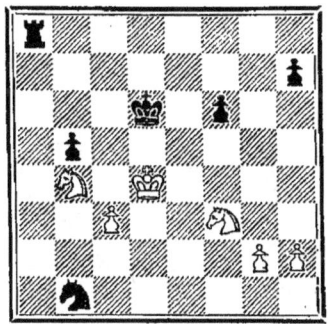

42	T.1FD !

Si 42 — T.6TD; 43 C.5D. Cette réponse n'est plus possible après le coup du texte à cause de — T.5FD +.

43 C.2TD	T.5FD +
44 R.3D	T.5TD
45 C.1FD	

Si 45 C.4CD les Noirs gagneraient le PFD par 45 — T.6TD; 46 R.2F — T pr PF +; 47 R pr C — T.6CD +.

45	T.6TD
46 C.2R	P.5CD !

Tout de suite 46 — C pr P aurait permis aux Blancs une résistance plus longue, par exemple :

46	C pr P
47 C pr C	P.5CD
48 R.4F	P pr C
49 R.3D, etc.	

47 C.2D	C pr C
48 R pr C	T.7TD +
49 R.3D	P.6CD
50 C.4D	T pr P
51 C pr P	T pr P
52 C.4D	T.6TR +

| 53 R.4R | T.5TR + |

Les Blancs abandonnent.

Car à R.5F suivrait — T pr C puis — P.4TR.

61. — Gambit de la Dame refusé

BLANCS	NOIRS
RUBINSTEIN	DURAS
1 P.4D	P.4D
2 C.3FR	C.3FR
3 P.4FD	P.3R
4 F.5CR	

La valeur de ce coup doit être mise en doute, nous ne pensons pas qu'il soit correct; les Noirs peuvent maintenant garder le P du Gambit sans que les Blancs aient l'équivalence du sacrifice.

Tandis que 4 P.3R aurait donné un développement normal et symétrique.

Si 4 C.3FD	P.4FD
5 PF pr PD	PR pr PD
6 F.5CR	F.2R etc.

4	P.3TR
5 F.4TR	P pr P
6 P.3R	

Il ne serait pas favorable de reprendre tout de suite le P du Gambit au moyen de D.4TD + parce que les Noirs en obtiendraient le développement supérieur.

6	P.4CD
7 P.4TD	P.3FD
8 F.2R	F.5CD +
9 CR.2D	F.2CD
10 Roq	

Menace de P pr P suivi de P.3CD.

| 10 | P.3TD |
| 11 F pr C | |

Après le 11e coup des Blancs

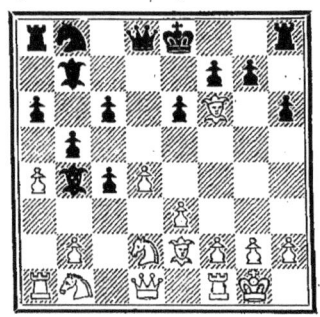

| 11 | P pr F |

Cette ouverture sur l'aile du R, par laquelle celui-ci reste toujours, ou du moins fort longtemps, menacé, nous paraît inévitable.

C'est-à-dire que si :

11	D pr F
12 P pr P	PF pr P
13 C pr PF	P pr C
14 D.4TD +	C.3FD
15 F.3FR etc.	

Toutefois si :

12	PT pr P
13 T pr T	F pr T
14 C pr PF	P pr C
15 D.4TD etc.	

succomberait devant D.4TD, éventuelle continuation du texte.

12 P.3CD	PF pr PC
13 D pr P	F.2R
14 C.3FD	C.2D
15 F.3FR	D.3CD

Bon et solide.

16 TR.1R

Si 16 C.4FD ? P pr C
17 D pr D C pr D
18 TR.1CD F.1D
19 P.5TD C.4D. Mieux.

16	Roq
17 TD.1CD	TD.1CD
18 C.2R	P.4FR
19 C.4FR	R.2C
20 D.3FD	P.5CD
21 D.2CD	R.2T
22 C.4FD	D.2FD
23 D.2FD	T.1CR
24 P.5TD	P.4FD
25 P.5D	C.4R
26 C pr C	D pr C
27 TR.1D	TD.1FD
28 D.4FD	D.3FR
29 P.3CR	P.4R
30 C.2R	P.5R ?

Au lieu de cette poussée de P il fallait jouer 30 — F. 3D.

31 F.2CR	F.3D
32 T.1FR	D.4CR
33 TD.1D	P.4TR

Après le 33ᵉ coup des Noirs

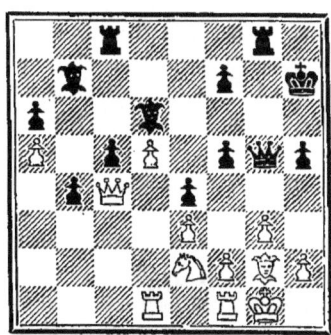

34 P.3FR

Hardi sans doute, mais inévitable.

| 34 | P pr P |

On est frappé de la faiblesse de cette manœuvre.

Les Noirs devaient continuer par :

34	P.5TR
35 PF pr PR	PT pr PC
36 P.3TR	D pr P +
37 R.1T	T.4CR (non pas

37 — P.5FR à cause de 38 T.3FR).

35 T pr P	TD.1R
36 TD.1FR	F.1FD
37 F.3TR	T.4R
38 R.1T	R.1T

On ne pouvait pas continuer par : 38 — T.5R ; 39 D. 2FD — P 5FD à cause de 40 C.4D, etc.

39 D.2FD   F.2CD

La résistance à 4FR n'est plus possible pour les Noirs. Ni — T pr PD immédiatement, ni — T pr PR ne donnerait un meilleur résultat. Exemple :

39	T pr PD
40 F pr P	F.2CD
41 F.4R !	

Si 40
41 T pr T	F.2CD +
42 R.1C	D pr P +
43 T.2FR	

40 T pr P	F pr P +
41 F.2CR	F pr F +

41 — D pr PR n'était pas meilleur à cause de 42 T pr T.

42 R pr F   D pr PR

La capture de ce P, bien inoffensif, est à désapprouver. Si 42 — T pr T ; 43 T pr T — D.3CR menace de 44 — P. 5TR tandis qu'une continuation efficace pour les Blancs est difficile à découvrir.

44 D.2CD + serait faible en raison de — T.2CR et la T blanche reste immobile à cause de la menace — D.5R. Par contre à 44 D.4R pourrait suivre — T.2CR et les Blancs devraient se contenter de chercher la remise par 45 D. 8TD + — R.2T ; 46 D.4R, etc.

43 T pr T	D pr T
44 T.5FR	P.6CD

Ce mouvement nerveux des Noirs va compromettre leurs forces pour la finale et il ne fait nullement reculer avec effet la D blanche. Ce qui est probable, c'est que les Noirs projetaient de poursuivre par — P.5FD dans le cas de 45 D. 3D et qu'ils virent trop tard la parade D.3FR.

45 D.3D	D.3R
46 T pr PT +	R.2C
47 T.5CR +	R.1F

47 — R.1T conduisait toujours à une remise. A présent le PCD est perdu.

48 C.4FR	D.3FR
49 T.5FR	D.2R

Après le 49e coup des Noirs

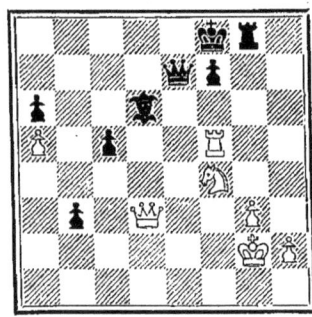

50 D.5D	

Meilleur et plus simple était 50 D pr PC.

50	F pr C

50 — P.7CD était de beaucoup préférable.

51 T pr F	T.1TR
52 T.4R	D.3FR
53 D pr PF +	R.2C
54 T.4CR +	R.3T
55 T.4FR	D.7CD +
56 T.2FR	D.2CR
57 D.3R +	R.2T
58 D pr P	T.1FR
59 T.5FR	D.3CR
60 D.5D	P.3FR
61 D.6R	R 2C
62 P.4TR	T.1CD
63 P.5TR	T.7CD +
64 R.3T	T.7R
65 D pr T	D pr T +
66 D.4CR +	D pr D +
67 R pr D	R.3T
68 R.4T	P.4FR
69 P.4CR	P pr P
70 R pr P	R.2C
71 R.5C	R.2T
72 R.6F	

Les Noirs abandonnent.

(*Analyses du Dr B. Lasker.*)

62. — Partie du PD

BLANCS	NOIRS
CAPABLANCA	SCHLECHTER
1 P.4D	P.4D
2 C.3FR	C.3FR
3 P.3R	F.4FR

Schlechter tente de diriger la partie vers un résultat conclusif autre que celui de la nullité.

4 P.4FD	P.3FD
5 D.3CD	D.2FD
6 C.3FD	P.3R
7 F.2D	CD.2D
8 T.1FD	D.3CD

Ils étaient menacés de la perte d'un P par :

9 P pr PD	PR pr P
10 C pr P	C pr C

11 D pr C P pr D
12 T pr D avec l'avantage.

9 F.2R P.3TR

Afin d'éviter l'échange du F dans le cas éventuel de 10 C.4TR.

**10 Roq F.2R
11 D pr D P pr D**

Meilleur que de prendre avec le C, à cause de l'avancement du PFD ennemi qui entrainerait à une perte de temps.

**12 P.3TD Roq
13 TR.1D T.1R
14 C.1R F.3D
15 P.4FR**

Empêchant la rupture du centre.

**15   C.5R
16 C pr C F pr C
17 F.3D C.3FR
18 F pr F C pr F
19 T.2FD T.5TD !
20 P pr P PR pr PD
21 F.1FD P.4CD
22 C.3D P.3FR**

Schlechter, lui-même, indique ici 22 — T.5FD comme étant beaucoup plus fort.

**23 C.2FR T de 5 à 1TD
24 C pr C T pr C
25 R.2F P.4CR
26 P.3CR R.2F
27 R.3F P.4TR
28 P.4TR**

Après le 28ᵉ coup des Blancs

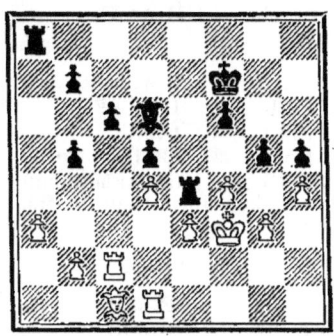

28   P pr PT

Un peu mieux eut été :

28   P pr PF
29 PC pr P T.1CR
30 T.2CR T pr T
31 R pr T T 1R suivi de
32 — T.1CR.

Puis les Noirs tendaient ce piège :

Si 29 P.4CR ? P pr P +
30 R pr P P.4FR +!
31 R pr P ? T.1CR ! suivi de — T.3R et — T.3FR ×.
(*D. Schztg.*)

29 T.1TR ! P.4FR !

Si 29 — P pr P ; 30 T pr P suivi de 31 T.2CR.

**30 T pr PT R.3C
31 T.2TR T.1TR
32 P.4CD**

Partie nulle.

63. — Gambit de la Dame refusé

BLANCS	NOIRS
MARSHALL	BURN

1 P.4D P.4D
2 P.4FD P.3R
3 C.3FD P.4FD
4 PF pr PD PR pr PD
5 C.3FR C.3FD

6 F.5CR

Joué ainsi pour ne pas laisser le F enfermé après P.3R.

6   F.2R

La meilleure réponse.

7 F pr F	CR pr F
8 P.3R	

Si 8 P pr P	D.4TD
9 P.3R	D pr PF
10 F.3D	F.5CR
11 Roq	T.1D

12 T.1R etc., joué par Marshall contre Lasker durant son match de 1907.

8	P pr P
Si 8	P.5FD
9 F.2R	D.3CD
10 D.2D	Roq
11 Roq	F.3R
12 C.4TR	TD.1D (Teich-

mann-Spielmann, Carlsbad 1907.)

9 C pr P	Roq
10 F.5CD	D.3CD
11 Roq	C pr C
12 D pr C	D pr D
13 P pr D	F.3R
14 F.4TD	TD.1FD
15 F.3CD	TR.1D

Après le 15e coup des Noirs

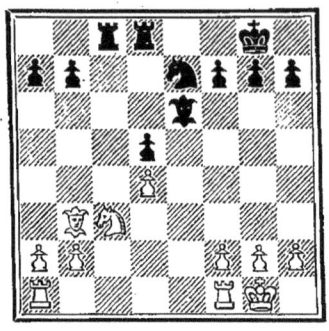

16 TD.1FD	C.3FD
17 TR.1D	R.1F
18 P.3TD	R.2R
19 P.3TR	R.3F
20 F.2TD	P.3CR
21 P.4FR	P.4TR
22 R.2F	C.2R
23 F.1CD	R.2C
24 R.3F	P.5TR
25 C.2R	F.4FR

Partie nulle.

Dixième Tour — 7 Mars

Leonhardt	Vidmar.	Janowski	Bernstein.
Duras	Teichmann.	Schlechter	Spielmann.
Tarrasch	Marshall.	Maroczy	Capablanca.
Niemzowitch	Rubinstein.	Burn.	*repos*.

Le dixième Tour n'enregistre seulement que deux parties décisoires ; soit : la victoire de Vidmar contre Leonhardt, le premier conduisant les Noirs dans une « Défense des Deux Cavaliers », et celle de Teichmann contre Duras, celui-ci débute par une « Partie Lopez », mais mal engagée dès le commencement, il se trouve vite gêné ; Teichmann tire parti de manière excellente des chances offertes par son adversaire et pousse Duras dans une telle situation que celui-ci ne peut échapper aux plusieurs mats dont il se trouve menacé.

Toutes les autres parties se terminent par des remises.

La plus intéressante de ce groupe est celle entre le Doct. TARRASCH et MARSHALL ; celle entre NIEMZOWITCH et RUBINSTEIN mérite également d'être citée.

64. — Défense des Deux Cavaliers

BLANCS	NOIRS
LEONHARDT	VIDMAR
1 P.4R	P.4R
2 C.3FR	C.3FD
3 F.4FD	C.3FR
4 P.3D	F.4FD
5 C.3FD	P.3D
6 F.3R	F.3CD
7 D.2D	F.3R
8 F.3CD	P.4D

Téméraire ! Les Noirs voient très bien la réplique F.4TD ; mais ils tiennent absolument à amener des complications.

9 P pr P	C pr P
10 F.4TD	C pr F
11 P pr C	P.3FR
12 P.4D	

Très bien joué. Les Noirs arrivent à présent dans une position fort désagréable.

12	F.2D
13 Roq TD	C.4TD
14 TR.1R	

Beaucoup trop anodin. Les Blancs devaient continuer par 14 P pr P et après 14 — F pr F ; 15 D.2R — D.2R (le meilleur) poursuivre l'attaque par 16 C.5D, le sacrifice de la pièce était sûrement justifié. Après le coup du texte les Noirs ferment immédiatement le jeu.

14	F pr F
15 C pr F	P.5R

16 C.1CR	D.2R
17 C.2R	D.2FR
18 P.3CD	C.3FD
19 C.3CR	D.2R
20 R.2C	Roq
21 P.3FD	P.4FR
22 T.1FR	D.2D
23 P.4TR	

Après le 23ᵉ coup des Blancs

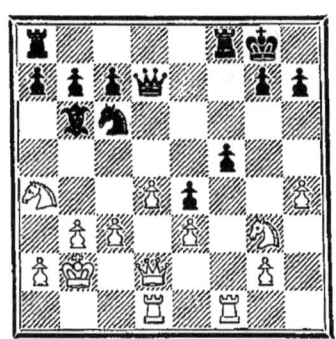

23   TD.1D

Préparant — C.4R puis 6D.

24 D.2R	C.2R
25 C.5TR	P.3FD
26 C 4FR	C.4D
27 D.4FD	R.1T
28 C pr C	P pr C
29 C pr F	

Évidemment très tentant ce coup ne paraît tout de même pas le meilleur, car les Blancs n'ont plus maintenant que le choix entre la retraite de la D à 2R et permettre des attaques sur les lignes TD ou

FD ou, comme dans la continuation adoptée, condamner la D à l'inactivité.

29	P pr C
30 D.4CD	P.4CD
31 T.4FR	

Cette attaque du PF ne donne rien. La T blanche est, en revanche, mal placée à 4FR. Immédiatement les Blancs auraient dû risquer 31 P.4FD.

31	T.3FR
32 TD.1FR	P.4TR !
33 TD.2FR	TD.1FR
34 T.1FR	R.1C
35 TD.2FR	T.3CR
36 D.5FD	T.6CR
37 T.2R	T.3FR
38 P.4FD	

Les Blancs qui pendant les derniers coups se sont tenus sur une extrême réserve, se voient quand même dans l'obligation d'aller de l'avant en jouant P.4FD, car ils sont menacés de 38 — T de 3FR à 3CR ; 39 T de 4 à 2FR — T de 3 à 5CR.

38	PC pr P
39 P pr P	P pr P
40 D pr P +	R.2T
41 T.1FR !	

Après le 41e coup des Blancs

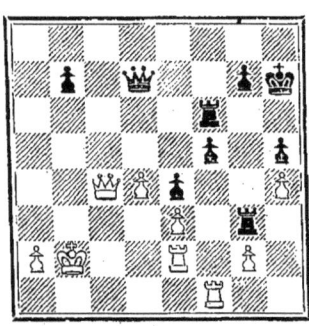

| 41 | T.3FD ! |
| 42 D.4CD | |

Peut-être y avait-il plus de ressources défensives avec :

42 D.3CD	T de 6 à 3CR
43 R.1T	T.3CD
44 D.1D	D.1FD
45 T.2FD menaçant de 46 D pr PT + etc.	

42	T de 6 à 3CR
43 R.1T	D.2FD
44 T.1CD	

Si 44 T pr P	T.8FD +
45 R.2C	T.3CD
46 T pr P +	R.1C
47 T.5CD	T pr T
48 D pr T	D.6FD ×

44	T.3CD
45 D.1R	T pr T +
46 R pr T	

Si 46 D pr T alors — T.3FD !

| 46 | D.5FD |
| 47 T.2CD | |

47 T.2FD était un peu meilleur.

| 47 | P.5FR ! |
| 48 D.2R | |

Ce mouvement de D fait perdre sur le champ. Les Blancs auraient dû prendre immédiatement à 4FR.

48	D pr D
49 T pr D	P.6FR !
50 P pr P	P pr P

Les Blancs abandonnent.

Car ils ne peuvent plus s'opposer à l'arrivée à D du PFR, à cause de T.8CR + suivi de

65. — Partie Lopez

BLANCS	NOIRS
DURAS	TEICHMANN
1 P.4R	P.4R
2 C.3FR	C.3FD
3 F.5CD	P.3TD
4 F.4TD	C.3FR
5 P.3D	P.3D
6 P.3FD	P.3CR
7 P.4D	

De valeur douteuse.

7	F.2D
8 P pr P	P pr P
9 D.2R	

Joué pour gagner le PR ; mais cela est un coup superflu puisque, pour ce résultat, il faut rendre ensuite un autre P.

| 9 | F.2CR |

La meilleure continuation.

10 F.5CR

Si 10 F pr C F pr F
 11 C pr P F pr PR
 12 P.3FR (ou C.2D)
 12   D.2R avec une bonne partie.

| 10 | P.3TR |

Temps gagné important dans le « Fianchetto » en second car ce simple coup assure au R un excellent abri à 2T après le Roq ; c'est pourquoi doit échouer la forte attaque avec P à 4TR et 5TR à cause de P.5CR. Pour cette raison, le clouage du C peut être ici considéré comme inférieur.

| 11 F.4TR | Roq |
| 12 CD.2D | D.1R |

A présent le P est défendu.

13 P.3TR	C.4TR
14 F.2FD	C.5FR
15 D.1FR	C.4TD

Ce mouvement de C du côté D ne peut guère s'expliquer que pour provoquer l'adversaire à la poussée de son PFD et, par ce moyen, obtenir pour ce C les postes avantageux — 5D et — 5CD.

16 P.3CR

Après le 16e coup des Blancs

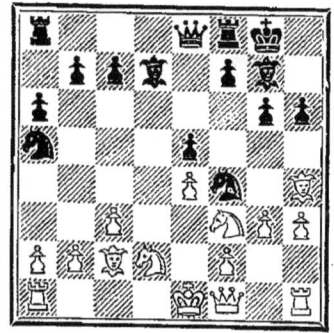

| 16 | C.3R ! |

Menaçant de gagner le F.

| 17 P.4CR | F.4CD |

Incitant à l'avancement du P à 4FD afin d'en obtenir éventuellement les cases — 5CD et — 5D pour leur C.

18 F.3D	C.5FR
19 F pr F	P pr F
20 Roq TD	

Une mesure désespérée ; mais il n'y a pas à choisir. La partie est intenable.

| 20 | D.3FD |

Menaçant de 20 — P.5CD.

21 P.3TD	C.5FD
22 F.7R	TR.1R
23 F.4CD	TR.1D
24 C pr C	

Forcé.

24	P pr C
25 T pr T +	T pr T
26 C.2D	

Après le 26e coup des Blancs

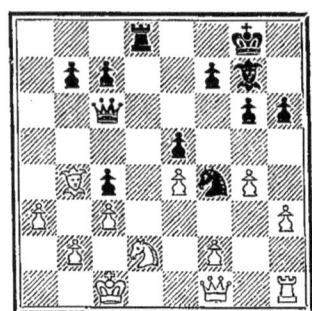

26	
27 R.4D	C.6D +

Si 27 R.2F suivrait 27 — D.4CD et — P.4FD.

Si 27 R.4C — C pr F; 28 PT pr C — T pr C et gagnent.

27	D.5TD +
28 P.3CD	

Si 28 R.2R — C.5FR +; 29 R joue et soit — D.7FD ou T.6D + suivrait.

28	P pr P
29 P.4FD	P.7CD + d
30 R.2R	C.5FR +
31 R.3R	D.7FD

Les Blancs abandonnent.

66. — Partie des Quatre Cavaliers

BLANCS	NOIRS
TARRASCH	MARSHALL
1 P.4R	P.4R
2 C.3FR	C.3FR
3 C.3FD	

Cette continuation abandonne la prime forme de « *Défense Petroff* » pour celle de la « *Partie des quatre Cavaliers* ».

3	C.3FD
4 F.5CD	F.5CD

En adoptant la variante de la « *Double Partie Lopez* ».

5 Roq	Roq
6 P.3D	P.4D

Voilà qui n'est pas habituel. Il est douteux que ce soit correct.

7 F pr C	P pr F
8 C pr PR	F pr C
9 P pr F	P pr P

Après :

9	D.3D
10 F.4FR	T.4R
11 P pr P	C pr P
12 F.3CR	

Les Blancs restent avec l'avantage, suivant l'opinion du Doct. Em. Lasker qui fait continuer par :

12	T pr C
13 P.4D	C pr P
14 F pr T, etc.	

ou 12 — C pr P
13 D.4R	C.4CD
14 D.5TD	T pr C ?
15 P.4TD, etc.	

10 F.3TD !	T.4R
11 C pr P	D.2D

Après le 11e coup des Noirs

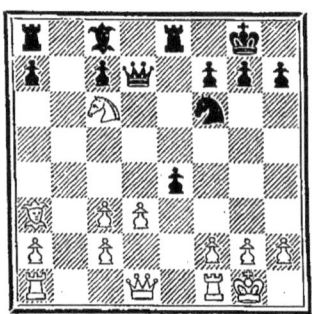

12 C.4D

Si les Blancs ont maintenant un P à leur actif, les Noirs obtiennent en revanche une attaque qui n'est pas sans danger.

12	C.4D
13 D.2D	F.3TD
14 TR.1R	TD.1D
15 F.5FD !	D.5CR
16 P.3FR	P pr PF
17 C pr P	C.5FR
18 F.7R !	T.4D
19 F.6D !	T pr T +
20 T pr T	C.3R
21 F.3CR	

Les Blancs ont repoussé l'attaque de manière fort circonspecte et bien justement ils devraient gagner.

21	P.3TR
22 P.4FD	T.4FR
23 T.4R	

La continuation juste est ici 23 C.5R et si après — D. 5D + alors D.3R avec une finale victorieuse.

23	D.4TR
24 D.4CD	

Pour s'opposer à 23 — F. 2CD. Toutefois de meilleures chances s'offraient, d'après le Doct. E. Lasker, avec la variante ci-après :

24 T.5R	F.2CD

25 T pr T	D pr T
26 D.3R	F pr C
27 P pr F	D.4TD
28 P.4D, etc.	

Après le 24e coup des Blancs

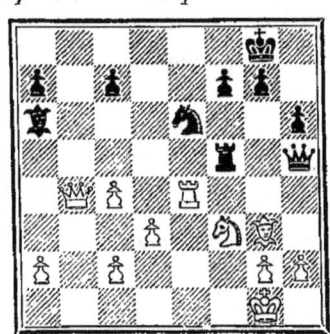

24	T pr C !

Une attaque de surprise et embûche à « la Marshall ».

25 P pr T	D pr P
26 D.1R !	F.2CD
27 T.2R !	D.8TR +

Non pas 27 — C.4CR à cause de 28 — P.4TR ! et les Blancs ont l'avantage.

28 R.2F	D.6FR +
29 R.1C	D.8TR +
30 R.2F	D.6FR +
31 R.1C	

Partie nulle.

Par 31 — C.5D les Noirs auraient pu créer des difficultés à leur adversaire.

67. — Partie des Quatre Cavaliers

BLANCS	NOIRS
NIEMZOWITCH	RUBINSTEIN
1 P.4R	P.4R
2 C.3FR	C.3FD
3 C.3FD	F.5CD
4 P.3D	

Trop timide ! Meilleur était 4 F.4FD.

4	C.3FR
5 F.2R	P.3D

Etait à considérer 5 — P.4D.

6 Roq	Roq
7 F.2D	

Pas bon, comme il va être démontré par la suite.

7	F.3R
8 T.1R	P.3TR
9 P.3TR	D.2D
10 F.1FR	C.2TR
11 P.4CR	

Pour empêcher 11 — P. 4FR.

11	P.4TR
12 C.2TR	P pr P
13 P pr P	C.2R
14 T.3R !	

Les Blancs forment le projet de défendre leur PCR sans l'aide du PFR et en même temps de prévenir une tentative adverse — P.3CR et P. 4FR.

14	C.3CR
15 T.3CR	P.3FR
16 F.2CR	P.3FD
17 C.2R	F pr F
18 D pr F	

L'échange des F a rendu libres aux pièces noires les cases 4FR et 5CR des Blancs.

18	C.4CR
19 P.4D	

Préliminaires d'une attaque au centre entreprise par les Blancs.

19	D.2R
20 T.1R	P.4FD
21 P.5D	F.2D
22 P.4FD	TD.1R
23 C.1FR	F.1FD
24 P.3TD	D.2FD
25 D.3R	P.3CD
26 C.2D	F.3TD

Malgré certains coups quelque peu fantaisistes les Blancs ont tout de même conservé une très belle position et sans le coup suivant, plutôt malheureux, ils avaient de bonnes chances de battre le champion russe.

Après le 27e coup des Noirs

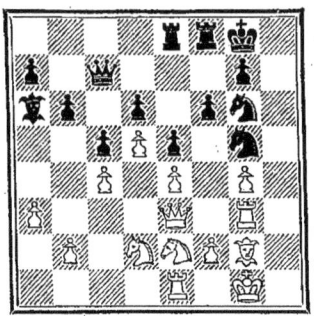

27 P.4TD ?

Avec :

27 T.1FD	P.4CD
28 P.4CD	PC pr PF
29 P pr P	P pr P
30 C pr P, etc.	

les Blancs se seraient assuré une excellente partie.

27	T.1CD
28 P.3CD	F.1FD
29 F.1FR	D.2R
30 T.1TD	P.4TD

Sans doute 31 P.5TD n'était guère à craindre car, après l'échange des P, la rupture de l'aile gauche au moyen de — P.4CD est plutôt favorable pour les Noirs. Il faut donc penser que Rubinstein voulait manœuvrer sur la colonne TR sans être dérangé d'autre part.

31 C.3FR	F.2D
32 F.2CR	R.2F
33 R.1F !	T.1TR
34 C de 2R à 1CR	
34	T.3TR
35 R.1R	C.5FR
36 R.2D	C pr C +
37 C pr C	

Après le 37e coup des Blancs

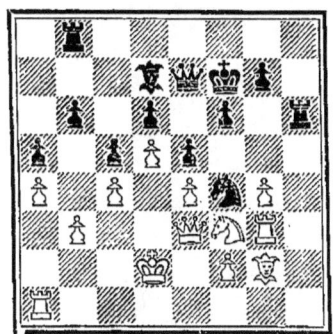

| 37 | P.4CR |

Niemzowitch fit ici remarquer la continuation subtile qui suit :

37		T.3CR
38	C.4TR	T pr P
39	T.1TR (avec la menace F. 3FR).	
39		T.1TR !
40	C.5FR	T pr T
41	C pr D	C pr F
42	D.3FR	T pr T
43	D pr T (si 43 P pr T — T. 2TR !)	
43		C.5FR
44	C.5FR	F pr C

45	P pr F	T.6TR
46	D.4CR	T pr P
47	D.4TR	R.1C !

et la D blanche ne peut pénétrer dans le camp ennemi, tandis que la T des Noirs ramasse les P. C'est pour cela que les Blancs auraient été mieux inspirés en jouant F. 3FR à leur 37e coup.

38	T.1CR	TD.1TR
39	R.2F	R.2C
40	C.2D	D.2TR
41	C.1FR	

La ligne de la T est maintenant garantie contre toute pénétration, d'où il s'en suit une partie remise.

41		R.3C
42	R.2D	F.1R
43	F.3FR	F.3CR
44	R.3F	T.5TR

Partie nulle.

Des deux côtés le combat fut mené avec une grande énergie et une finesse digne d'éloge.

68. — Partie du PD

BLANCS	NOIRS
JANOWSKI	BERNSTEIN
1 P.4D	P.4D
2 C.3FR	P.4FD
3 P.3R	C.3FD
4 F.3D	C.3FR
5 Roq	F.5CR
6 P.3FD	P.3R
7 CD.2D	D.2FD
8 T.1R	

Meilleur eût été 8 D.2R.

8		F.3D
9 P.3TR	F.4TR
10 P pr P	F pr P
11 P.4R	D.3CD !
12 D.2R	F pr C
13 P pr F	

Forcé de toute évidence, car après 13 C pr F — P pr P ; ou après 13 D pr F — C.4R gagnerait.

13		D.2FD
14 P.5R	C.2D
15 P.4FR	P.4CR

Energique et correct.

| 16 C.3CD | P pr P |
| 17 F pr P | |

Après le 17e coup des Blancs

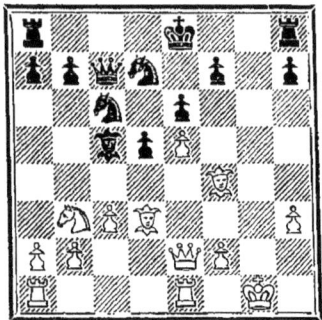

Après le 27e coup des Blancs

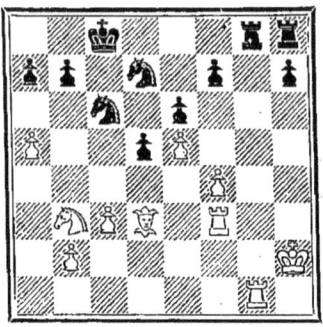

17	Roq TD

Menace maintenant de — P.3FR.

18 F.2TR	F.3CD
19 P.4TD	

19 R.1T était ici nécessaire.

19	TD.1CR +
20 R.1T	D.1D
21 P.4FR	D.5TR

Si, dans cette position, on substituait au 19e coup inutile des Blancs celui de T.1FR, alors D.3FR empêcherait maintenant la dangereuse manœuvre du F noir qui va suivre.

22 P.5TD	F.7FR
23 T.1FR	F.6CR

Si au lieu de 22 P.5TD les Blancs avaient joué D.3FR afin de parer 23 — F.7FR par T.1D ; et 24 — F.6CR, par 25 F.4FR — P.3FR aurait mis bien en évidence la faiblesse des Blancs.

24 T.3FR

Naturellement pas 24 D.2CR à cause de — F pr F suivi de — T 6CR.

24	D pr PT
25 T.1CR	D pr F +
26 D pr D	F pr D
27 R pr F	

27	C.1FR

Mais voici les Noirs compromettant leur avantage bien acquis. Au lieu de ce coup très faible ils auraient dû continuer par 27 — P.3FR.

28 P.6TD	P.3CD
29 C.4D	C pr C
30 P pr C	T pr T
31 R pr T	R.1D
32 P.5FR	

Toute la série de manœuvres des Blancs qui suit par laquelle ils obtiennent un fort centre ; avec des menaces dangereuses de pénétrer avec leurs pièces, aurait été irréalisable si préalablement les Noirs avaient sagement poussé leur P à 3FR.

32	T.1CR +
33 R.2F	P pr P
34 F pr P	T.2CR
35 F.3TR	C.3R

Les Noirs ne pouvaient guère éviter l'échange du C puisque l'autre mouvement 35 — C.3CR (qui paraît offrir des possibilités de porter le dit C à 3FD *via* 2R) ne donnait rien, à cause de 36 T.6FR — C.2R ; 37 T.6D +.

36 F pr C	P pr F
37 T.6FR	R.2R
38 T.6TR	R.2D

39 R.3F	T.2R	44 R.4F	T.2FR +
40 R.4F	T.2FR +	45 R.5C	T.4FR +
41 R.5C	T.4FR +	46 R.4C	T.2FR
42 R.4C	T.2FR	47 P.5CD	T.2CR +
		48 R.3F	T.2FR +
		49 R.3R	R.2R
		50 T.1TR	R.1F
		51 T.1FD	R.2C
		52 T.6FD	T.2R
		53 R.4F	R.3C
		54 T.8FD	T.2FR +
		55 R.3R	P.4TR
		56 T.8CR +	R.4F
		57 R.3F	P.5TR
		58 T.8CD	R.4C + d
		59 R.2C	T.2FD
		60 T.7CD	T.7FD +
		61 R.3F	T.6FD +
		62 R.2C	T.7FD +
		63 R.3T	T.6FD +
		64 R.2C	T.7FD +
		65 R.3T	T.6FD +
		66 R.2C	

Après le 42ᵉ coup des Noirs

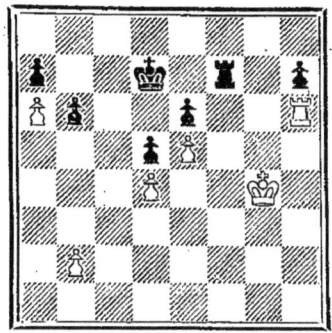

43 P.4CD

La fin de partie de T. que le lecteur va suivre maintenant est compréhensible sans annotation.

43   T.2CR +

Partie nulle.

(*Analyses du Dʳ B. Lasker.*)

69. — Partie Française

BLANCS	NOIRS
SCHLECHTER	SPIELMANN
1 P.4R	P.3R
2 P.4D	P.4D
3 C.3FD	C.3FR
4 F.5CR	F.2R
5 P pr P	

La continuation la plus souvent adoptée est :

5 P.5R	CR.2D
6 F pr F	D pr F
7 C.5CD	C.3CD
8 P.3FD	P.3TD
9 C.3TD	P.3FR
10 C.3FR ou P.4FR	

5	C pr P
6 F pr F	D pr F
7 D.2D	D.5CD
8 C pr C	D pr D +
9 R pr D	P pr C
10 T.1R +	R.1F

Après le 10ᵉ coup des Noirs

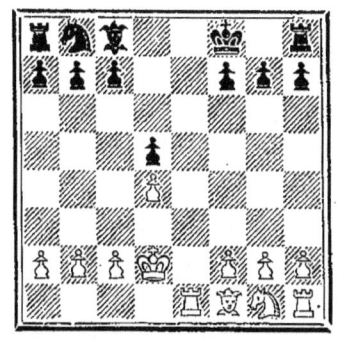

11 C.3FR   F.4FR

Manœuvres de position !

12 C.5R	P.3FR
13 C.3D	F pr C
14 F pr F	C.3FD
15 P.3FD	R.2F
16 F.5FR	TR.1D

Si 16 — TR.1R; 17 T pr T — T pr T; 18 F.7D suivi de F pr C laissant les Noirs avec deux P doublés.

17 P.4TR	P.3CR

18 F.3D	T.1R
19 P.5TR	T pr T
20 T pr T	

20 P pr P + — P pr P; 21 R pr T — T.1R +; 22 R. 2D ne mène pas à une conclusion plus décisive.

20	C.2R
21 T.1TR	

Partie nulle.

70. — Partie Française

BLANCS	NOIRS
MAROCZY	CAPABLANCA
1 P.4R	P.3R
2 P.4D	P.4D
3 C.3FD	C.3FR
4 F.5CR	F.5CD
5 P pr P	

Continuation préférée par le Dr E. Lasker.

5	D pr P
6 F pr C	

Si 6 C.3FR	P.4FD
7 F pr C	P pr F
8 D.2D	F pr C
9 D pr F	C.2D
10 T.1D	T.1CR, etc.

(Lasker-Tarrasch 1909.)

6	F pr C +
7 P pr F	P pr F
8 C.3FR	F.2D
9 P.3CR	D.5R +
10 D.2R	F.3FD
11 F.2CR	C.2D

12 C.4TR	D pr D +
13 R pr D	F pr F
14 C pr F	R.2R

Après le 14e coup des Noirs

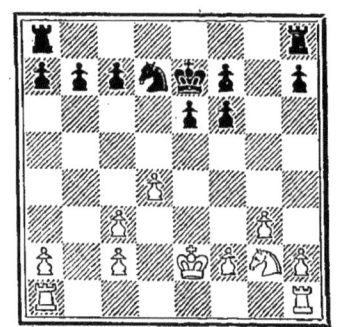

15 TD.1CD	P.3CD
16 P.4FD	TR.1D
17 TR.1D	P.4FR
18 T.3CD	C.3FR
19 C.3R	T.2D
20 TD.3D	

Partie nulle.

Onzième Tour — 9 Mars

Spielmann	Maroczy.	Bernstein	Leonhardt.
Teichmann	Niemzowitch.	Marshall	Janowski.
Burn	Tarrasch.	Rubinstein	Schlechter.
Vidmar	Duras.	Capablanca.	*repos.*

Spielmann gagne à Maroczy une partie conduite avec beaucoup d'énergie, partant, par le plus court et droit chemin.

Dans une « Défense Philidor » contre Teichmann, Niemzowitch choisit sa réplique favorite : la variante Hanham. Par suite d'un coup faible de Teichmann il obtient la meilleure position, il joue ensuite et jusqu'à la fin de façon excellente, contraignant Teichmann à abandonner au cinquante-cinquième coup.

Burn ne débute pas bien contre Dr Tarrasch qui lui oppose une « Défense Sicilienne » jouée dans le meilleur style. Le résultat est bientôt la défaite du maitre anglais.

Sont également vainqueurs : le Dr Vidmar contre Duras ; Leonhardt contre le Dr Bernstein et Marshall contre Janowski.

Une lutte pleine d'intérêt se déroule sur l'échiquier Rubinstein-Schlechter. Des deux côtés on joue avec énergie pour le gain, mais quand même ils ne réussissent pas à se tomber et, malgré les efforts produits et le captivant de la partie, celle-ci se termine par une nullité.

.*.

71. — Partie Française

BLANCS	NOIRS
SPIELMANN	MAROCZY
1 P.4R	P.3R
2 P.4D	P.4D
3 C.3FD	C.3FR
4 F.5CR	F.5CD
5 P.5R	P.3TR
6 P pr C	P pr F
7 P pr P	T.1CR
8 P.4TR	P pr P
9 D.5TR	D.3FR
Si 9	T pr P
10 C.3FR	C.2D

11 T pr P	C.3FR
12 D.6TR	F.1FR
13 D.4FR	F.2D, etc.

(Tartakover-Vidmar-1907.)

10 C.3FR   C.2D

Meilleur était 10 — C.3FD.

11 Roq TD   D pr PC
12 D pr P   P.3TD

Précaution nécessaire contre la menace des Blancs : C.5CD suivi de D.4FR.

Après le 12e coup des Noirs

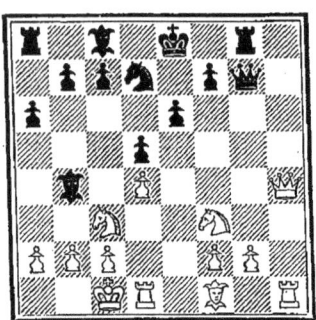

13 F.3D !

Menaçant maintenant de 14 C pr PD.

13	C.3FR
14 TD.1R	F.2D
15 P.4CR !	F pr C

Si 15 — C pr P alors 16 C pr PD ! — F.3D; 17 F.7TR (menaçant de D pr C) suivi de C.6FR +.

| 16 P pr F | Roq TD |

A 16 — C pr P aurait suivi 17 TR.1CR.

17 P.5CR	C.5R !
18 F pr C	P pr F
19 C.5R !	

Si 19 T pr P? — T.1TR et à 19 D pr P les Noirs jouent — F.3FD.

19	F.1R
20 TD.1CR	D.1FR
21 D pr P !	D.6TD +
22 R.2D	D pr PT
23 T.1TD !	

Convaincus avec raison que la fin de partie doit leur être favorable, les Blancs amènent l'échange des D. Ils auraient pu jouer aussi bien 23 P.4FD ; mais cette dernière tactique comportait d'inutiles complications.

23	D.4D
24 D pr D	P pr D
25 P.4FR	T.3D

Après le 25e coup des Noirs

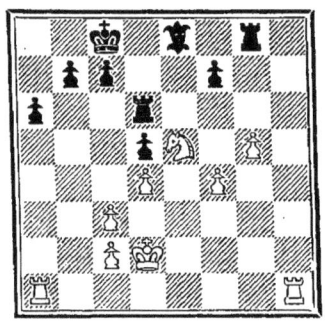

26 C.4CR !

Le meilleur coup. Les Noirs préparaient — P.3FR.

26	F.2D
27 C.6FR	T.1FR
28 TD.1R	P.3FD
29 T.5R	T.3R
30 C pr F !	R pr C
31 P.5FR	T.2R

A 31 — T pr T; 32 R pr T suivi de 33 T.7TR.

| 32 T.7TR | R.1D |

Les Noirs ne peuvent pas 32 — T de 1F à 1R à cause de :

33 P.6CR	P pr P
34 T de 5R pr T +	
34	T pr T
35 P pr P	R.3R
36 P.7CR et gagnent.	

En somme la combinaison de la finale est entièrement basée sur la crainte de cette variante, car dans le cas où 32 — T de 1F à 1R serait possible, les Noirs gagneraient.

| 33 P.6CR | T pr T |

| 34 P pr T | P pr P |
| 35 P.6FR | R.1F |

Ou 35 — T.1R ; 36 T pr PC — T pr PR; 37 T.8CD +! suivi de P.7FR.

36 T.7R

Les Noirs abandonnent.

72. — Défense Philidor

BLANCS	NOIRS
TEICHMANN	NIEMZOWITCH
1 P.4R	P.4R
2 C.3FR	P.3D
3 P.4D	C.3FR

Une innovation de Niemzowitch; elle semble de beaucoup préférable à la suite habituelle :

3	C.2D
4 P pr P	P pr P
5 F.4FD	F.3D
6 Roq	CR.3FR
7 C.3FD	P.3TR

(Schiffers-Marco, 1895.)

4 C.3FD

A comparer avec 4 CD.2D de la 47e Partie : Maroczy-Niemzowitch.

| 4 | CD.2D |

Si 4

5 C pr P ou A	F.2R
6 P.4FR	Roq
7 F.2R	F.2D
8 Roq	P.4FD, etc.

(A)

5 D pr P	F.2R
6 F.5CR	Roq
7 Roq TD	C.3FD
8 D.2D	F.3R, etc.

5 F.4FD	F.2R
6 Roq	Roq
7 D.2R	P.3FD
8 F.5CR	P.3TR
9 F.4TR	C.4TR
10 F.3CR	C pr F
11 PT pr C	P.4CD
12 F.3D	P.3TD !
13 P.4TD	F.2CD
14 TD.1D	D.2FD
15 P pr PC	PT pr P

Après le 15e coup des Blancs

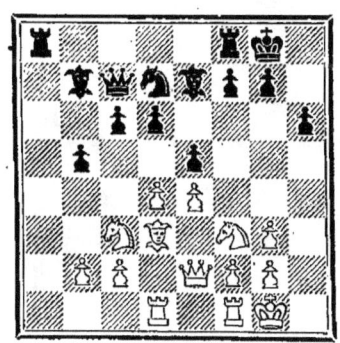

16 P.4CR	TR.1R
17 P.5D	P.5CD
18 P pr P	F pr P
19 C.1CD	C.4FD
20 CD.2D	D.1FD !
21 F.4FD	

Une piquante défense du PCR.

| 21 | P.3CR |

Evidemment si 21 — D pr PC ?; 22 F pr PF +, etc.

| 22 P.3CR | R.2C |
| 23 C.2TR | F.4CR ! |

Semble risqué puisque de ce fait le PD reste sans défense.

Toutefois il ne serait pas bon pour les Blancs de répondre par 24 P.4FR car, après 24 — P pr P; 25 P pr P — F.3FR, ils perdraient un P,

24 P.3FR D.2FD !

Les Noirs projettent : 25 — C.5TD et si 26 T.1CD alors — F pr C suivi de — F pr PR.

25 TR.1R T.1TR
26 C de 2D à 1FR
26   P.4TR
27 P pr P T pr P
28 F.5D   TD.1TR
29 F pr F D pr F
30 D.4FD   D.3CD
31 R.2C

Après le 31e coup des Blancs

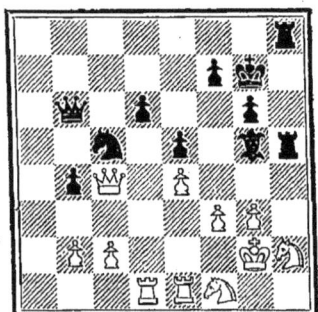

31   C.3R !

Niemzowitch imagine la brillante combinaison matante ci-après :

32   T pr C +
33 C pr T T pr C +
34 R pr T D.7FR +
35 R.3T   F.5FR !!
36 T.1CR   C.4CR + etc.

32 T.2R   C.5D

33 T de 2 à 1R
Si 33 T.2FR — F.6R !
33   D.2CD

Maintenant vient la menace — T.1FD. Un bel exemple d'attaque simultanée sur les deux ailes.

34 T pr C

Il n'y a rien de meilleur.
Si 34 P.3FD — P pr P ; 35 P pr P — D.7CD +, etc.

34   P pr T
35 C.4CR   D.3CD
36 P.4FR   F.2R
37 T.1D   P.4FR
38 C.2FR   P pr P
39 D pr PD + D pr D
40 T pr D P.4D
41 P.4CR   F.4FD
42 T.1D   T.5TR
43 T pr P F pr C
44 R pr F T pr P
45 R.3R   T.1FD
46 R pr P T.5FD +
47 R.3D   T de 5FD pr PF
48 C.3R   T.6CR
49 T.5R   R.3F
50 T.8R   R.2F
51 T.5R   T.3FR
52 P.4FD   P.6CD
53 R.4R   T.3R
54 T pr T R pr T
55 C.5D   P.4CR

Les Blancs abandonnent.

Cette partie peut figurer parmi les meilleures fournies par Niemzowitch.

73. — Défense Sicilienne

BLANCS	NOIRS
BURN	TARRASCH

1 P.4R   P.4FD
2 C.3FD P.3R
3 C.3FR C.3FD
4 P.4D   P pr P
5 C pr P C.3FR
6 CR.5CD

Cette variante est fréquemment adoptée depuis

quelque temps; elle entraîne pourtant à bien des temps perdus.

6	F.5CD
7 P.3TD	

Si 7 C.6D+ R.2R
8 F.4FR P.4R
9 C.5FR+ R.1F
10 F.2D P.4D etc.

7	F pr C+
8 C pr F	P.4D
9 P pr P	P pr P
10 F.3D	Roq
11 Roq	F.5CR !
12 P.3FR	F.3R
13 T.1R	T.1R
14 D.2D	

Une nouveauté qui se montre sinon mauvaise du moins peu favorable. Meilleur est 14 F.4FR.

14	P.5D
15 C.4R	F.4FR !
16 D.4FR	F pr C
17 P pr F	

Après le 17e coup des Blancs

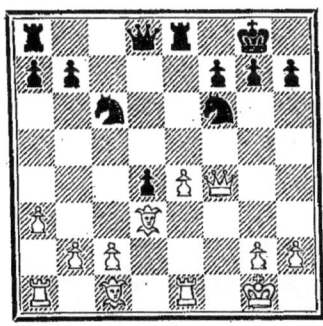

17	C.4R

Les Noirs sont déjà en possession d'une excellente partie.

18 D.4TR	D.3CD
19 F.5CR	CR.2D
20 P.4CD	TD.1FD

Menace de 21 — T.6FD.

21 F.2D	

La parade ci-dessus coûte un P.

21	C pr F
22 P pr C	C.4R
23 D.3CR	D.3TD
24 P.5CD	D pr P
25 F.6TR	C.3CR
26 F.2D	T.7FD

Les Noirs sont maintenant les maîtres d'une forte attaque.

27 F.4CD	C.4R
28 TR.1D	T.3R
29 TD.1FD	D.3FD !
30 T.1CD	D.2FD

Préparant la double menace de — T.3CR.

31 F.2D	T.3CR
32 D.3TR	P.3TR

Le Doct. Tarrasch peut tranquillement temporiser par un coup préparatoire, car le jeu des Blancs est complètement paralysé.

33 R.1T	C.5CR
34 R.1C	P.3CD
35 TR.1FD	

Après le 35e coup des Blancs

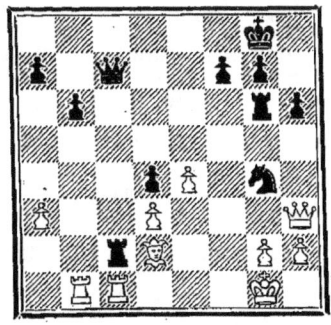

35	C pr PT !

Le coup de grâce !

36 P.5R	C.5CR
37 F.4FR	C pr P !

Plus fort que 37 — C.6R.

38 R.1T	P.3FR
39 D.6R+	R.2T
40 D.5FR	D.3FD
41 D.4R	

Les Blancs abandonnent.

La suite aurait été :

41	T pr T +
42 T pr T	D pr D
43 P pr D	C.6D suivi de

— C pr F et — T.6CR.

74. — Partie du PD

BLANCS	NOIRS
VIDMAR	DURAS
1 P.4D	P.4D
2 C.3FR	C.3FR
3 P.4FD	P.3R
4 C.3FD	C.5R ?

Un coup d'attaque hâtif et non motivé qui finalement conduit à un échange favorable aux Blancs.

Il fallait continuer plus simplement par 4 — F.2R ou 4 — CD.2D.

5 P.3R	C.2D
6 F.3D	C pr C
7 P pr C	F.3D
8 P.4R	

Par

8 P pr P	P pr P
9 P.4FD	P.3FD
10 D.3CD, etc.	

les Blancs auraient pu obtenir un fort centre et un jeu riche en chances sur le côté D.

8	P pr PR
9 F pr P	P.3FD
10 Roq	C.3FR
11 F.3D	

Meilleur était 11 F.2FD.

11	P.3TR ?
12 F.2D	

Il semble que dans cette partie le Doct. Vidmar manque de son esprit d'initiative habituel. On pouvait attendre de sa part un mouvement plus entreprenant que ce coup de F, ne disant rien et sans efficacité. Etait à considérer par exemple :

12 C.5R   F pr C (autrement 13 P.4FR suivi de D.3FR).
13 P pr F   C.2D
14 D.4CR   P.3CR
15 D.3CR et les Blancs ont la meilleure partie.

12	Roq
13 T.1R	P.4FD
14 D.2R	P.3CD
15 TD.1D	F.3TD
16 C.5R	T.1R
17 F.1FD	D.2FD
18 P.4FR	P pr P
19 P pr P	F.5CD
20 F.2D	F pr F
21 T pr F	TD.1FD
22 P.5D	D.4FD +
23 R.1T	P pr P
24 P pr P	F pr F
25 D pr F	

Après le 25e coup des Blancs

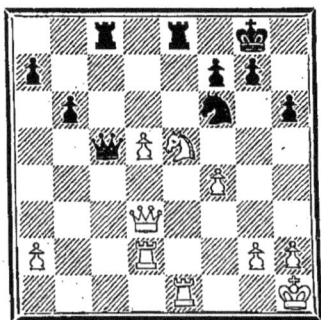

25 C.5CR

Ceci va rester sans effet. Avec 25 — C pr PD !! les Noirs pouvaient mieux utiliser le clouage des pièces blanches ainsi que la position du mat sur la dernière rangée de leur camp et cet ensemble égalisait complètement les jeux. Par exemple :

25		C pr PD
26 D pr C ou (A)		
26		D pr D
27 T pr D		P.3FR
28 C.3FR		T pr T
29 C pr T		T.8FD etc.

(A)

ou 26 D.3CD   C pr P
  27 D pr PF +   R.1T !
  28 D pr C (non pas 28 C.6CR + à cause de — R.2T !)
  28   D pr C !

26 D.3FR	D.5CD
27 T de 2D à 2R	
27	C.3FR
28 P.3TD	D.4TD
29 P.6D	TD.1D
30 T.1D	T.3R
31 P.3TR	D.5TD
32 T de 2R à 2D	
32	D.5R
33 P.7D	D pr D
34 P pr D	R.1F
35 T.1FD	R.2R
36 T.8FD	

Après le 36ᵉ coup des Blancs

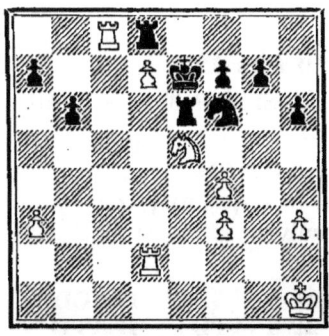

36 T pr C

Amère nécessité de faire face à la menace 37 T pr T suivi de C pr PF +. Les Noirs ne se sont pas suffisamment inquiétés du PD adverse qui est devenu dangereusement passé.

37 P pr T	C pr P
38 T.7FD	P.4TD
39 P.4FR	P.3CR
40 T.6D	R.1R
41 R.2C	P.4CD
42 T.2TD	P.5CD
43 P.4TD	

Vidmar termine rapidement la partie et d'une manière très correcte.

43	P.6CD
44 T pr PT	T.1CD
45 T.5CD	T pr T
46 P pr T	P.7CD
47 T.1D	C.3CD
48 T.1CD	C.5TD
49 R.3C	R.2D
50 R.4C	R.3R
51 P.4TR	R.4D
52 P.5TR	R.3R
53 P pr P	P pr P

Après le 53ᵉ coup des Noirs

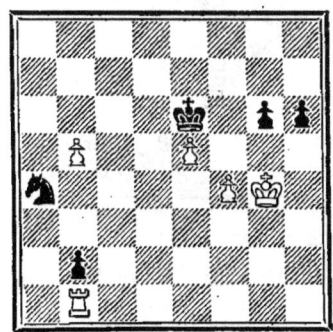

54 T pr P !

Les Noirs abandonnent.

Si 54 — C pr T ; 55 P.6CD — R.2D ; 56 P.6R + etc.

75. — Gambit de la Dame refusé

BLANCS	NOIRS
BERNSTEIN	LEONHARDT
1 P.4D	P.4D
2 P.4FD	P.3R
3 C.3FD	P.4FD
4 C.3FR	P pr PD
5 CR pq P	P.4R
6 CR.5CD	P.5D
7 C.5D	C.3TD
8 P.3R	

Peut être qu'ici 8 P.4R méritait la préférence, ou mieux encore 8 D.4TD suivi de 9 D pr C !

8	C.3FR
9 C pr C +	D pr C
10 P pr P	F.5CD +
11 F.2D	P pr P

Arrive maintenant cette position bien connue analysée longuement par le Dr Krause :

Après le 11e coup des Noirs

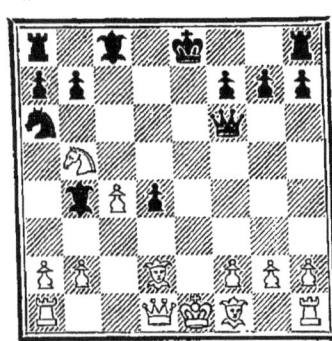

12 F.2R

Mauvais pour les Blancs serait cette suite :

12 F pr F ? C pr F
13 C.7FD +. (13 P.3TD donné par le Dr Krause ne nous parait pas valoir davantage).
13 . R.1D
14 C pr T T.1R +.

15 F.2R P.6D avec une position gagnante.

Le coup du texte adopté par le Doct. Bernstein a déjà été recommandé dans un journal russe ; mais comme il vient de subir de façon malheureuse son essai pratique, il serait possible qu'avec cela tout le système des Blancs s'effondre.

12 Roq

Faux serait :

12 P.6D à cause
de 13 F pr P Roq
14 Roq T.1D
15 F.3FD !

13 F pr F C pr F
14 Roq P.6D
15 F.3FR C.7FD !
16 T.1CD F.4FR !
17 D.2D

Les Blancs auraient tort de s'engager dans des prises de pions.

17 TD.1D !
18 P.5FD

De valeur douteuse.

18 P.3CD !
19 P.4CD

Si 19 P.6FD — P.3TD ; 20 C.3FD — C.5D !

19 P.4TD
20 P pr PC

Si 20 P.3TD — D.4R.

20 P pr P
21 P.7CD

Après 21 D.4FR aurait pu suivre : 21 — D pr P ; 22 D pr F — P.3CR.

21 D.3CD !
22 P.4TD ! D.4TD

23 D.4FR   P.3CR

Après le 23ᵉ coup des Noirs

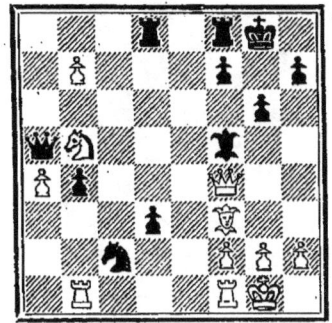

24 C.6D ?
Une grosse faute.

Il est vrai que probablement 24 C.7FD n'aurait pas davantage sauvé la partie, par exemple : 24 — C.5D ! 25 R. 1T — P.7D, etc.

24	D.2FD
25 P.5TD	D pr C
26 D.4FD ?	C.3TD
27 D pr PC	C pr T
28 D pr C	P.7D
29 D.2CD ?	P.8D : D
30 F pr D	D pr F
31 P.6TD	TR.1R
32 P.3FR	T.8R
33 D.2FR	T pr T +
34 D pr T	D pr D +
35 R pr D	F.6D +

Les Blancs abandonnent.

76. — Gambit de la Dame refusé

BLANCS	NOIRS
MARSHALL	JANOWSKI
1 P.4D	P.4D
2 P.4FD	P.3R
3 C.3FD	C.3FR
4 F.5CR	F.2R
5 P.3R	Roq
6 C.3FR	CD.2D
7 T.1FD	P.4FD ?

Cette avance prématurée est la cause de bien des ennuis pour les Noirs.

8 PF pr PD	PR pr P
9 P pr P	F pr P
10 F.3D	

Marshall dédaigne le gain d'un P par 10 C pr P ; il se promet davantage avec une attaque déjà élaborée.

10	F.2R
11 Roq	C.3CD
12 D.3CD	F.3R
13 C.4D	CR.2D
14 F.4FR	C.4FD
15 D.2FD	C pr F
16 D pr C	D.2D
17 CD.5CD	P.3TD

Après le 17ᵉ coup des Noirs

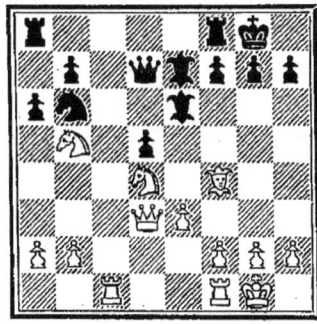

18 T.7FD !   P pr C

Des maux présents les Noirs choisissent le moindre. Malgré le gain de la D Marshall va éprouver de grosses difficultés à suivre la route qui conduit à la victoire.

Il est fort intéressant de lire comment il arrive à atteindre le but.

19 T pr D	F pr T
20 C pr P	TR.1FD
21 P.3TD	T.4TD
22 C.3FD	F.3FR
23 T.1D	F.3R
24 P.3TR	C.5FD
25 D.2R	F pr C
26 P pr F	T pr P
27 P.4R	P pr P

27 — T pr P ne serait pas avantageux à cause de la réplique naturelle : 28 P pr P qui laisserait les Blancs avec un PD dangereusement passé.

28 D pr P	T.6CD

Après 28 — T pr P ? le combat serait vite terminé avec 29 D.4D !

29 D.4D	P.3TR
30 T.3D	R.2T
31 T.3CR	T.1CR
32 R.2T	P.4CD
33 P.4TR	F.4FR
34 P.5TR	T.7CD
35 F.1FD	T.7TD
36 D.5FD	F.3R
37 P.4FR	P.3FR
38 D pr P	T.4TD
39 D.6FD	F.2FR

Il est bien évident que la prise du PTR, même par échec, serait funeste aux Noirs, exemple :

39	T pr PT +
40 R.1C	F.4D
41 D.7D suivi de D.4CR.	

40 D.7FD	T.1FR
41 D.7R	

Après le 41ᵉ coup des Blancs

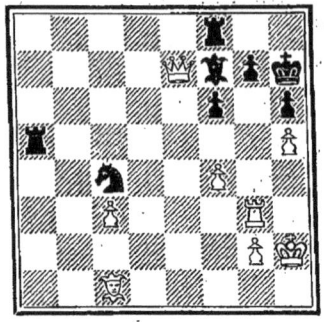

41	T de 4 à 1TD

Si 41 — R.1C alors 42 D pr PF.

42 T 3D	TD.1R
43 D.5FD	R.1C
44 T.7D	T.1FD
45 D.7TD	T.4TD
46 D.7FD	TR.4FD
47 D.7CD	TD.1CD
48 D.6TD	T.1TD
49 D.5CD	TD.1CD
50 D.5FR	T.1TD
51 D.3D	T.4FD
52 T.8D +	T pr T
53 D pr T +	R.2T
54 P.4CR	T.4D
55 D.7R	R.1C
56 F.3R	P.4FR
57 F.5FD	P pr P
58 D.8FR +	R.2T
59 F.4D !	T pr F
60 P pr T	F pr P
61 D.5FD	F.2FR
62 P.5D	

Les Noirs abandonnent.

77. — Gambit de la Dame accepté

BLANCS	NOIRS
RUBINSTEIN	SCHLECHTER
1 P.4D	P.4D
2 C.3FR	C.3FR
3 P.4FD	P.3FD

Schlechter traite le début de la même façon que dans la dernière partie de son match avec Lasker. Tous les critiques d'alors blâmèrent cette défense.

4 C.3FD

Dans la partie précitée le Dr Em. Lasker continua comme suit :

4 P.3R	P.3CR
5 C.3FD	F.2CR
6 F.3D	Roq
7 D.2FD	C.3TD
8 P.5TD, etc.	

4 ...	P pr P
5 P.3R	F.4FR
6 F pr P	P.3R
7 D.2R	F.5CR !

Pour s'opposer à 8 P. 4R

8 Roq	F.2R
9 T.1D	Roq
10 P.3TR	F.4TR
11 P.4CR	F.3CR
12 C.5R	P.4CD
13 C pr F	PT pr C
14 F.3CD	CD.2D
15 P.4R	D.2FD
16 F.5CR	P.5CD
17 C.4TD	P.4R

Après le 17e coup des Noirs

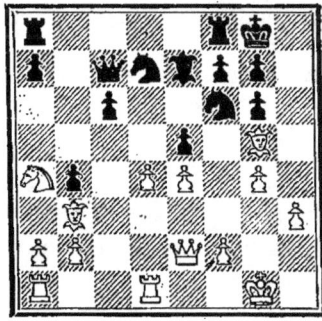

18 F.4TR

D'intéressantes combinaisons dériveraient de :

18 P pr P	D pr P
19 P.4FR	D.2FD
20 P.5R	TD.1R ! etc.

18	P pr P
19 T pr P	TD.1R
20 F.3CR	

Toute la partie est jouée énergiquement par les deux adversaires, chacun manœuvrant habilement pour le gain, avec mise en œuvre de tout leur savoir.

20	C.4R
21 T.2D	

La tentative d'attaque par 21 P.4FR échouerait à cause de — P.4FD ! suivi de — C. 3FD.

21	P.4CR !
22 TD.1D	D.4TD !
23 P.3FR	T.1D
24 R.2C	T pr T
25 T pr T	T.1R
26 T.2FD	

Après le 26e coup des Blancs

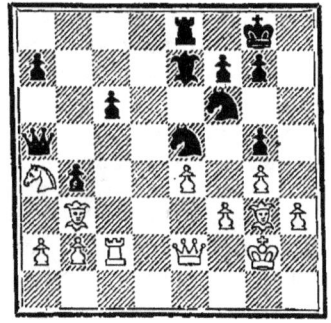

26	C.2TR

26 — C de 3FR à 2D offrait plus de chance.

27 D.3R	C.1FR
28 C.5FD	C de 1FR à 3CR
29 C.3D	T.1D
30 C pr C	C pr C
31 T.2D	F.3FR
32 F.2FR	T pr T
33 D pr T	

Partie nulle.

Douzième Tour — 10 Mars

Capablanca	Spielmann.	Niemzowitch	Vidmar.
Duras	Bernstein.	Maroczy	Rubinstein.
Janowski	Burn.	Schlechter	Teichmann.
Leonhardt	Marshall.	Tarrasch	repos.

L'intérêt principal de la journée se concentre sur la partie Capablanca-Spielmann en raison de ce que son résultat doit être d'importance pour le classement des gagnants. Capablanca a atteint la situation heureuse de pouvoir se contenter éventuellement d'une remise, tandis que Spielmann par le rang qu'il occupe se trouve dans l'obligation de jouer pour le gain. — C'est ce qu'il montre bien tout d'abord et fort habilement jusqu'à ce que, manquant subitement la continuation juste qui lui aurait donné la nullité au moins, il joue le coup faible qui lui coûte la partie.

En une tournure vive et élégante se déroule la partie entre Duras et le Doct. Bernstein ; un Giuoco Piano. Elle est gagnée par le maître russe après une jolie combinaison à sacrifice.

La partie Janowski-Burn s'annonçait comme une remise ; mais vers la fin le maître anglais se laisse surprendre par son adversaire.

Le début joué entre Leonhardt et Marshall, la Contre-attaque Falkbeer dans le Gambit du Roi refusé, est bien rarement expérimenté dans un Tournoi de maîtres. Le maître américain s'assure la victoire en fin de partie.

Niemzowitch et le Doct. Vidmar jouent une « Partie des Quatre Cavaliers » captivante au plus haut degré. A un certain moment de la lutte on pouvait penser que Niemzowitch allait écraser son adversaire ; il n'en fut rien, celui-ci trouve à temps un coup sauveur et sans tarder il s'assure une remise.

Remises également sont les résultats à enregistrer pour les courtes luttes entre Maroczy et Rubinstein, puis entre Schlechter et Teichmann.

78. — Partie du PD

BLANCS	NOIRS
CAPABLANCA	SPIELMANN
1 P.4D	P.4D
2 C.3FR	P.4FD
3 P.3FD	

Il semble tout de même que 3 P.3R doit être meilleur; d'ailleurs ce P ne doit-il pas avancer à 4FD dans beaucoup de cas.

3	C.3FR
Si 3	P.3R
4 F.4FR	D.3CD !
5 D.2FD	P pr P !
6 P pr P	C.3FD
7 P.3R	F.2D
8 C.3FD	T.1FD
9 F.2R	C.3FR, etc.

« Tarrasch. »

4 P.3R	C.3FD

Ce sacrifice de P est sans doute fort risqué. Plus sage en même temps que correct était 4 — P.3R.

5 P pr P	P.4R
6 P.4CD	D.2FD

Se portant à la défense de leur PR.

7 F.2CD	F.3R

Meilleur était 7 — F.2R suivi de 8 — Roq puis de — F.5CR.

8 CD.2D	F.2R
9 F.2R	Roq
10 Roq	TD.1D

Si maintenant les Noirs ont la meilleure position, par contre, ils n'ont pas encore la plus petite attaque et il leur manque un P.

11 D.2FD	F.5CR

Après le 11ᵉ coup des Noirs

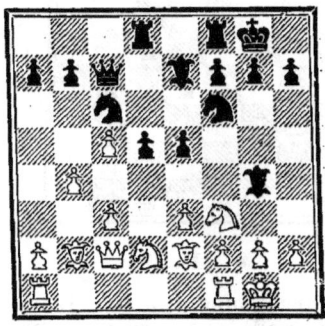

12 P.4R ?

Ce n'est seulement après ce coup fautif que les Noirs obtiennent une position d'attaque.

La continuation juste était 12 C.3CD pour soutenir le F contre la menace — P.5R.

12	P pr P
13 C pr P	C pr C
14 D pr C	P.4FR !
15 D.4FD +	

La réponse toute prête, celle la plus facile ; mais non pas la meilleure. La D blanche va bientôt être importunée ou gênée par l'action du C adverse à — 4R. C'est pourquoi 15 D.2FD était préférable, et si, dans ce cas, 15 — P.5R alors 16 F.4FD + suivi de C.4D était une bonne réplique.

15	R.1T
16 TD.1D	P.5R
17 C.4D	C.4R !
18 D.3CD	F pr F

Si 18 — T pr C; 19 P pr T et les Blancs restent avec l'avantage.

19 C pr F	C.5CR
20 C.3CR	

Après le 20e coup des Blancs

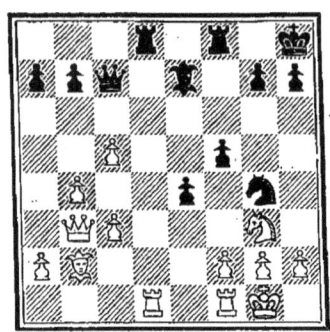

20   P.5FR !

Puissamment joué ! Leur PR ne peut pas être pris sur cette réponse à cause de 21 — P.6FR ; 22 P.3CR et la D noire menace de se porter à — 4TR en passant par — 4R. Si au lieu de 22 P.3CR, 22 C. 3CR — P pr P ! 23 R pr P — D.3FD + etc.

21 T pr T   T pr T
22 D.6R !

La meilleure défense.

22   P pr C
23 D pr C   P pr PT + ?

La lourde faute après laquelle les rôles se trouvent renversés. A 7TR le P est sans valeur. Les Noirs devaient prendre le PF après quoi leur PR passé devenait tout puissant. Exemple :

23   P pr PF +
24 T pr P   P.6R
25 T.1FR. Le meilleur.
25   D.4R
26 T.1R   F.4CR avec une partie très forte pour les Noirs.

24 R.1T   D.4R
25 T.1R

Maintenant à cet effondrement du jeu des Noirs, suit une finale rapide et énergique.

25   T.7D
26 T pr P !

Non pas 26 D pr P à cause de l'échange des D suivi de — F.1FR.

26   D.2FD

Les Noirs avaient une défense plus durable avec 26 — T.8D + ; 27 D pr T — D pr T ; 28 R pr P — P.3TR suivi de — F.3FR. *(Schlechter)*.

27 F.1FD   T pr PF
28 F.4FR !

Après cela les Noirs sont sans défense. Le F ou la qualité est perdu.

28   D.1D
29 T pr F   D.1FR
30 D pr PC + !

Les Noirs abandonnent car si 30 — D pr D suivrait 31 T.8R + etc.

79. — Giuoco Piano

BLANCS	NOIRS
DURAS	BERNSTEIN
1 P.4R	P.4R
2 C.3FR	C.3FD
3 F.4FD	F.4FD
4 P.3D	C.3FR
5 C.3FD	P.3D
6 F.3R	F.3CD
7 P.4D ?	

Trop tôt ! Meilleur était :

| 7 D.2D | C.4TD |
| 8 F.5CD + | P.3FD |

9 F.4TD	F pr F
10 P pr F	P.4CD
11 F.3CD	Roq
12 Roq, etc.	

7	P pr P
8 C pr P	Roq
9 Roq	

Après le 9e coup des Blancs

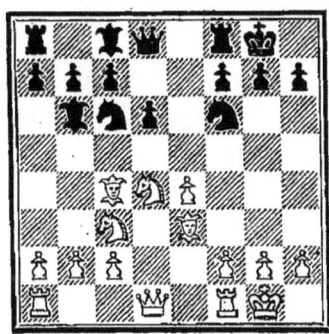

9	C.5CR !

Bien joué.

10 C pr C	D.5TR !
11 C.7R +	R.1T
12 P.3TR	C pr F
13 P pr C	F pr P +
14 R.1T ?	

La retraite à 2T eut été de beaucoup préférable, elle aurait empêché le sacrifice de F qui vient après comme suite inéluctable.

14	F pr PT !
15 D.4R	D.3TR
16 T.2FR	F.3R + d

17 R.1C	F pr F
18 C.5FR	F pr T +
19 D pr F	D.3FR
20 D.2D	TD.1D
21 C.3R	F.3R
22 T.1FR	

Après le 22e coup des Blancs

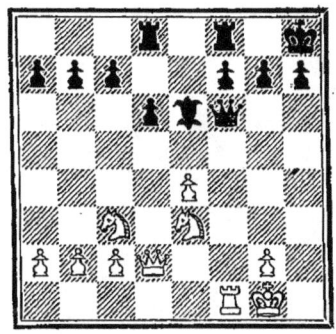

22	D.4R
23 C.5FR	P.4D
24 T.1D	F pr C
25 P pr F	D pr P
26 D.4D	P.3CD
27 T.1FR	D pr P
28 T.3FR	P.4FD
29 D.4TR	

Il est bien évident qu'ici les Blancs pouvaient abandonner sans regret.

29	D.8FD +
30 T.1FR	D.6R +
31 T.2FR	D.8R +
32 R.2T	T.3D

Les Blancs abandonnent.

80. — Partie du PD

BLANCS	NOIRS
JANOWSKI	BURN
1 P.4D	P.4D
2 P.3R	P.4FD
3 P.4FD	P.3R
4 C 3FR	C.3FR
5 F.3D	C.3FD
6 Roq	F.2R
7 P.3CD	Roq
8 F.2CD	PF pr PD
9 PR pr PD	D.2FD

De préférence, les Noirs auraient dû se développer en adoptant la symétrie, c'est-à-dire, prenant la tactique adverse, continuer par 9 — P.3CD suivi de — F.2CD et — TD.1FD.

10 C.3FD   T.1D

Après le 10ᵉ coup des Noirs

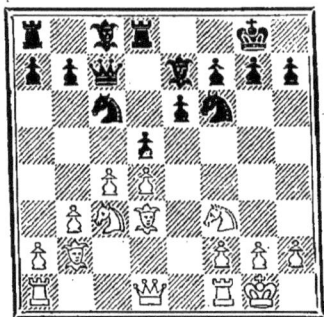

11 P.5FD !

Par cet excellent coup les Blancs s'assurent un léger avantage de position.

11	P.3CD
12 C.5CD	D.1CD
13 C.5R	F.2D
14 P pr P	D pr P
15 C pr F	T pr C
16 T.1FD	C.5CD
17 C.3FD	C pr F
18 D pr C	T.2CD
19 C.4TD	D.4CD
20 D pr D	T pr D
21 T.2FD	F.1D
22 T.6FD	F.2R
23 TR.1FD	TR.1CD
24 R.1F	R.1F
25 R.2R	R.1R
26 R.3D	R.1D
27 C.5FD	T.3CD
28 C.4TD	T pr T
29 T pr T	T.1FD
30 T.6TD	T.2FD
31 F.3FD	R.1F
32 P.3FR	R.2C

33 T.5TD   C.2D

Après le 33ᵉ coup des Noirs

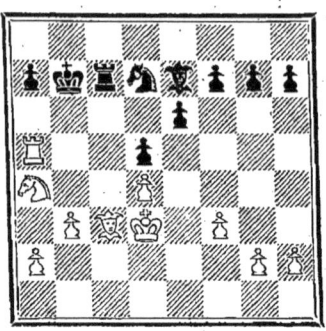

34 P.4CD

Malgré la défense quasi indifférente et purement expectante des Noirs, les Blancs n'ont rien obtenu ; sur le côté D deux P contre un, une position de pièces plus mobiles et le commandement du point 5FD, maintenant pour aller plus avant et utiliser les avantages de la position sur le côté D, ils doivent permettre à l'adversaire l'occupation de la case 4FD, et de ce fait libérer les pièces noires quelque peu gênées actuellement.

Ces considérations exposées on pouvait s'attendre à une marche paisible cherchant son dénouement dans la nullité ; mais il en advint tout autrement.

34	C.3CD
35 C.5FD +	R.1T
36 P.4FR	T.1FD
37 T.6TD	T.2FD
38 F.1R	F.3D
39 F.3CR	T.2R
40 P.4TD	T.2FD
41 P.5TD	C.5FD
42 P.5CD	F pr C
43 P pr F	T pr P
44 F.2FR	T pr P
45 T pr PT +	R.1C
46 T pr PF	T pr PT

47 T pr PC	P.4TR
48 R.4D	R.1F

Pour ne pas être exposé à l'échec à la découverte P. 4FR après 48 — T.7TD ; 49 F.3CR, etc.

49 F.1R	T.7TD
50 F.4CD	T.7FR
51 R.5F	T pr PF
52 T.2TR	P.5TR
53 F.3FD	

Après le 53ᵉ coup des Blancs

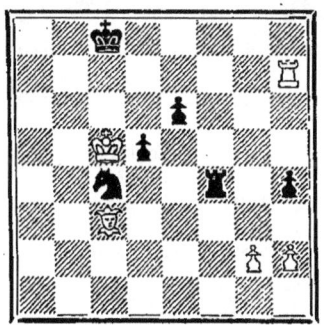

53	T.7FR ??

La faute décisive.

Après

53	T.5CR

54 F.6FR (si 54 R.6F — R.1D, etc.)

54	T pr P
55 R.6F	R.1C
56 F pr P	T.1CR, la par-

tie était naturellement remise.

54 R.6F	R.1D

ou 54 — R.1C ; 55 T.8TR + suivi de F.4D +

55 T.8TR +

Les Noirs abandonnent

car après 55 — R.2R ; 56 F. 4CD + — R.2F ; 57 T.8FR + gagne la T.

81. — Gambit du Roi refusé

Contre-attaque Falkbeer

BLANCS	NOIRS
LEONHARDT	MARSHALL
1 P.4R	P.4R
2 P.4FR	P.4D
3 PR pr PD	P.5R
4 P.3D	P pr P
5 D pr P	C 3FR
6 C.3FD	

Après :

6 P.4FD	F.4FD
7 C.3FR	Roq
8 F.2R	T.1R

Les Blancs n'arrivent plus à se développer qu'avec difficultés.

6	F.4FD

7 F.2D	Roq
8 Roq TD	CD.2D
9 F.2R	C.3CD
10 F.3FR	F.5CR

Après le 10ᵉ coup des Noirs

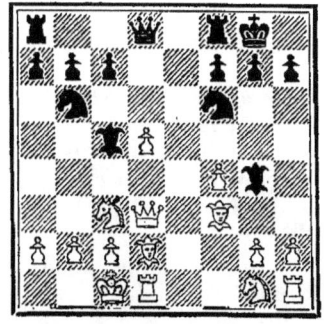

11 F.3R

Un échange défavorable.
Avec le gain d'un temps les Noirs obtiennent l'occupation de la colonne importante du R et, de ce fait, ils menacent les points faibles 4FR et 3R des Blancs. Sans nul doute était préférable : 14 F pr F — C pr F ; 12 C.3TR.

11	F pr F +
12 D pr F	T.1R
13 D.4D	D.3D
14 P.3TR	

Cette manœuvre amène d'autres faiblesses à 3CR et 3TR, lesquelles se montrent plus tard comme décisives dans la fin de partie de C.

Toutefois il est difficile de trouver une continuation tout-à-fait satisfaisante pour les Blancs.

Après 14 F pr F — C pr F par exemple la menace — C. 6R est très désagréable.

14	F pr F
15 C pr F	TD.1D
16 TR.1R	T pr T
17 T pr T	CD pr P
18 C pr C	C pr C
19 P.3CR	P.3TR
20 P.3TD	P.3TD

21 T.1D	C.3FR
22 D pr D	T pr D
23 T pr T	P pr T

Après le 23e coup des Noirs

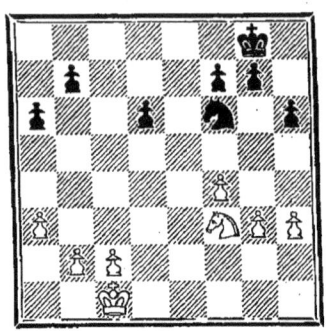

24 C.4D	C.5R
25 C.2R	R.1F
26 P.3FD	R.2R
27 R.2F	R.3R
28 P.3CD	C.7FR
29 C.4D +	R.3F
30 P.4TR	P.4TR
31 P.4FD	C.5R
32 C.2R	R.4F
33 R.3D	C.4FD +
34 R.3F	R.5C
35 P.4CD	C.5R +
36 R.4D	C pr P

Les Blancs abandonnent.

82. — Partie des Quatre Cavaliers

BLANCS	NOIRS
NIEMZOWITCH	VIDMAR
1 P.4R	P.4R
2 C.3FR	C.3FD
3 C.3FD	C.3FR
4 F.5CD	F.5CD
5 Roq	Roq
6 F pr C	

Une variante favorite de Niemzowitch.

6	PD pr F
7 P.3D	D.3D

Ce mouvement est peu naturel, en ce sens qu'il obstrue la retraite du FR.

| 8 C.2R | P.4FD |

Pour empêcher 9 P.4D.

| 9 C.3CR | F.4TD |

Le F est tout-à-fait mal placé.

10 C.4TR   P.3CR

Un affaiblissement fâcheux du côté R, mais qui est devenu nécessaire.

11 P.3TR

Meilleur paraît être : 11 F.6TR suivi de P.3TR, D.1FD et P.4FR.

11 .... C.1R
12 R.1T

12 P.4FR échouerait devant — P pr P suivi de 14 — D.3FR.

12 .... P.3FD
13 F.5CR   F.1D
14 D.2D   F pr F
15 D pr F   P.3FR
16 D.6TR   C.2CR

Ici, la meilleure défense était 16 — T.2FR car 17 P.4FR n'était plus possible à cause de — P pr P suivi de — P.4CR !

17 P.4FR   P pr P
18 T pr P   T.2FR
19 C.3FR

Le plan naturel de l'attaque indiquait la suite 19 TD.1FR ; mais le coup du texte cache un piège fort malin.

19 .... D.2FD

Les Noirs écartent adroitement la variante offerte :

19 .... D.1FR
20 T pr P ! T pr T
21 C.5CR qui aurait donné aux Blancs une attaque écrasante.

20 P.5R   F.4FR
21 P pr P   C.3R !

Après le 21e coup des Noirs

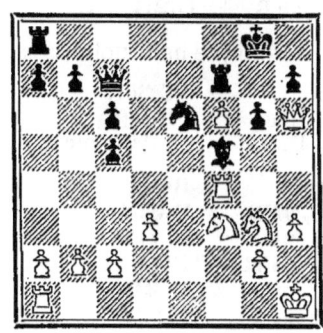

22 T pr F ?

Cette prise ne conduit qu'à l'égalité de position, tandis que par :

22 C pr F   D pr T
23 D pr D   C pr D
24 C.6TR +   R.1F
25 C pr T   R pr C
26 C.5CR +   R pr P
27 C.4R + suivi de C pr PF les Blancs auraient gagné un P tout en conservant une bonne partie.

22 .... D pr C
23 T.5R   T pr P
24 TD.1R   T pr C
25 T pr C   TD.1FR

Partie nulle.

83. — Partie Française

BLANCS	NOIRS
MAROCZY	RUBINSTEIN

1 P.4R   P.3R
2 P.4D   P.4D
3 P pr P

Au lieu de cette continuation conduisant à une symétrie peu intéressante on joue souvent :

3 C.3FD   C.3FR

4 F.5CR	F.2R
5 P.5R	CR.2D
6 F pr F	D pr F
7 C.5CD ou F.3D, etc.	

3	P pr P
4 F.3D	F.3D
5 C.3FR	C.2R

La réplique habituelle est :

5	C.3FR
6 Roq	Roq
7 P.3FD	F.5CR etc.

6 Roq	Roq
7 C.3FD	P.3FD
8 C.2R	F.4FR
9 F.4FR	FR pr FD
10 C pr F	D.3D
11 F pr F	C pr F
12 C.3D	C.2D

Après le 12ᵉ coup des Noirs

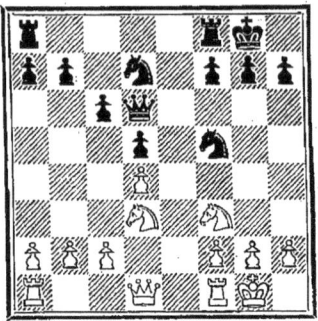

13 P.3FD	TR.1R
14 D.3CD	D.2FD
15 TR.1R	C.3D
16 T pr T +	T pr T
17 T.1R	

Partie nulle.

84. — Partie Française

BLANCS	NOIRS
SCHLECHTER	TEICHMANN
1 P.4R	P.3R
2 P.4D	P.4D
3 C.3FD	C.3FR
4 P pr P	P pr P
5 F.5CR	F.2R

Si 5	P.3FD
6 C.3FR	F.3D
7 F.3D	Roq
8 Roq	T.1R
9 D.2D, etc.	

6 F.3D	C.3FD
7 CR.2R	C.5CD
8 Roq	C pr F
9 D pr C	Roq
10 C.3CR	P.3TR
11 F.2D	P.3FD
12 CD.2R	F.3D
13 F.4FR	F pr F
14 C pr F	D.3D

Après le 14ᵉ coup des Noirs

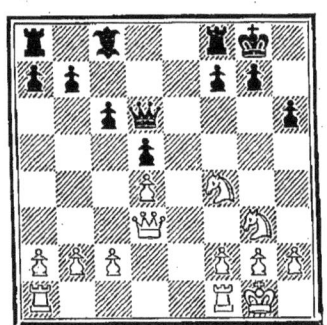

15 D.2D	F.2D
16 TR.1R	TR.1R
17 P.3FR	T pr T +
18 T pr T	T.1R
19 T pr T +	C pr T

Partie nulle.

Treizième Tour — 13 Mars

Rubinstein	Capablanca.	Bernstein	Niemzowitch.
Marshall	Duras.	Burn	Leonhardt.
Teichmann	Maroczy.	Tarrasch	Janowski.
Vidmar	Schlechter.	Spielmann.	*repos*.

Le treizième tour enregistre un évènement sensationnel : celui de la première défaite de Capablanca. C'est Rubinstein qui, dans un Gambit de la Dame, sut prendre la victoire sur le jeune Cubain, lequel jusqu'à ce jour avait marché triomphalement et sans arrêt vers le premier prix.

La partie, très captivante du commencement à la fin, avait attiré de nombreux spectateurs qui, malgré la gêne des rangs serrés autour de la table de jeu, y trouvèrent entièrement leur compte.

L'Amérique ne fut pas heureuse dans ce treizième tour, car Marshall aussi, qui également n'avait pas perdu jusque là, partage le sort de son compatriote. Son vainqueur est Duras qui, jouant mieux de jour en jour, vers la fin du Tournoi fournit dans sa partie avec Marshall un véritable chef-d'œuvre de l'art défensif.

Incolores les parties Teichmann-Maroczy, Dr Vidmar-Schlechter, Dr Bernstein-Niemzowitch, Burn-Leonhardt et Dr Tarrasch-Janowski se terminent par des nullités.

Seule la dernière partie que nous venons de nommer mérite une mention spéciale par la raison qu'elle présente en son entier une lutte conduite par les deux maîtres adversaires avec la même opiniâtreté.

* * *

85. — Gambit de la Dame refusé

BLANCS	NOIRS
RUBINSTEIN	CAPABLANCA
1 P.4D	P.4D
2 C.3FR	P.4FD
3 P.4FD	P.3R
4 PF pr PD	PR pr PD
5 C.3FD	C.3FD
6 P.3CR	F.3R
7 F.2CR	F.2R

8 Roq   T.1FD

Cette réplique semble plutôt défavorable.

9 P pr P   F pr P
10 C.5CR !

Il était à prévoir que Rubinstein tenterait l'impossible pour battre Capablanca, car cette victoire pouvait lui assurer le premier prix. Donc lutte à outrance.

10	C.3FR
11 C pr F	P pr C
12 F.3TR !	D.2R

Si la T n'était pas fâcheusement à 1FD, 12 P.4R aurait pu se jouer avec avantage.

13 F.5CR

Un bon coup, mais pas le meilleur. Par 13 P.4R ! les Blancs auraient absolument conquis l'avantage, par exemple :

13 P.4R	P.5D
14 C.5D	P pr C
15 F pr T	P pr P
16 D.3CD etc.	

ou 13	P pr P
14 F.5CR	Roq
15 C pr P, etc.	

| 13 | Roq |
| 14 F pr C | |

Il semble qu'il n'est pas sans danger pour les Blancs d'exposer leur point 2FR à maintes attaques ; mais la valeur de la combinaison poursuivie par Rubinstein est d'avoir été élaborée par lui avec une extrême précision et il nous fournit ici un petit chef-d'œuvre.

| 14 | D pr F ? |

Une faute, mais fort excusable par la profondeur de la combinaison adverse. Capablanca n'avait sans doute pas pris en considération le 17ᵉ coup de son adversaire.

La bonne et juste façon de jouer était 14 — P pr F. Les Noirs n'avaient que ce seul moyen pour consolider leur PR ; ils auraient évité également tous les embarras qui ont suivi.

Après le 14ᵉ coup des Noirs

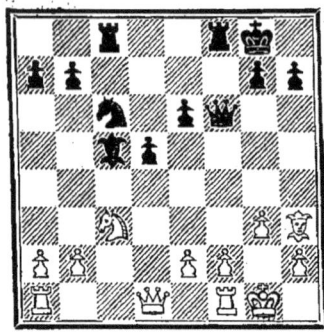

| 15 C pr PD ! | D.3TR |

Si 15 — F pr PF + ; 16 R. 2C — D.2FR ; 17 C.4FR et gagnent.

| 16 R.2C | TD.1D |
| 17 D.1FD !! | |

La pointe subtile.

| 17 | P pr C |

Il est évident que si :

17	T pr C
18 D pr D	P pr D
19 F pr P + suivi de 20 F pr T.	

18 D pr F	D.7D
19 D.5CD !	C.5D
20 D.3D	D pr D

Les Noirs ne peuvent pas éviter l'échange des D, car après 20 — D pr PC une pièce est perdue par 21 TR.1CD et autrement si 20 — D.5CD suivrait 21 TR.1D puis F.6R +, etc.

| 21 P pr D | TR.1R |
| 22 F.4CR ! | |

Ceci est plus fort que 22 TR.1R après lequel les Noirs par :

22	C.7FD
23 T pr T +	T pr T
24 T.1FD	T.7R
25 F.4CR	T.7D

auraient obtenu une bonne partie.

22	T.3D
23 TR.1R	T pr T
24 T pr T	T.3CD

Ce déplacement de T ne nous plaît guère. Les Noirs ne devaient pas abandonner la défense de leur PD pour la capture du PC. Le mieux semblait être 24 — R.2F.

25 T.5R !	T pr P
26 T pr P	C.3FD
27 F.6R +	R.1F
28 T.5FR +	

Peut-être la possession de la septième rangée avec la T méritait-elle examen ?

28	R.1R
29 F.7FR +!	R.2D
30 F.4FD !	P.3TD

Tout de suite 30 — R.3D valait mieux. Les Noirs n'ont nullement à craindre l'échange des T.

31 T.7FR +	R.3D
32 T pr PCR	P.4CD
33 F.8CR	P.4TD

Capablanca manœuvre avec sa dernière chance sur le côté D et toute la science de son adversaire est encore nécessaire jusqu'à la dernière minute pour éviter la remise.

34 T pr P

Les Blancs ont maintenant trois P de plus. Quoique cela, le gain n'est pas du tout facile encore, parce que les Noirs disposent de plusieurs contre-chances sur l'aile de la D.

34	P.5TD
35 P.4TR	P.5CD
36 T.6TR +	R.4F
37 T.5TR +	R.3C

Après le 37e coup des Noirs

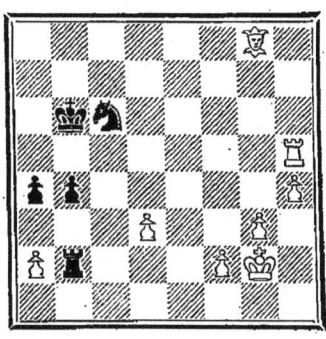

38 F.5D ?

Jusqu'ici Rubinstein a joué la partie de façon excellente ; mais à présent il manque le coup juste 38 F.4FD et risque par là de perdre une victoire qui déjà lui était assurée.

38	P.6CD ?

Rubinstein doit s'estimer heureux que son adversaire, habituellement si sagace, ne voit pas et laisse échapper la chance qui s'offrait à lui après :

38	T pr P ! L'issue

de la partie resterait bien douteuse encore, exemple :

39 F pr C	R pr F
40 T.6TR +	R.4F
41 T.5TR +	R.5D
42 T.5CD	R.6F
43 P.5TR	T.7R et les

Noirs gagnent.

Si 39 F.4FD !	T.7FD
40 T.5CD +	R.2F
41 F.8CR !	T.7R

42 P.5TR et les Blancs gagneraient probablement.

Ceci démontre que si les Blancs avaient joué F.4FD à leur coup précédent la réplique — T pr PT aurait échoué devant 39 T.5CD +.

39 P pr P	P.6TD

40 F pr C T pr PC

Non pas :

40	P.7TD
41 T.5CD +	R.3T
42 T.4CD (ou 42 T.8CD !)	
42	P.8TD : D
43 T.4TD + et les P blancs seraient écrasants.	

41 F.5D P.7TD
42 T.6TR +

Les Noirs abandonnent.

Car si le R se retire sur la colonne de la T suit T.8TR et après — R.4C ; F.4FD + suivi de T.6TD serait décisif.

86. — Gambit de la Dame refusé

BLANCS	NOIRS
MARSHALL	DURAS
1 P.4D	P.4D
2 P.4FD	P.3R
3 C.3FD	P.4FD
4 PF pr PD	PR pr PD
5 P.4R	

Fort douteuse doit être la valeur de ce Gambit ; nous ne pensons pas qu'il soit correct.

| 5 | PD pr PR |
| 6 P.5D | P.4FR ! |

Si 6

7 F.5CD +	F.2D
8 F.5CR	F.2R
9 P.6D	F pr F
10 P pr F	D pr D +
11 T pr D	F.6D
12 F pr C	P pr F
13 C pr PR	F pr C
14 T.8D +	R pr P
15 T pr T	F pr PC avec l'avantage.

7 P.3FR

Le plus souvent on continue tout de suite par :

7 C.3TR	C.2D !
8 F.5CD	P.3TD
9 C.4FR	P pr F
10 C.6R	D.3CD
11 C pr PCD	T.4TD !
12 CD.7FD +	R.2F, etc.

| 7 | F.3D |
| 8 C.3TR | C.3FR |

| 9 F.5CD + | CD.2D ! |
| 10 P pr P | P pr P |

Naturellement Duras évite la variante :

10	C pr PR
11 C pr C	D.5TR +
12 C.3CR	F pr C +
13 P pr F	D.5CD +
14 R.2F	D pr C car les Blancs auraient une forte attaque après :
15 T.1R +	

11 C.5CR	P.3TD
12 C.6R	D.2R
13 Roq	

Ce sacrifice d'une pièce est presque forcé.

| 13 | P pr F |
| 14 C pr PCD | T.3TD ! |

Après le 14ᵉ coup des Noirs

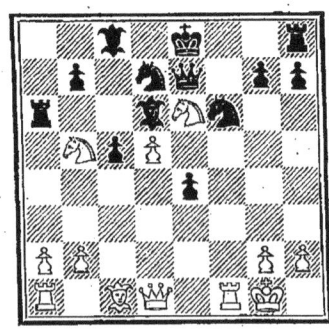

15 F.5CR

15 F.4FR offrait de meilleures chances, bien que là-dessus aussi les Noirs peuvent se défendre suffisamment par — F pr F suivi de — R.2F.

15 .... P.4TR !

Duras conduit la défense avec une grande habileté.

16 D.3CD   C.4FR
17 C pr P + D pr C
18 F pr C   F pr PT +
19 R pr F   T pr F
20 D.3FD   C.2D !

21 C.6D +   R.4D
22 T pr T   C pr T
23 D.5TD + D.2FD

Voilà maintenant le C blanc cloué et par conséquent C.7FR + n'est plus possible; un point important que l'on pourrait facilement ne pas voir ou négliger dans l'analyse de la combinaison.

24 P.4CD   P.3CD
25 D.8TD   D pr C +
26 R.1C   C.5CR

Les Blancs abandonnent.

87. — Partie Française

BLANCS	NOIRS
TEICHMANN	MAROCZY
1 P.4R	P.3R
2 P.4D	P.4D
3 P pr P	

La suite la plus fréquemment adoptée continue ici par :

  3 C.3FD   C.3FR
  4 F.5CR   F.2R
  5 P.5R   CR.2D
  6 F pr F   D pr F
  7 C.5CD, etc.

3 ....   P pr P
4 C.3FR   C.3FR
5 F.3D   F.3D
6 Roq   Roq
7 F.5CR   F.5CR
8 CD.2D   CD.2D
9 P.3FD

Si 9 P.4FD   P pr P (non pas 9 — P.3FD ; 10 P.5FD — F.2FD ; 11 P.4CD qui laisserait aux Blancs une attaque sur le côté D).
10 C pr P   F.2R
11 CD.5R   F.4TR ! avec des positions semblables.

9 ....   P.3FD

10 D.2FD   D.2FD

Après le 10e coup des Noirs

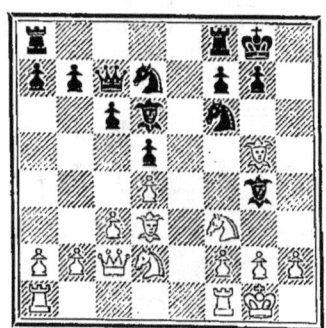

11 TR.1R   TD.1R

Poursuivant tous deux la monotone variante symétrique de ce début. En résumé : peu d'effort de chaque côté.

12 P.3TR   F.4TR
13 T pr T   T pr T
14 TD.1R   F.3CR
15 T pr T + C pr T

Partie nulle.

88. — Gambit de la Dame accepté

BLANCS	NOIRS
VIDMAR	SCHLECHTER
1 P.4D	P.4D
2 C.3FR	C.3FR
3 P.4FD	P pr P
4 P.3R	F.3R

Cette défense semble quelque peu ancienne.

5 C.3TD	F.4D
6 C pr P	P.3R
7 F.3D	F.2R
8 Roq	Roq
9 D.2R	F.5R

S'opposant à la conquête du centre que les Blancs peuvent facilement obtenir au moyen de 10 P.4R.

10 F pr F	C pr F
11 D.2FD	D.4D
12 CD.2D	C pr C
13 F pr C	C.3FD

Après le 13e coup des Noirs

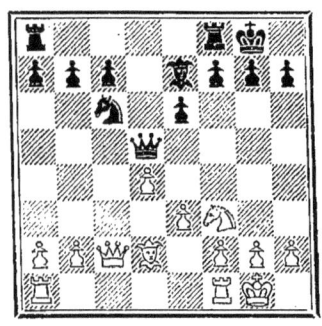

14 F.3FD	P.4FR
15 TR.1R	T.3FR
16 C.5R	C pr C
17 P pr C	TR.1FR
18 D.4TD	P.4CD

Ils allaient être menacés de 19 TR.1D.

19 D.6TD	TR.1D
20 T.2R	D.5FD
21 T.2FD	R.2F
22 TD.1FD	P.4FD !
23 P.3CD	

Il est facile de se rendre compte qu'il n'y a rien à récolter des découvertes du F. exemples :

1° 23 F.4D	D.4D !
2° 23 F.5TD	D pr T, etc.

23	D.5R !
24 D pr PC	

Si maintenant les Blancs gagnent un P leur joie est de bien courte durée.

24	T.8D +
25 T pr T	D pr T
26 D.3D	D pr PT

Après le 26e coup des Noirs

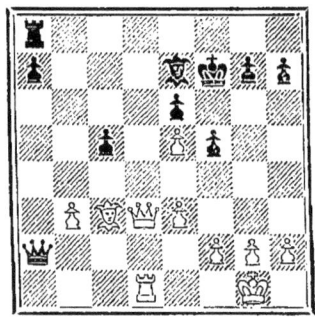

A ce moment la partie fut interrompue, puis déclarée nulle, comme il paraît avec raison.

Les Blancs pouvaient par exemple continuer par 27 D.1CD et, dans le cas où les Noirs répondraient 27 — D.6TD avec l'idée de poursuivre l'attaque du PC faible par 28 — T.1CD, les Blancs auraient certainement trouvé des contre démonstrations sur l'aile du R; l'une d'elles pouvait déjà être préparée par 28 P. 4CR.

Toutefois si les Noirs, après 27 D.1CD échangent les D par 27 — D pr D ; 28 T pr D, alors les Blancs répondraient après : 28 — T.1CD ; 29 T.2CD, car sur tout autre coup les Noirs obtiennent l'avantage par :

29		P.5FD
30	P.4CD	P.4TD
31	P.5CD	F.5CD !
32	F pr F	T pr P

89. — Partie Lopez

BLANCS	NOIRS
BERNSTEIN	NIEMZOWITCH
1 P.4R	P.4R
2 C.3FR	C.3FD
3 F.5CD	C.5D

Défense favorite de Bird, très rarement adoptée ; elle peut céder un léger avantage au premier joueur par le fait des PD doublés noirs.

4 F.4FD

Le Doct. Lasker estime la continuation du texte plus favorable aux Blancs que :

4 C pr C	P pr C
5 P.3D	F.4FD
6 D.5TR	D.2R
7 F.5CR	C.3FR
8 D.4TR	P.3FD
9 F.4TD	P.3D
10 C.2D suivi de Roq.	

4	F.4FD
Si 4	C pr C +
5 D pr C	D.3FR
6 D.3CR	F.4FD
7 C.3FD	C.2R
8 P.3D	P.3TR, etc.

5 Roq	C pr C +
6 D pr C	D.3FR
7 D.3CR	C.2R
8 C.3FD	Roq
9 C.5D	C pr C
10 F pr C	P.3FD
11 F.3CD	P.3D
12 P.3D	F.3R
13 F.3R	F pr F
14 PT pr F	F pr F
15 P pr F	D.3CR
16 D pr D	PT pr D

Après le 16e coup des Noirs

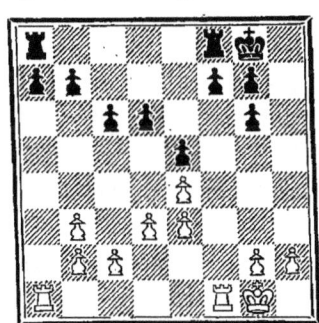

Partie nulle.

90. — Contre Gambit du Centre

BLANCS	NOIRS
BURN	LEONHARDT
1 P.4R	P.4D
2 P pr P	C.3FR
3 F.5CD +	F.2D
4 F.4FD	

— 133 —

Après 4 F pr F + — D pr F ; 5 P.4D! — C pr P ; 6 C.3FR les Blancs renoncent, il est vrai, au P gagné ; mais ils obtiennent la meilleure position.

Mauvaise serait cette suite :

4 F pr F +	D pr F
5 P.4FD ?	P.3FD
6 P pr P	C pr P
7 C.3FR	Roq TD et les

Noirs ont une bonne attaque.

4	F.5CR
5 P.3FR !	F.4FR
6 C.3FD	

Ici, au lieu de ce coup, Mieses joua contre Marshall au Tournoi de Carlsbad de 1907 cette bien meilleure suite :

6 C.2R	C pr P
7 C.3CR	F.3CR
8 Roq	P.3R
9 P.4FR !	C.3CD
10 F.3CD	F.4FD +
11 R.1T, etc.	

6	P.3FD

Après 6 — CD.2D ! les Blancs auraient abandonné la défense de leur PD.

7 P pr P	C pr P
8 CR.2R	D.3CD
9 P.3D	P.3R
10 F.4FR	Roq TD
11 D.2D	

Après le 11ᵉ coup des Blancs

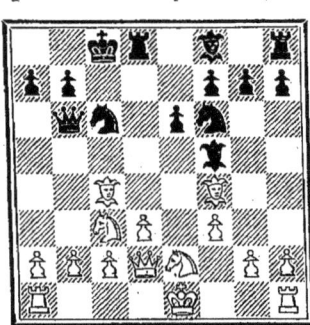

11	T.2D

Nécessaire pour laisser libre à la D la case de retraite — 1D. Mauvais serait, par exemple : 11 — F.5CD parce qu'après 12 P.3TD les Blancs auraient quelques chances d'attaque sur la ligne CD ouverte.

12 F.3R	D.1D
13 Roq	P.4TR

Bien naturellement les Noirs, qui ont un P de moins, tentent l'attaque.

14 C.3CR	F.3CR
15 D.2FR	R.1C
16 CR.4R	P.5TR
17 C.5FD	F pr C
18 F pr F	T.4TR
19 TD.1R	T.4FR
20 F.3R	C.5CR
21 D.2R	C pr F
22 D pr C	C.5D
23 T.2FR	D.3CD
24 C.4R	D.2FD

Ils étaient menacés de 25 P.3FD.

25 P.3FD	C.3FD
26 C.5FD	T.1D
27 P.4D	T.4TR
28 P.4CD	C.2R

Après le 28ᵉ coup des Noirs

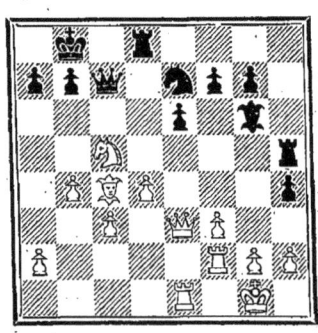

29 F.3CD ?

Les Blancs laissent échapper la variante du gain peu éloigné avec 29 F pr PR.

29	C.4FR
30 D.5R	C.3D !
31 D.2R	

Après 31 D pr PC les Noirs pourraient forcer la remise par 31 — C.1R.

34	P.6TR
32 P.4CR	T de 4 à 1TR
33 P.4TD	C.1FD
34 D.5R	D pr D

35 T pr D	P.3CD
36 C.6TD +	R.2C
37 P.5CD	C.2R
38 T.2D	T.2D
39 R.2F	TR.1D
40 R.3R ?	

Ce coup est une erreur qui coûte aux Blancs la qualité et — un demi-point.

40	P.3FR
41 T pr P	F.2FR
42 C.4CD	F pr T

Partie nulle.

91. — Partie des Quatre Cavaliers

BLANCS	NOIRS
TARRASCH	JANOWSKI
1 P.4R	P.4R
2 C.3FR	C.3FD
3 C.3FD	C.3FR
4 F.5CD	F.5CD
5 Roq	Roq
6 P.3R	P.3D
7 F.5CR	F pr C
8 P pr F	D.2R

Cette défense donne aux Noirs un jeu quelque peu restreint.

9 T.1R	C.1D
10 P.4D	C.3R
11 F.1FD	

Sans doute cette retraite est encore préférable à celle de 2D.

11	P.3FD

Meilleur était 11 — T.1D suivi de — P.4FD.

12 F.1FR	D.2FD

Encore ici 12 — T.1D valait mieux.

13 C.4TR	T.1D
14 P.3CR	

Préparant l'avance du PFR.

14	P.4D

Semble être bien joué et cependant ce mouvement s'achève en un développement plutôt désavantageux pour les Noirs.

15 PR pr PD T pr P

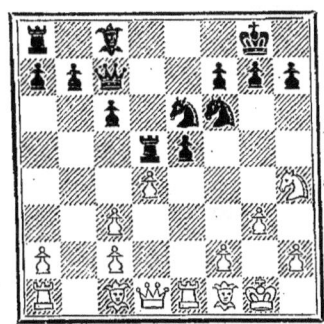

Après le 15e coup des Noirs

16 C.3FR

La meilleure réplique qui couvre en même temps qu'elle attaque. — Etait aussi à considérer un sacrifice de P; après :

— 135 —

16 D.2R	P pr P
17 P pr P	T pr P

18 F.2CD les Blancs avaient pour le P une avance sur le développement et des lignes ouvertes pour l'attaque.

16	P pr P
17 P pr P	P.4FD

Préparant le sacrifice de la qualité.

Plus sûre était la retraite de la T suivie de — F.2D.

18 P.4FD	T pr P

Autrement suivrait 19 P.5D avec une partie bien nettement supérieure pour les Blancs.

19 C pr T	C pr C

Le C est bien posté; dans cette situation les Noirs menacent de — F.5CR suivi de — C.6FR +.

20 F.4FR	D.4TD
21 T.5R !	

Menaçant de 22 D pr C.

21	D.6TD
22 T.3R	

Maintenant les Blancs ont protégé leur case 3FR avec le bénéfice d'un temps.

22	D.3TD
23 F.5R	F.5CR
24 P.3FR	F.3R
25 F pr CD	

Les Blancs ne retireraient aucun profit de l'ouverture du côté R adverse par 25 F pr CR; tandis que le CD trop fort à 4D devait être supprimé.

25	T.4D
26 T.3D	

Par 26 F pr C — T pr D; 27 T pr T — P pr C, les Blancs eussent conservé deux T pour la D mais leurs P restaient très menacés.

26	P pr F
27 D.2D	

Après 27 T pr P? — D.3CD! les Blancs perdent la T. Au lieu du coup du texte on pouvait encore considérer: 27 P.5FD; mais ensuite les Noirs soutiennent leur PD passé par — D.3FD suivi de — D.4D (ou — D.2D).

Soudainement la victoire est devenue difficile pour les Blancs.

27	D pr PF
28 T.4D	P.3TR

Immédiatement les Noirs pouvaient aussi prendre le PT; mais après :

28	D pr PT
29 T pr P	T.1FR !
30 D pr D	F pr D
31 T.4TD	F.4D
32 T pr PT	F pr PF
33 F.2CR	F pr F

34 R pr F les Blancs gagnent encore le PCD.

29 T pr P

29 P.3TD n'est pas meilleur, car après — D.4FD; T pr P ne peut plus se faire à cause de — F.6CD.

29	D pr T +
30 D pr D	T pr D
31 T pr T	F pr P

Après le 31e coup des Noirs

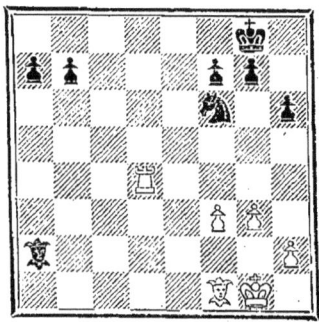

32 T.4TD

Avec 32 F.4FD les Blancs auraient eu des chances de gain beaucoup plus grandes, car en toute tranquillité ils auraient gardé trois P sur le côté R, lesquels auraient pu apporter avec plus d'efficacité leur appui aux attaques de la T et du R, de même d'un autre côté, après 32 — F pr F; 33 T pr F suivi de T.7FD, ils auraient pu gagner l'un des P passés, quand à l'autre de moindre importance ils gardaient la facilité de le gagner éventuellement.

32		F.4D
33	T pr PT	F pr PF
34	F.2CR	F pr F
35	R pr F	P.3CD
36	T.7CD	C.4D
37	R.3F	P.3CR

La partie n'est plus gagnable maintenant.

38	R.4R	C.3FR +
39	R.4D	C.5CR
40	P.3TR	C.7FR
41	R.5R	

Après :

41	P.4TR	C.8TR
42	P.4CR	C.7FR
43	P.5CR	P pr P
44	P pr P	C.6TR

les Noirs déblaient complètement le terrain du côté R.

41		R.2C

Les Noirs pouvaient aussi prendre le PT et se défendre contre R.6F par — C.4CR.

42	P.4TR	C.5CR +
43	R.4D	P.4TR
44	T pr P	C.3TR
45	R.4R	C.4FR
46	R.4F	

Après dix autres coups :

Partie nulle.

Notes du Doct. Tarrasch.

Quatorzième Tour — 14 Mars

SCHLECHTER	BERNSTEIN.	NIEMZOWITCH	MARSHALL.
SPIELMANN	RUBINSTEIN.	MAROCZY	VIDMAR.
DURAS	BURN.	CAPABLANCA	TEICHMANN.
LEONHARDT	TARRASCH.	JANOWSKI	*repos.*

SCHLECHTER aussi, le seul avec Rubinstein qui n'avait pas encore perdu de partie, devait connaître l'inconstance de la fortune. Il avait déjà obtenu une fort bonne position dans une « Partie Lopez » contre le Doct. BERNSTEIN quand il précipita l'attaque ; il en advint que son adversaire obtenait une contre-attaque qu'il exécuta jusqu'à la fin de manière splendide.

De la plus grande importance pour le résultat touchant le premier prix est la partie SPIELMANN - RUBINSTEIN. Si Rubinstein, dont c'est le dernier jour de jeu, la gagne, il est d'un demi-point en avance sur son concurrent Capablanca et celui-ci, dans ce cas, ne peut s'assurer du premier prix que par une victoire sur le D¹ Vidmar dans la quinzième et dernière journée qui doit suivre.

Par contre Capablanca est dans la favorable situation de rester premier gagnant par une remise contre le Doct. Vidmar, si Spielmann fait nulle contre Rubinstein.

Que ce dernier cas se produise, cela ne paraissait guère douteux aux spectateurs assistant à la première phase de la lutte Spielmann-Rubinstein, car le premier obtenait bien vite une position tout à fait satisfaisante, voire supérieure. Mais subitement la situation change, Spielmann joue quelques coups irréfléchis et Rubinstein prend définitivement la direction de la partie. Malgré tout « Dame bonne Fortune » ne semble pas vouloir favoriser le maître russe.

Lui, dont le mérite bien reconnu, est de gagner inéluctablement toute position gagnante, laisse échapper, à la surprise générale et justement dans cette partie si importante pour lui, les chances réelles existantes. Il joue dans un style indécis et sans énergie, d'où ce dénouement : au lieu de vaincre il n'obtient que la nullité.

Peut-être pas correctement jouée, mais captivante du commencement à la fin est la lutte entre Duras et Burn ; d'un combat acharné le maître tchèque sort vainqueur.

Le Doct. Tarrasch oppose à Leonhardt une « Défense Sicilienne » ; il a pendant un certain temps une partie embarrassée, mais finalement, favorisé par un coup faible de l'adversaire, il sort indemne de tous les dangers et obtient même quelques contre-chances. Enfin, après une lutte de huit heures, la partie se termine par une nullité.

Le même « sans résultat » est à marquer pour toutes les autres parties du tour : Niemzowitch-Marshall, Maroczy-Vidmar, puis Capablanca-Teichmann.

*
* *

92. — Partie Lopez

BLANCS	NOIRS
SCHLECHTER	BERNSTEIN
1 P.4R	P.4R
2 C.3FR	C.3FD
3 F.5CD	C.3FR

Est préféré de beaucoup à la défense 3 — P.3TD.

4 Roq   P.3D

Toutes les dépenses qui enferment le FR doivent être

rejetées. Dans la pratique il est possible que le dégagement se produise petit à petit, même après un jeu gêné, car l'adversaire ne fait pas toujours les coups justes; mais la théorie ne peut quand même pas accepter les susdites défenses comme de valeur réelle.

5 P.4D	F.2D
Si 5	C.2D
6 C.3FD	F.2R
7 C.2R	Roq
8 P.3FD	F.3FR
9 C.3CR, etc.	

6 T.1R

Ordinairement le PR se défend par C.3FD, Schlechter choisit un autre système dans cette partie.

6	F.2R
7 P.3FD	

De façon générale je dois signaler les deux principaux inconvénients de ce coup. 1° Il prend au CD sa meilleure case de sortie ; 2° perte éventuelle d'un temps dans les cas de sa poussée à 4FD.

7	Roq
8 F.4TD	

En raison de l'emplacement découvert de leur FR, les Noirs les menaçaient de 8 — C pr PD.

8	T.1R
9 CD.2D	F.4FR

Les Noirs ont de grands efforts à produire pour rétablir à peu près leur jeu restreint et embarrassé.

10 F.2FD	P.3TR

Afin de faciliter la case 2TR au C et en même temps l'avance du PFR.

Après le 10e coup des Noirs

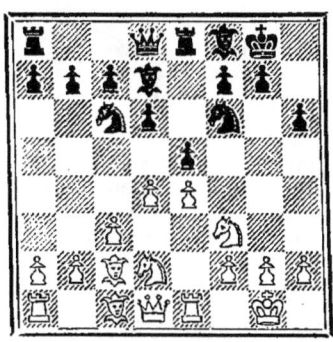

11 P.3TR

S'ils retiraient immédiatement le C à 1FR ils seraient très gênés par — F.5CR de leur adversaire.

11	P.3CR
12 C.1FR	C.2TR
13 C.3R	F.2CR
14 C.4CR	

Après les hésitations et lentes manœuvres inhérentes aux positions restreintes, la partie entre maintenant dans la phase des attaques directes.

14	F pr C
15 P pr F	D.4FD
16 P.5D	

Nécessaire pour défendre à la fois les PD et PCR.

16	C.4D

A — 1CD ou — 2R ce C eut été sans doute mieux placé, car il est ici, et pendant bien longtemps, inutile; il affecte une forme de pat.

17 P.5CR

Au lieu de ce coup on pouvait très bien continuer par 17 C.2TR; toutefois il faut reconnaître que la suite adoptée qui entraîne à l'ouverture de la colonne TR est sans risque.

17	P pr P
18 C pr PC	C pr C
19 F pr C	P.3FR
20 F.3R	R.2F

Ce mouvement a pour but d'occuper au plus vite la ligne TR avec leur T. Il en résulte aussi que le C se trouve encore plus fâcheusement placé.

Après le 20e coup des Noirs

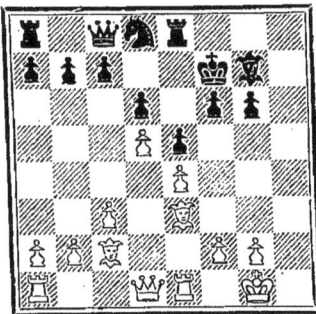

21 P.4FD

A la place de ce coup les Blancs pouvaient par 24 P.3FR — T.1TR; 22 R.2F suivi de 23 T.1TR s'emparer de la ligne ouverte que l'adversaire ne pouvait pas leur disputer à cause de la position malheureuse du C et cette manière de jouer eut été peut être bien préférable, puisqu'elle aurait permis des attaques sur le côté du R, lesquelles sont toujours supérieures à celles sur le côté D à cause de la plus forte pression qu'elles exercent, car, ainsi qu'avait l'habitude de le dire Steinitz : « non seulement le R est une forte pièce, mais c'est aussi une pièce sensible. »

21	P.3CD

Superflu. En outre, comme la réplique ne saurait empêcher l'attaque projetée, elle crée inutilement une nouvelle faiblesse à — 3FD.

22 P.4CD	T.1TR
23 P.5FD	F.3TR

Avec l'idée de donner un peu de liberté au C reclus en lui laissant la case — 2FR après le déplacement projeté — R.2C.

24 P pr PD

Avec trop de hâte les Blancs entreprennent l'attaque; celle-ci, non complètement mûre, devait être préparée davantage par 24 F.4TD et 25 T.1FD; ces préliminaires établis les Blancs avaient de bonnes perspectives et cela avant que l'adversaire ait pu mettre en ligne une partie de ses forces sur l'aile du R, par exemple : à 24 F.4TD — R.2C; 25 T.1FD.

Les Noirs sont déjà dans un grand embarras, soit qu'ils prennent deux fois à — 4FD restant avec un point de mire à — 2FD facile pour le feu ennemi; soit qu'ils déplacent leur D à 1CD ou à — 2CD. De toutes façons ils ne peuvent guère conduire aisément cette dernière sur le côté du R.

24	P pr P
25 T.1FD	

Tout d'abord 25 F.4TD, afin d'empêcher — D.2D, était absolument nécessaire.

25	D.2D
26 F.4TD	P.4CD
27 F.3CD	

Au lieu de cette retraite il y avait à considérer le sacrifice à 5CD, lequel, en tout cas, pouvait offrir quelques chances sérieuses, par exemple :

27 F pr P	D pr F
28 T.7FD +	R.1C
29 D.4CR	D.1R

et les Noirs restent avec un jeu difficile, surtout et toujours en raison de la position gênée de leur C.

27	R.2C
28 P.4TD	

Les Blancs continuent leurs tentatives inutiles au lieu de s'établir solidement sur la défensive par 28 P.3FR ; 29 R.2F et 30 T.1TR.

28	C.2FR

Après être resté inactif pendant une douzaine de coups environ, voilà donc ce C enfin libéré. Maintenant les Noirs arrivent sans peine à prendre l'offensive sur la colonne TR ouverte.

29 T.6FD	F pr F
30 T pr F	T.2TR
31 P.3FR	TD.1TR
32 D.2FD	T.8TR +
33 R.2F	TD.7TR

Après le 33ᵉ coup des Noirs

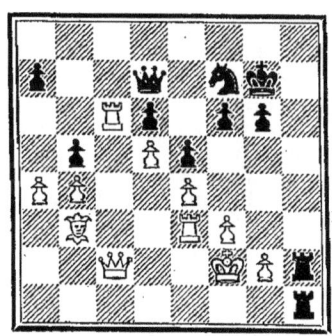

Menace tout de suite de forcer le mat par le sacrifice de la T à — 7CR et ensuite — D.6TR +.

34 T.2R	D.6TR

L'attaque se poursuit sans arrêt. Les Blancs sont menacés de la perte de leur PCR au moins et c'est là le nœud de leur position.

35 R.3R	D.6CR
36 D.2D	T.8CR

Tout cela est mené par les Noirs avec la notion juste de ce qui doit conduire au but.

37 P pr P

Quoi qu'il ait pu arriver les Blancs devaient défendre une fois de plus le PCR par 37 T.2FD au lieu de cette prise du texte qui est sans valeur pour la défense.

Maintenant leur partie se désagrège immédiatement.

37	T de 8CR pr P
38 F.1D	D.5FR +
39 R.3D	D pr PF +
40 D.3R	D.8FR
41 R.2D	

Peut-être 41 T.1FD était-il encore à préférer.

41	T.6TR

Un coup de grâce élégant !

42 D pr PT	D.5FR +

Encore plus fort et plus précis était :

42	T.6D +
43 R pr T	D pr F +
44 R.3F	D pr T
45 R.3C	D.7CD +
46 R.4F	D.7FD ×

43 R.2F	D pr PR +
44 R.1F	T pr T

Les Blancs abandonnent.

Le Doct. Bernstein a conduit l'attaque très énergiquement et avec beaucoup de logique.

Commentaires du Dʳ Tarrasch.

93. — Partie Française

BLANCS	NOIRS
SPIELMANN	RUBINSTEIN
1 P.4R	P.3R
2 P.4D	P.4D
3 C.3FD	C.3FR
4 F.5CR	P pr P
5 C pr P	CD.2D
6 C.3FR	F.2R
7 C pr C +	C pr C
8 F.3D	P.3CD !

Nouveau et étonnant. Le coup d'apparence dangereux avant le Roq est cependant combiné très exactement.

Après 8 — Roq suivrait 9 D.2R et tout d'abord serait empêché — P.3CD à cause de la menace F pr C suivi de D.4R. Ou bien :

8	Roq
9 F pr C	F pr F
10 D.2R	P.4FD
11 D.4R	P.3CR
12 P.4TR	P pr P
13 Roq TD	D.4TD

9 C.5R

Si 9 F.5CD + alors — F.2D sans désavantage pour les Noirs.

9	F.2CD
10 F.5CD +	P.3FD

La pointe caractéristique.

11 D.3FR

Également les Blancs auraient pu jouer :

11 F pr P +	F pr F
12 C pr F	D.4D
13 C.5R. (Si 13 C pr F ? — D pr F ; 14 C.6FD — D pr PC et gagnent.)	
13	D pr PC
14 D.3FR avec bon jeu.	

11	D.4D
12 F pr C	PF pr FR
13 F pr PC	

La prise de ce P est fausse. Avec l'échange des D. suivi de F pr F les Blancs auraient obtenu une bonne fin de partie.

13	D pr D
14 P pr D	T.1CR
15 F.6TR	P.3FR
16 C.3D	F pr P
17 T.1FR	T.5CR

Après le 17e coup des Noirs

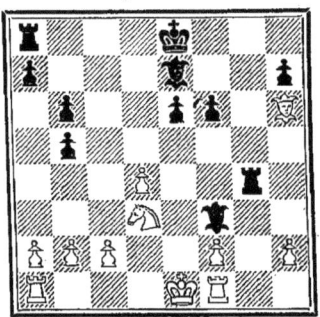

18 F.4FR

Bien que les Noirs aient déjà la partie supérieure, 18 F.3R valait mieux. Quoi qu'ils fassent, les Blancs ne pouvant pas garder leur PT, ils auraient dû chercher plutôt à empêcher l'avance des P centraux adverses.

18	T.1D
19 P.3FD	P.4R !
20 F.3R	P.5R
21 C.4CD	F.3D

Plus fort était 21 — P.4FR.

22 P.3TR	T.5TR
23 T.1CR	R.2F
24 R.2D	T pr P
25 P.4TD	P.4FR
26 C.6FD	T.2D
27 P.5D	P.5FR
28 F.4D	P.6R +
29 P pr P	

Après le 29e coup des Blancs

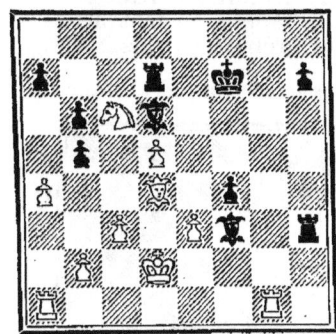

29 P pr P +

A ce moment les Noirs laissent échapper le gain qui était à eux en forçant la partie par 29 — T.7TR +. Si les Blancs y avaient répondu 30 R.1R (ou R.1F) alors aurait suivi :

30   F pr P
31 PT pr PF. (Si 31 C.5R + — F pr C ; 32 F pr F — F.5FD ou 5R !)
31   P.6FR
32 T.1FR   F.5R

Si d'autre part les Blancs répliquent par 30 R.3D — F. 7R + suivi de — P.6FR est également en faveur des Noirs.

30 F pr P

Naturellement pas 30 R pr P à cause de — F pr PD + d.

30   T.7TR +
31 R.1F   T.7R
32 F.6TR   F pr PD
33 P pr P   P.4TD
34 T.4TD   T.5R
35 T pr T   F pr T
36 T.7CR +   R.1R
37 T.8CR +   R.2F
38 T.7CR +

Partie nulle.

94. — Partie Lopez

BLANCS	NOIRS
DURAS	BURN

1 P.4R	P.4R
2 C.3FR	C.3FD
3 F.5CD	C.3FR
4 P.3D	P.3D
5 Roq	P.3CR ?

Perte de temps.

6 P.4D	P pr P
7 P.5R	P pr P
8 C pr PR	D.4D
9 T.1R	F.3R
10 F.4FD	D.4FD
11 P.4CD	

Manœuvre énergique et fort intéressante.

11   C pr P

Si 11 — D.3CD ; 12 C pr PF, etc.

12 F.3TD   F.2R

La faiblesse de 5 — P.3CR est maintenant clairement démontrée.

Après le 12e coup des Noirs

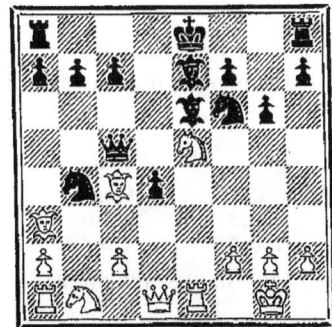

13 P.3FD	P pr P
14 D.4TD +	R.1F

Si 14 — P.3FD les Blancs gagneraient une pièce comme suit : 15 F pr F — P pr F ; 16 C.3D !

15 F pr F	P pr F
16 C.3D	D.3FD !

Le coup unique pour sauver la pièce menacée.

17 D.3CD

Duras s'engage audacieusement dans de nouvelles aventures.

17	C pr C
18 T pr P	C.4FD
19 F pr C	D pr F
20 C pr P	R.2C

Il paraît que par 20 — T.1R suivi de — F.1D, les Noirs pouvaient se défendre avec succès ; toutefois le sacrifice de la D contre deux T méritait aussi d'être pris en considération.

21 TD.1R	TD.1R

21 — F.3D échouerait contre 22 T pr C !

22 T de 1 à 5R	
22	D.6TD

Le sort de la D noire est décidé.

23 T pr F +	T pr T
24 D pr D	T pr T
25 P.3TR	TR.1D
26 P.4FR	T.6R
27 D.5FD	T de 4 à 6D
28 D pr PF +	R.1F

Sans peur le R devait marcher vers — 3T. Exemple.

Après :

28	R.3T
29 C.5CD	C.5R
30 R.2T	T.8D !
31 D.7R	C.6CR

et les Blancs n'avaient plus que le refuge d'un échec perpétuel : D.8FR +, D.5FD + pour échapper au mat artistement préparé par les Noirs.

Après le 28ᵉ coup des Blancs

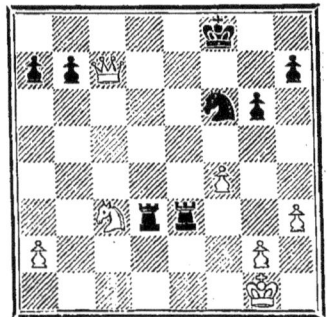

29 C.5CD	C.5R
30 R.2T	T.8R ?

Ici également 30 — T.8D ! aurait encore forcé la remise. ex :

30	T.8D
31 D.8FD +	R.2C
32 D pr PC +	R.3T
33 D.7FR	C.6CR etc.

Si dans cette variante les Blancs se laissaient tenter par 33 D.7R au lieu de 7FR, alors cette finale terrible pouvait en résulter :

33 D.7R	T.8TR +
34 R pr T	C.7FR +
35 R.1C	C pr PT +
36 P pr C	T pr D

31 D.8FD +	R.2C
32 D pr PC +	R.3T
33 D.7R	T de 6 à 8D

Hélas, trop tard ! les premiers arrivés étant les premiers servis.

34 D.8FR +	R.4T
35 P.4CR +	R.5T
36 D.6TR ×	

Une partie très intéressante.

95. — Défense Sicilienne

BLANCS	NOIRS
LEONHARDT	TARRASCH
1 P.4R	P.4FD
2 C.3FR	C.3FD
3 P.4D	P pr P
4 C pr P	C.3FR
5 C.3FD	P.3R
6 F.2R	F.5CD
7 Roq	Roq
8 C pr C	PC pr C
9 P.5R	C.1R

Le C aurait dû plutôt manœuvrer vers — 4D.

| 10 D.4D | F.2R |

Sans doute 10 — D.2R valait mieux. A partir de là les Blancs acquièrent le meilleur jeu.

| 11 F.3R | P.4FD |

Il eut été probablement préférable de continuer par 11 — P.4D, malgré la faiblesse du PFD qui en aurait été la conséquence.

12 D.4TD	D.2FD
13 F.3FR	F.2CD
14 C 5CD	D.3CD
15 F pr F	D pr F
16 TD.1D	P.3FR
17 C.6D	F pr C
18 P pr F	T.2FR
19 D.3TD	P.5FD

Après le 19ᵉ coup des Noirs

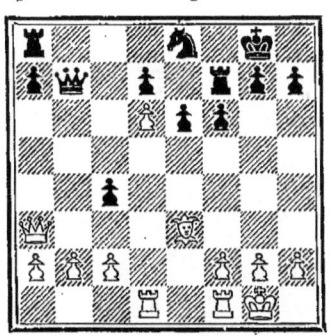

20 P.3CD

La supériorité de la position des Blancs saute aux yeux. Ceux-ci ont un PD fort et terriblement avancé à sa sixième case qui paralyse le jeu ennemi ; en outre les P noirs sur les files TD et FD sont faibles. Une éventuelle contre-démonstration ne peut s'offrir aux Noirs que dans un avenir éloigné, c'est-à-dire, s'ils parviennent à avancer leurs PR et PFR.

Malgré cette supériorité il n'est pas du tout aisé pour les Blancs de trouver le bon chemin qui doit réaliser l'avantage acquis. En tout cas le coup du texte choisi par Léonhardt n'est pas celui à pouvoir qualifier de juste. Probablement il devait jouer ici : 20 P.4CD.

| 20 | D.3FD |

Si 20 — P pr P alors 21 PT pr P et les Blancs conservent de même la ligne TD ouverte.

| 21 P pr P | D pr PF |
| 22 T.4D | D.3FD |

Après 22 — D pr PF les Blancs obtiendraient l'avantage par 23 D.6TD suivi de T.1FD.

23 T.1FD	P.4R
24 T de 4 à 1D	
24	P.4FR
25 F.5CR	C.3FR
26 F pr C	T pr F
27 P.4FD	P.5R
28 P.5FD	

Les Blancs ont à présent atteint leur but ; mais il est visible qu'ils ont manœuvré vers l'image ou l'irréalisable car la position qu'ils ont convoîtée est plutôt favorable à leur adversaire.

Après le 28e coup des Blancs

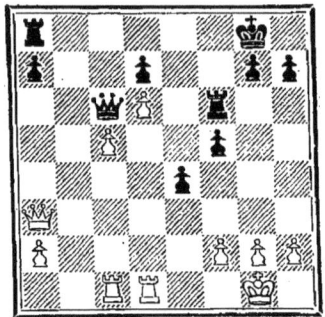

28   P.5FR

Dans cette situation embarrassée le Doct. Tarrasch, conscient du but à atteindre, cherche sa seule ressource dans l'avancement de ce P. La phase qui va suivre est traitée par les deux maîtres fort correctement et avec une grande circonspection.

29 D.3CD +   T.3R

30 T.5D	R.1T
31 T.5CR	P.3TR
32 T.5FR	T pr PD
33 T pr PF	T.6D
34 D.2CD	D.4D
35 P.3TR	T.1R
36 T.4CR	T.5D
37 D.3CD	D.4FR
38 D.3R	T.6D
39 D.4FR	D.3R
40 T.1R	D pr PT
41 T pr P	T pr T
42 D pr T	T.8D +
43 R.2T	D.4D

Après 43 — D pr PFR ? les Blancs font mat en trois coups par :

44 D.8R +	R.2T
45 D.6CR +	R.1T
46 D pr PC ×	

44 D.7R	D.1CR
45 T.4FR	D.3R
46 T.8FR +	R.2T
47 D pr D	P pr D
48 P.6FD	T.8FD
49 T.8TD	

Partie nulle.

96. — Défense Petroff

BLANCS	NOIRS
NIEMZOWITCH	MARSHALL
1 P.4R	P.4R
2 C.3FR	C.3FR
3 C pr P	P.3D
4 C.3FR	C pr P
5 C.3FD	

Avec ce coup, que recommandent les maîtres viennois, le léger avantage de début ne peut guère être mis en valeur par les Blancs. Aussi pensons-nous que le coup usuel : 3 P.4D est plus fort.

5	C pr C
6 PD pr C	F.2R
7 F.3D	C.3FD
8 F.3R	F.5CR
9 F.4R	D.2D
10 D.2D	Roq TD
11 Roq TD	TR.1R

Après le 11e coup des Noirs

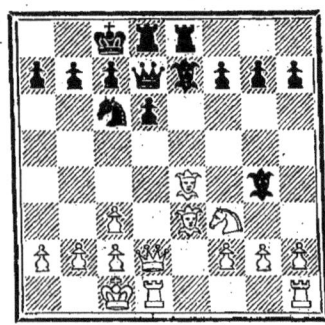

12 C.4D

Une ingénieuse tentative d'amener des complications ; mais les Noirs évitent adroitement tous les dangers.

12	P.4D

Après :

12	F pr T
13 C pr C	P pr C

14 D.3D et les Noirs auraient partie perdue.

Si 12	C pr C
13 D pr C	F pr T
14 D pr PT	D.4CD
15 P.4FD !	D.3TD

16 F.5FR + avec une fin de partie avantageuse.

13 C pr C	D pr C
14 F pr PD	D.3TD
15 D.3D	D.4TD

Marshall semble vouloir éviter la fin de partie qui suit :

15	F pr T
16 D pr D	PC pr D
17 T pr F	R.1C
18 F pr PF	T pr T +
19 R pr T	T.1D +

20 R.2R qui, en effet, laisserait plutôt l'avantage aux Blancs, malgré la qualité acquise par les Noirs.

16 P.3FR	P.3FD
17 D.4FD	T pr F
18 T pr T	D pr T
19 D pr D	P pr D
20 P pr F	F.3D
21 R.2D	T.5R

Après le 21e coup des Noirs

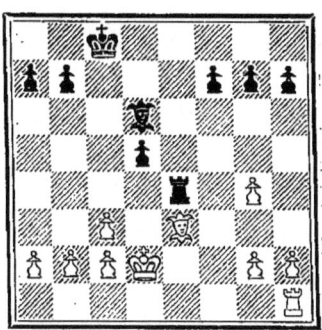

22 P.3CR

Afin d'éviter l'échange du F, car la finale de T contre T laisse encore plus de cas de remise.

22	T pr P
23 T.1FR	P.3FR
24 F pr PT	T.5TD
25 F.4D	T pr P
26 T.5FR	T pr PC
27 T pr PD	F.2FD
28 T.5TR	P.3TR
29 R.3D	T.8CD
30 T.4TR	R.2D
31 T.4CR	P.4CR
32 F pr P	T.8TR
33 P.4TR	T.6TR
34 P pr P	P pr P
35 T.4D +	R.3R
36 F pr P	T pr P +
37 F.3R	F.3CD
38 T.4R +	R.3D
39 T.8R	F pr F

Partie nulle.

97. — Partie Française

BLANCS	NOIRS
MAROCZY	VIDMAR
1 P.4R	P.3R
2 P.4D	P.4D
3 P pr P	P pr P
4 F.3D	F.3D
5 C.3FR	

Meilleur était 5 C.3FD.

5	C.3FR

Si 5	F.5CR !
6 Roq	C.3FD
7 P.3FD	D.2D
8 P.4CD	CR.2R
9 P.5CD	C.1D, etc.

6 Roq	Roq
7 F.5CR	F.5CR
8 CD.2D	CD.2D
9 P.3FD	P.3FD
10 D.2FD	D.2FD
11 F.4TR	F.4TR
12 F.3CR	F.3CR
13 F pr FD	PT pr F
14 TR.1R	F pr FD
15 PT pr F	TR.1R
16 T pr T +	T pr T
17 T.1R	T pr T +

18 C pr T

Après le 18º coup des Blancs

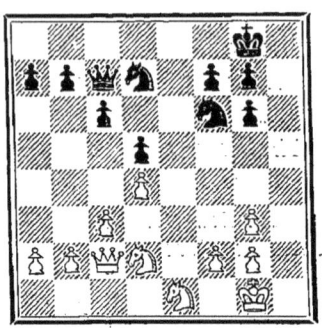

Partie nulle.

98. — Partie des Quatre Cavaliers

BLANCS	NOIRS
CAPABLANCA	TEICHMANN
1 P.4R	P.4R
2 C.3FR	C.3FD
3 C.3FD	C.3FR
4 F.5CD	F.5CD
5 Roq	Roq
6 P.3D	P.3D
7 F.5CR	F pr C
8 P pr F	C.2R

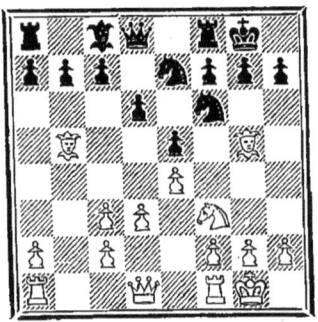

La copie de cette partie s'est trouvée égarée; le fait est regrettable, toutefois ce n'est là seulement qu'une perte au point de vue documentaire et qui n'atteint que l'entreprise du « Recueil complet des Parties jouées dans le Tournoi ».

La partie comporte une vingtaine de coups environ et se termine par une nullité; les deux adversaires jouèrent très correctement mais quelque peu machinalement, ils paraissent s'être inspirés de ce prudent principe : « Ne me fais rien de mal et je ne t'en ferai pas non plus. »

J. M.

Quinzième et dernier Tour — 16 Mars

Vidmar	Capablanca.	Bernstein	Maroczy.
Tarrasch	Duras.	Teichmann	Spielmann.
Burn	Niemzowitch.	Janowski	Leonhardt.
Marshall	Schlechter.	Rubinstein.	*repos*.

La situation des candidats aux premières places était avant cette dernière journée :

Capablanca...	$+\ 9$
Rubinstein...	$+\ 9$ mais n'ayant plus à jouer
Dr Vidmar....	$+\ 8\ \frac{1}{2}$
Marshall....	$+\ 8$
Dr Tarrasch...	$+\ 7\ \frac{1}{2}$
Schlechter...	$+\ 7$
Niemzowitch..	$+\ 7$

L'intérêt capital porte naturellement sur la lutte entre le Dr Vidmar et Capablanca puisque le résultat va décider du premier prix. Si Vidmar gagne il est seul premier vainqueur tandis que le maître cubain s'assure le premier prix simplement par une remise.

On s'attendait donc, dans ces conditions, à voir Vidmar jouer de l'avant; contrairement à ces prévisions, celui-ci préfère s'établir solidement et avec circonspection puis attendre l'éventualité d'une offre de quelque chance. Mais celle-ci ne se produit pas car Capablanca, bien conscient de l'importance de ce moment, sait habilement éviter tous dangers, de sorte que finalement la partie se termine par une remise. Ce demi-point établit définitivement le rang d'ordre des trois premiers.

Le Dr Tarrasch succombe contre Duras dans une « Partie des Quatre Cavaliers » que celui-ci joua supérieurement. Du fait de cette perte le Dr Tarrasch quitte le rang des candidats aux prix.

Il en est de même pour Niemzowitch que sa nullité avec Burn écarte des lauréats. Partie bien jouée des deux côtés et avec énergie. Le quatrième prix ne peut plus être maintenant que la récompense de Marshall ou Schlechter. Il est vrai que Schlechter ne peut aspirer au partage du quatrième que par une victoire sur Marshall, lequel a le trait par dessus le marché. La partie prend très vite une tournure tellement favorable pour lui qu'une défaite du maître américain paraît inévitable. Tout à la fin, dans une position nettement gagnante Schlechter commet pourtant une faute incompréhensible après laquelle la partie se termine en nullité. En conséquence le quatrième prix échoit à Marshall.

Des autres parties, celle entre le Dr BERNSTEIN et MAROCZY mérite d'être citée à cause de la finale subtile. En outre celle que JANOWSKI gagne à LEONHARDT, puis enfin la partie entre TEICHMANN et SPIELMANN qui s'achève en nullité.

99. — Gambit de la Dame refusé

BLANCS	NOIRS
VIDMAR	CAPABLANCA
1 P.4D	P.4D
2 P.4FD	P.3R
3 C.3FD	P.4FD
4 P.3R	C.3FR
5 C.3FR	C.3FD
6 F.3D	PD pr PF

Capablanca, qui n'a pas besoin de plus qu'une remise pour s'assurer le premier prix joue naturellement la simplification de position. Après : 6 — F.3D les Blancs continueraient par 7 Roq — Roq, puis 8 D.2R menaçant de 9 P.4R.

7 F pr P	F.2R
8 Roq	Roq
9 P pr P	

Si les Blancs voulaient éviter l'échange des D ils devaient choisir la continuation, toujours un peu dangereuse : 9 D.2R — P pr P ; 10 T.1D.

9	D pr D
10 T pr D	F pr P
11 P.3TD	P.3CD
12 P.4CD	F.2R
13 P.4R	T.1D
14 F.4FR	F.2CD
15 P.5R !	C.1R !

Si 15	C.2D
16 C.5CD	P.3TD ?
17 C.7FD	TD.1FD
18 C pr PR !	

16 F.3D	TD.1FD
17 C.5CD	T.4D

Actuellement 17 — P.4TD ne serait pas bon à cause de 18 F.3R.

18 C.6D	C pr C
19 P pr C	

Après le 19e coup des Blancs

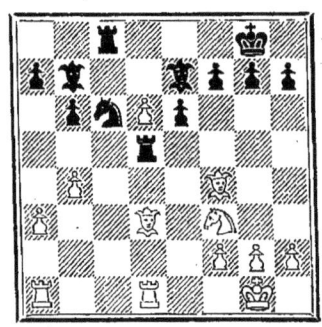

19	F pr P !

Par cette jolie combinaison les Noirs forcent la remise si importante pour eux. Si 19 — F.3FR ; 20 F.4R !

20 F pr F	T.1D !

Partie nulle.

Les Blancs n'ont rien de mieux que 21 F pr PT +, ce qui amène une finale de F de différente couleur.

100. — Partie des Quatre Cavaliers

BLANCS	NOIRS
TARRASCH	DURAS
1 P.4R	P.4R
2 C.3FR	C.3FD
3 C.3FD	C.3FR
4 F.5CD	F.5CD
5 Roq	Roq
6 P.3D	C.5D
7 F.4FD	

Si 7 C pr C suivrait 7 — P pr C; 8 C.2R — P.4D!

| 7 | P.3FD |

Très finement joué. Faible serait 7 — P.3D car le dit P doit aller absolument à — 4D si les Noirs veulent obtenir une partie satisfaisante. Toutefois — P.4D immédiatement tournerait à l'avantage des Blancs à cause de la suite :

7	P.4D
8 CD pr PD	CR pr CD
9 F pr C	F.5CR
10 P.3FD, etc.	

8 C pr C

Les Blancs ne peuvent guère prendre le PR car il s'en suivrait : 8 — D.4TD ou aussi — P.3D et après la retraite à — 3FR viendrait 9 — F.5CR sans que les Blancs puissent détruire le clouage (10 F.3R ? — C pr C +; 11 P pr C — F.6TR suivi de — P.4D ou 5D! et gagnent).

Toutefois si les Blancs après 8 C pr PR — P.3D ne retirent pas leur C mais le sacrifient par 9 C pr PF, alors ils gardent bien la supériorité numérique de la T et deux P contre deux pièces légères, mais ils restent mal placés, parce que, pendant longtemps, leur T ne pourra exercer le même effet que les pièces mineures des Noirs.

8	P pr C
9 C.2R	F.4FD
10 F.5CR	

Pour empêcher — P.4D.
Était aussi à tenter : 10 P.3FD et de même la variante 10 P.5R qui chassait le C ennemi à — 4R car après :

| 10 P.5R | C.5CR la suite |

serait :
11 P.4FR	C.6R
12 F pr C	P pr F
13 P.4D, etc.	

ou 11 | D.5TR |
| 12 P.3TR, etc. | |

| 10 | P.3TR |
| 11 F.4TR | |

A considérer était : 11 F pr C — D pr F; 12 P.4FR.

| 11 | P.4CR ! |

Mouvement nécessaire pour continuer par — P.4D; après — P.3D les Noirs resteraient avec un jeu faible.

12 F.3CR	P.4D
13 P pr P	C pr P
14 F.5R	

Joué trop vite, sans réflexion suffisante, ce coup conduit au moins à la perte de la qualité. Au lieu de cela les Blancs devaient continuer par 14 F pr C — D pr F; 15 P.4FR. Après quoi ils étaient assez bien placés.

Après le 14e coup des Blancs

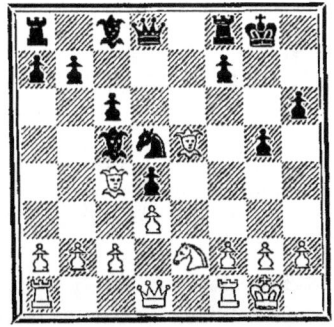

14 . . . . T.1R !

A la place de cette suite les Noirs pouvaient chercher le gain d'une pièce par :

14	F.5CR
15 P.3TR !	F pr C
16 D pr F	T.1R

Toutefois après la réplique :

17 P.4FR   P.3FR
18 D.5TR le résultat eut été fort problématique.

15 F pr PD	F.5CR !
16 F pr F	

Si 16 P.3FR les Noirs gagneraient par 16 — F pr F + suivi de — C.6R.

16	F pr C
17 D.2D	F pr T
18 T pr F	

Pour la qualité les Blancs ont comme compensation un P et un très beau jeu qui n'est pas facile à démolir.

18	P.3CD
19 F.4D	P.4FD
20 F.3R	T.3R !

Après 20 — C pr F la réplique des Blancs 21 P pr C ouvrant la file du FR et de ce fait battant fortement sur le point 2FR ennemi leur laisserait une assez bonne position.

Actuellement les Noirs cherchent à opposer la T à — 3FR.

21 D.4D	C pr F
22 P pr C	T.3FR

Ce vis-à-vis est très désagréable pour les Blancs. S'ils retirent la T à 1R elle devient inefficace et les Noirs arrivent à prendre l'attaque par — D.2D et D.4FR.

23 T.3FR

Sur cette réponse les Noirs ne doivent pas échanger tout de suite parce que les Blancs gagneraient un P après D pr T — D.4FR; F pr PF +.

Après le 23e coup des Blancs

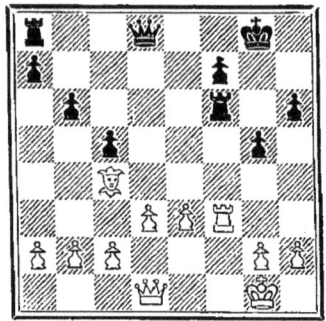

23 . . . . T.4CD

Très fin. Les Noirs menacent de gagner le F par 24 — P.4CD.

Pour parer à cette menace les Blancs ne peuvent donc pas, comme ils en avaient le projet, se soustraire à l'échange des T. Alors, sans T, la partie des Blancs est faible et doit aller à la dérive, tandis qu'un matériel de T et F contre deux T offrait plus de ressources.

24 P.4TR

Il n'y a rien ici à suggérer; les Blancs n'ont seulement qu'un P en compensation de la qualité sacrifiée et de ce fait leur adversaire a encore quelque chose à gagner.

Le coup du texte inaugure un plan d'attaque sur le côté R; mais celle-ci n'aboutit qu'à ouvrir la colonne TR au bénéfice des Noirs.

24	T pr T
25 D pr T	D.2R
26 P pr P	P pr P
27 P.4R	R.2C
28 P.3FD	T.1TR
29 P.4D	

Cette avance de P a le défaut d'ouvrir trop de lignes aux Noirs et de compromettre la bonne position des P blancs.

Les Blancs ont évidemment l'intention de P.4D et P.5R; immédiatement 29 P.5R aurait été désavantageux pour eux à cause de 29 — D pr PR; 30 D pr PF + — R.3T.

29   **T.5TR**

D'abord l'échange des P était immédiatement décisif. Exemple :

29		P pr P
30	P pr P	T.5TR
31	F.3D	D.3D

Et les Noirs attaquent le PD en même temps qu'ils menacent d'un échec à — 7TR.

30 F.3D

Si à 5D le F occupait un poste plus agressif, par contre il ne pouvait plus concourir à la défense du R.

30		P pr P
31	P.3CR	T.6TR
32	D.4CR	T.3TR
33	P pr P	D.2FD

Le combat est virtuellement terminé en faveur de Duras; la suite n'est qu'un spécimen instructif de procéder.

34 F.1FR

Naturellement mauvais serait 34 D pr PC + à cause de — T.3CR.

34		D.8FD
35	D.2R	T.3D
36	D.2FR	P.3FR

Pour empêcher 37 P.5R qui aurait encore donné quelques chances aux Blancs.

37 R.2T   **D.8D**

Ceci amène une désagrégation décisive de la position des P blancs.

38 P.5D   **T.1D**

39 F.3TR   **T.1R**

Après le 39e coup des Noirs

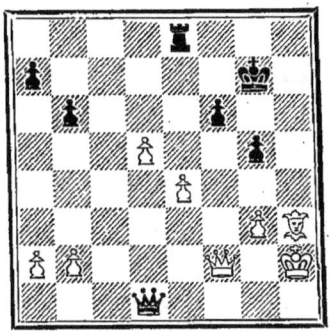

40 D.5FR

Les Blancs n'ont plus de coups satisfaisants.

40		D.7R +
41	F.2CR	T.1TR +
42	R.1C	D.8R +
43	D.1FR	D pr PC
44	D.2R	D.7R +
45	R.2F	D.5FR +
46	R.1C	T.1FD
47	D.3D	P.5CR
48	F.1FR	T.8FD
49	P.5R	

Tout de suite 49 P.6D coûterait le P à cause de la réplique — P.6CR; 50 D.2R.

49   **T pr F +**

La prise offerte 49 — D pr PR aurait inutilement prolongé la lutte.

50 D pr T   **D pr D +**

Les Blancs abandonnent.

Après 51 R pr D les Noirs auraient deux P passés, lesquels, bien qu'ils ne soient pas liés, devaient en jouant correctement marcher avec succès en s'aidant l'un et l'autre de telle façon que la perte de l'un des deux aurait comme conséquence l'avance irrésistible de son compagnon.

101. — Gambit de la Dame refusé

BLANCS	NOIRS
BURN	NIEMZOWITCH
1 P.4D	P.4D
2 P.4FD	P.3R
3 C.3FD	P.4FD
4 PF pr PD	PR pr PD
5 C.3FR	C.3FD
6 P.3CR	C.3FR
7 F.2CR	P.3TR
8 Roq	F.3R
9 P.3R	T.1FD
10 C.2R	P.5FD
11 P.3CD	P.4CD
12 C.5R	F.3D

Ceci conduit à la perte d'un P. Meilleur était 12 — F.2R.

Après le 12º coup des Noirs

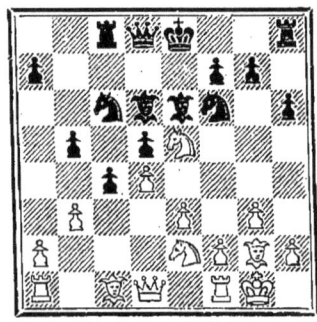

13 P pr P

Une belle et profonde combinaison.

13	C pr C
Si 13	PC pr P
14 C pr PFD	P pr C
15 P.5D ! etc.	

14 P pr PD	F.5CR
14	F.4FR ?
15 P pr C	F pr P

16 C.4D aurait été encore plus avantageux pour les Blancs.

En outre le coup du texte contient un petit piège.

15 P pr C	F pr PR
16 T.1CD	Roq
17 P.3FR	

Les Blancs évitent le piège. Après 17 T pr PC, capture fort séduisante pour un adversaire fougueux, aurait suivi : 17 — T pr F; 18 D pr T — F pr C, gagnant nettement une pièce.

17	F.4TR
18 P.4R	D.4TD
19 F.4FR	

Meilleur eut été : 19 F.2CD.

19	F pr F
20 C pr F	

Après le 20º coup des Blancs

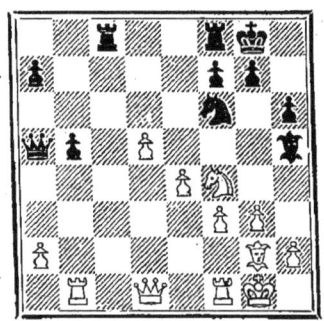

20	C pr PR !

Donnant une belle tournure au combat et, peut-être, l'unique chance pour les Noirs de sauver la partie.

21 C pr F	D.3CD +
22 R.1T	C.7FR +
23 T pr C	D pr T
24 D.1CR	

Malgré le bénéfice net d'une pièce en plus le jeu exige

— 154 —

encore une grande circonspection.

Le désir d'échanger les D est donc bien légitime de la part des Blancs.

24	D pr PT
25 T.1D	

Les Blancs arriveraient vite dans une mauvaise position s'ils s'engageaient dans une attaque sur le côté D. Exemple :

25 T.1TD	D.7CD ou A
26 D pr PT	T.8FD +
27 T pr T	D pr T +
28 D.1CR	D.7D suivi de

la menace 29 — T.1FD etc.

A

Si 25	D pr P
26 P.4CR	T.7FD
27 P.4FR	D.7D
28 T.1D, etc.	

25	T.7FD
26 D.4D	D.7CD
27 D pr D	T pr D
28 P.6D	T.1D
29 F.3TR	

Le P passé devient dangereux pour les Noirs.

29	P.5CD
30 P.7D	P.6CD
31 C.4FR	

Marchant en toute hâte vers le PCD ennemi dont l'avancement devient pour eux fort inquiétant.

31	P.4TD
32 F.5FR	R.1F
33 C.5D	T.7FD !

Très adroitement joué et avec beaucoup d'à-propos; il était nécessaire d'occuper la ligne FD même au prix d'une qualité sacrifiée.

34 F pr T	P pr F
35 T.1FD	T pr P
36 C.3R	T.6D

37 C pr P	T.6FD
38 R.1C	P.5TD
39 R.2F	P.6TD
40 R.2R	P.7TD
41 R.2D	T pr PF

Après le 41e coup des Noirs

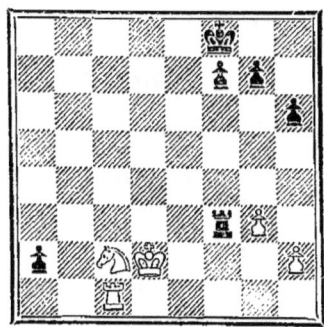

42 T.1TR.

Plus simple était la suite :

42 C.4D	T.7FR +
43 C.2R	T pr PT
44 T.1TD suivi de T pr PT.	

42	T.7FR +
43 R.3F	T.7CR
44 R.2C	P.4TR
45 T.1TD	T pr PT
46 T pr P	P.3CR
47 R.1F	R.2C
48 C.4CD	T.8TR +
49 R.2D	

49 R.2C soutenant éventuellement la T aurait permis de garder le P.

49	T.6TR
50 T.3TD	P.5TR
51 T.3D	T.7TR +
52 R.3R	P pr P
53 T.1D	P.4FR
54 R.3F	P.5FR
55 R pr P	T.5TR +
56 R pr P	T pr C

Partie nulle.

Une intéressante lutte conduite avec énergie par les deux adversaires.

102. — Partie du PD

BLANCS	NOIRS
MARSHALL	SCHLECHTER
1 P.4D	C.3FR
2 P.4FD	P.4FD
3 P.3R	P.3R
4 C.3FD	P.4D
5 C.3FR	F.3D
6 P.3TD	Roq
7 PD pr PF	F pr P
8 F.2R	C.3FD
9 P.4CD	F.3D
10 F.2CD	P.4TD
11 P.5FD ?	

Une faute! On pourrait supposer que Schlechter, en jouant son coup précédent, avait pu l'espérer. La suite correcte était : 11 P.5CD.

| 11 | P pr P |
| 12 P pr P | T pr T |

Après le 12e coup des Noirs

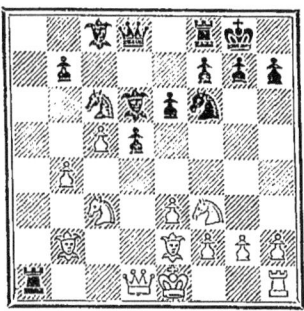

13 D pr T?

Évidemment plus logique était ici : 13 F pr T, bien qu'après, la position des Noirs était encore préférable. Si ceux-ci continuaient par 13 — F.2R alors : 14 D.3CD — P.3CD; 15 D.4TD — F.2D avec l'avantage.

13	C pr PC
14 Roq	F pr P
15 C.4TD	F.3D
16 P.4CR	C.3FD
17 T.4D	C.4R
18 C.3FD	C.4R
19 C.5CD	C pr C +
20 F pr C	F.2R
21 P.4R	D.3CD
22 C.3FD	P pr P
23 C pr P	P.4FR
24 P pr P	T pr P

Les Noirs eussent mieux joué en prenant avec le P.

25 F.2CR	T.4D
26 F.4D	D.4D
27 F.3FR	

Pour parer à la menace noire — P.4R.

27	R.4F
28 C.3CR	T.2D
29 R.2C	

Après le 29e coup des Blancs

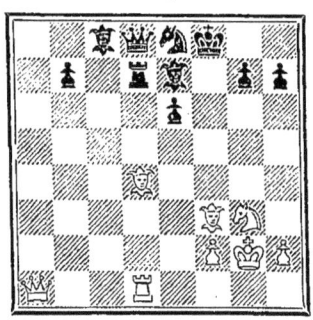

| 29 | P.4R |

Bien à tort les Noirs renoncent à l'avantage de deux P gagnés avec l'idée de simplifier la position; il en résulte qu'à partir de ce moment les Blancs acquièrent des chances de remise.

30 F pr P	T pr T
31 F pr T	D.4D +
32 P.3FR	

Si 32 F.3FR — F.6TR +.

32	D.7D +
33 F.2R	D.3TR
34 D.3FD	F.6TR +
35 R.2F	P.4CD
36 D.4D	

Il est clair que les Blancs ne peuvent pas prendre le PCD à cause de — D.3CD +.

36	D.3FD
37 D.4FR +	R.1C
38 C.5FR	D.4FD +
39 R.3C	F pr C
40 D pr F	F.3D
41 P.4FR	F pr F
42 P pr F	P.3CR
43 D.6R +	R.1F
44 F.3FR	D.8CR +
45 R.3T	D.6R
46 R.2C	D.4CR +
47 R.2F	D.2R
48 D.5D	D.5TR +
49 R.3R	D.8R +
50 R.4D ?	

On ne s'explique pas pourquoi les Blancs offrent à leur adversaire la facilité d'échanger les D.

Sans aucun danger pourtant, ils pouvaient jouer 50 R.4F.

50	D.7D +
51 R.4R	D pr D +
52 R pr D	R.2R
53 F.4CR	P.4TR
54 F.2R	

Après le 54e coup des Blancs

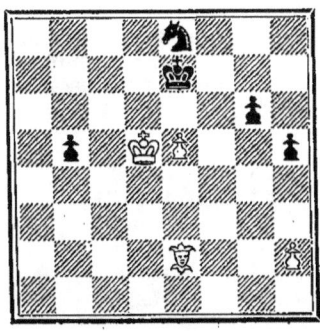

54	C.2FD +
55 R.6F	C.3R
56 F pr PC	C.5D +
57 R.5F	C pr F
58 R pr C	R.3R
59 R.4F	R pr P
60 R.3D	R.5F
61 R.2R	

Après le 61e coup des Blancs

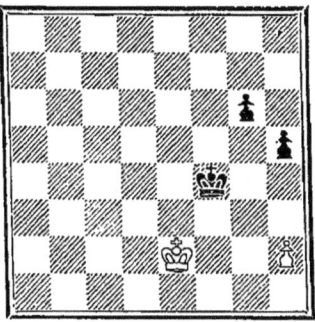

61	R.5R ?

Marshall a la bonne chance que son adversaire, jouant les yeux fermés devant le chemin de la victoire si proche, laisse passer :

61	R.5C
62 R.2F	R.6T
63 R.1C	P.5TR
64 R.1T	P.4CR
65 R.1C	P.5CR
66 R.1T	P.6CR, etc.

dont l'issue gagnante le plaçait quatrième *ex æquo* avec lui ; les deux maîtres terminant ainsi le Tournoi chacun avec huit points.

62 R.2F	R.6D
63 R.3F	P.4CR
64 R.2F	R.5R
65 R.2R	R.5F
66 R.2F	R.5C
67 R.2C	P.5TR
68 P.3TR +	

Partie nulle.

103. — Partie Française

BLANCS BERNSTEIN	NOIRS MAROCZY
1 P.4R	P.3R
2 P.4FD	

Peu usité et de valeur douteuse.

| 2 | P.4R |

Perte de temps. Meilleur sans doute devait être : 2 P.4D.

3 C.3FR	C.3FD
4 C.3FD	P.3CR
5 P.4D	P pr P
6 C pr P	F.2CR
7 F.3R	P.3D
8 F.2R	CR.2R
9 Roq	Roq
10 D.2D	P.4FR
11 C pr C	

11 P pr P serait moins bon à cause de — F pr C ; 12 F pr F — C pr F, etc.

11	C pr C
12 P pr P	F pr P
13 F.3FR	D.1FD

Voilà un poste pour la D qui n'est guère enviable, elle ne l'occupe que pour défendre le PC dans l'éventualité d'un déplacement du CD.

14 F.5D +	R.1T
15 F pr C	P pr F
16 F.4D	D.3R
17 F pr F +	R pr F
18 P.3CD	D.3FR
19 TD.1R	TR.1R
20 T.3R	T pr T
21 D pr T	D.3R
22 D pr D	F pr D
23 T.1R	T.1R

Ce projet d'échanger les T est plutôt profitable aux Blancs. Les Noirs ont déjà des P mal placés parmi lesquels il en est un isolé; dans une telle position la supériorité du C sur le F va être nettement démontrée.

| 24 P.3FR | F.2D |
| 25 T pr T | F pr T |

Après le 25e coup des Noirs

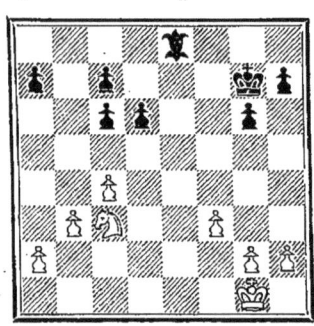

| 26 R.2F | P.4CR |

Pour laisser le chemin libre au F; mais il eût été plus avantageux de se réserver l'avancement des P jusqu'au moment où les Blancs auraient avancé les leurs, et continuer ici par — P.4FD.

27 R.3R	F.3CR
28 P.4CD !	P.3TR
29 R.4D	R.3F
30 P.4TD	R.3R
31 P.5TD	R.2D
32 C.4D	R.3R
33 C.3R	P.4TR
34 P.3CR	F.1R

On remarquera combien l'action du F est restreinte et sans effet en comparaison de la manœuvre facile et efficace du C.

35 C.2CR	R.3F
36 P.4TR	F.2FR
37 P pr P +	R pr P
38 C.3R	R.3F
39 C.1FR	R.4F
40 C.2D	R.3R

41 C.3CD	R.2D
42 R.3D	F.3CR +
43 R.3F	F.8CD

Après le 43e coup des Noirs

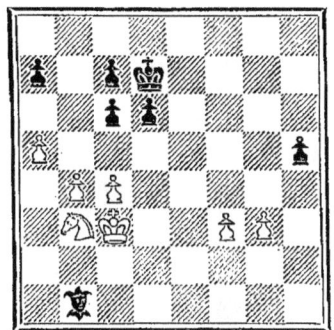

44 P.5FD !

Bien joué et au moment propice.

44	F.7TD
45 C.4D	P pr P
46 P pr P	

Les Blancs ont ainsi atteint la position « idéale ». Le R noir a sa route barrée tandis que le R blanc a l'entière liberté de ses mouvements.

46	F.4D
47 R.3D	R.4F
48 P.4FR!	R.2D

Si 48 — R.2C, alors 49 C.2FD — R.3T ; 50 C.4CD+ suivi de C pr F et le PFR va à D sans obstacle.

49 R.3R	R.2R
50 C.2FD	R.3R
51 R.4D	

Bien plus fort était tout de suite 51 C.4CD.

51	F.8TR
52 C.4CD	R.4F
53 C.6TD	R.5C
54 C pr P	F.6FR !

Ce coup qui arrive encore à temps pour empêcher l'avance du PF n'a sans doute pas été prévu par le Dr Bernstein au moment de sa combinaison du 51e coup. Naturellement si 54 -- R pr P ; 55 P.5FR.

55 R.5R	R pr P
56 P.5FR	P.5TR
57 P.6FR	F.4TR
58 C.6R	P.6TR
59 C.4FR	

Les Blancs gagnent un temps important.

Après le 59e coup des Blancs

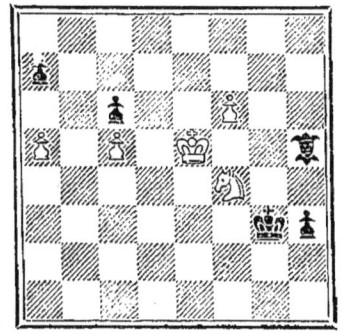

59	F.4R

Si 59 P.7TR
60 C pr F +	R.5T
61 P.7FR	P.8TR : D
62 C.4FR	D.8R +
63 R.6D et gagnent.	

60 C pr PT R pr C

Commence à présent une fin de partie classique de P qui est très instructive.

61 R.6D !	R.5C
62 R.7F !	R.4F
63 R.7C	R pr P
64 R pr P	F.2FR
65 R.7C	F.5FD
66 P.6TD	F pr P +
67 R pr F	R.4R
68 R.7C !	

Les Noirs abandonnent.

Une des meilleures parties du Tournoi. Elle peut servir de modèle pour la stratégie moderne des « fins de partie ».

104. — Partie Française

BLANCS	NOIRS
TEICHMANN	SPIELMANN
1 P.4R	P.3R
2 P.4D	P.4D
3 C.3FD	C.3FR
4 P pr P	

Un écart de la variante habituelle 4 F.5CR qui semble peu recommandable.

4.	P pr P
5 F.5CR	P.3FD
6 C.3FR	F.3D
7 F.2R	

Tartakover contre Spielmann, à Vienne en 1910, continua ici par:

7 F.3D	Roq
8 Roq	F.5CR
9 P.3TR	F.4TR
10 P.4CR suivi de C.2R	

7	Roq
8 Roq	F.4FR

9 P.3TR	CD.2D
10 F.3D	F.3CR
11 F pr F	PF pr F
12 D.3D	D.2FD
13 TR.1R	TR.1R
14 T pr T +	T pr T
15 T.1R	T pr T +
16 C pr T	F.5FR
17 F pr F	D pr F

Après le 17e coup des Noirs

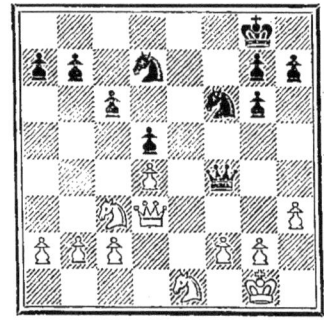

Partie nulle.

105. — Partie du PD

BLANCS	NOIRS
JANOWSKI	LEONHARDT
1 P.4D	P.4D
2 C.3FR	P.4FD
3 P.3R	C.3FR
4 P.4FD	P.3R
5 F.3D	C.3FD
6 Roq	F.2R

La prise du PF serait inférieure, car elle abandonnerait le centre aux Blancs, ex.:

6	PD pr PF
7 F pr P	P.3TD
8 C.3FD	P.4CD
9 F.3D	F.2CD
10 P.4TD	P.5CD
11 C.4R avec le meilleur jeu.	

7 P.3CD	PF pr PD
8 PR pr PD	P pr P
9 F pr P	Roq
10 F.2CD	P.3CD
11 C.3FD	C.5CD
12 P.3TD	

Un mouvement inutile. Les Blancs pouvaient jouer immédiatement 12 C.5R.

12	CD.4D
13 C.5R	F.2CD
14 D.3FR	T.1FD
15 TD.1FD	P.3TD
16 F.3D	T.2FD
17 C.4R	D.1TD

Afin de jouer la TR à 1D ou 1FD suivant les cas.

Après le 17e coup des Noirs | *Après le 26e coup des Blancs*

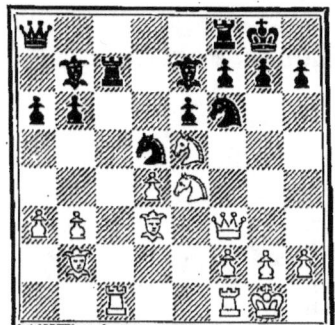 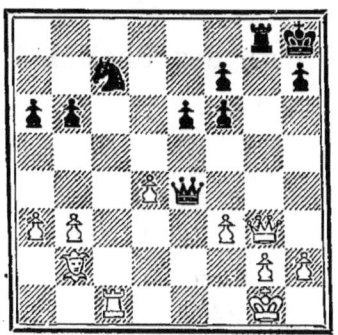

18 T pr T !	C pr T
19 C pr C +	F pr C
20 D.3TR !	F.5R

Forcé à cause de la menace du mat qui ne peut être paré ni par — P.3CR ni par — P.3TR.

21 F pr F	D pr F
22 C.7D !	T.1FD

Le seul coup possible, autrement, après l'échange à — 3FR le C serait perdu par D.3CR +

23 C pr F +	P pr C
24 D.3CR +	

Les Blancs n'obtenaient aucun résultat avec 24 T.1FD à cause de 24 C.1R.

Si 24 D.3FD	R.1T
25 P.5D	P.4R
26 P.6D	T.1CR !
27 P.3FR	D.3CR, etc.

24	R.1T
25 T.1FD	T.1CR
26 P.3FR	

26	T pr D ?

Mal joué. Etait ici presque indiqué : 26 — D.6R + suivi de — C.4D, variante qui laissait une bonne fin de partie aux Noirs.

27 P pr D	T pr PCD
28 T pr C	T pr F
29 T pr P	T.7R
30 P.5D	T pr PR ?

Une grosse erreur qui coûte un P et peut-être la partie. Il était évidemment meilleur de continuer comme ci-après :

30	P pr P
31 P pr P	T.7D
32 T pr PF	T pr PD
33 T pr PC	T.4TD

34 T.3CD avec des légères chances de gain pour les Blancs.

31 P.6D !	

Les Noirs abandonnent.

Liste des Participants — Leurs Parties

Bernstein

		pages
—	Leonhardt	113
—	Maroczy	157
—	Marshall	71
—	Niemzowitch	132
—	Spielmann	12
—	Tarrasch	89
—	Teichmann	40
Burn	—	76
Capablanca	—	2
Duras	—	119
Janowski	—	102
Rubinstein	—	27
Schlechter	—	137
Vidmar	—	46

Burn

—	Bernstein	76
—	Leonhardt	132
—	Maroczy	49
—	Niemzowitch	153
—	Spielmann	38
—	Tarrasch	109
—	Teichmann	62
Capablanca	—	21
Duras	—	142
Janowski	—	120
Marshall	—	94
Rubinstein	—	52
Schlechter	—	10
Vidmar	—	66

Capablanca

—	Bernstein	2
—	Burn	21
—	Duras	72
—	Janowski	43
—	Schlechter	93
—	Spielmann	118
—	Teichmann	147

		pages
Leonhardt	—	55
Maroczy	—	105
Marshall	—	15
Niemzowitch	—	73
Rubinstein	—	126
Tarrasch	—	31
Vidmar	—	149

Duras

—	Bernstein	119
—	Burn	142
—	Janowski	7
—	Maroczy	59
—	Niemzowitch	33
—	Spielmann	77
—	Teichmann	98
Capablanca	—	72
Leonhardt	—	13
Marshall	—	129
Rubinstein	—	91
Schlechter	—	42
Tarrasch	—	150
Vidmar	—	111

Janowski

—	Bernstein	102
—	Burn	120
—	Leonhardt	159
—	Maroczy	30
—	Niemzowitch	17
—	Spielmann	58
—	Teichmann	79
Capablanca	—	43
Duras	—	7
Marshall	—	114
Rubinstein	—	68
Schlechter	—	20
Tarrasch	—	134
Vidmar	—	85

Leonhardt

	pages
— Capablanca	55
— Duras	13
— Marshall	122
— Rubinstein	75
— Schlechter	40
— Tarrasch	144
— Vidmar	96
Bernstein —	113
Burn —	132
Janowski —	159
Maroczy —	49
Niemzowitch —	22
Spielmann —	65
Teichmann —	83

Maroczy

— Capablanca	105
— Leonhardt	49
— Marshall	3
— Niemzowitch	69
— Rubinstein	124
— Tarrasch	24
— Vidmar	146
Bernstein —	157
Burn —	19
Duras —	59
Janowski —	30
Schlechter —	82
Spielmann —	106
Teichmann —	130

Marshall

— Burn	94
— Capablanca	15
— Duras	129
— Janowski	114
— Rubinstein	34
— Schlechter	155
— Vidmar	54
Bernstein —	71
Leonhardt —	122
Maroczy —	3
Niemzowitch —	145
Spielmann —	26
Tarrasch —	99
Teichmann —	47

Niemzowitch

	pages
— Capablanca	73
— Leonhardt	22
— Marshall	145
— Rubinstein	100
— Schlechter	61
— Tarrasch	4
— Vidmar	123
Bernstein —	132
Burn —	153
Duras —	33
Janowski —	17
Maroczy —	69
Spielmann —	87
Teichmann —	108

Rubinstein

— Bernstein	27
— Burn	52
— Capablanca	126
— Duras	91
— Janowski	68
— Schlechter	115
— Teichmann	6
Leonhardt —	75
Maroczy —	124
Marshall —	34
Niemzowitch —	100
Spielmann —	141
Tarrasch —	57
Vidmar —	18

Schlechter

— Bernstein	137
— Burn	10
— Duras	42
— Janowski	20
— Maroczy	82
— Spielmann	104
— Teichmann	125
Capablanca —	93
Leonhardt —	40
Marshall —	155
Niemzowitch —	61
Rubinstein —	115
Tarrasch —	16
Vidmar —	131

		pages
Spielmann		
—	Leonhardt	65
—	Maroczy	106
—	Marshall	26
—	Niemzowitch	87
—	Rubinstein	144
—	Tarrasch	50
—	Vidmar	11
Bernstein	—	12
Burn	—	38
Capablanca	—	118
Duras	—	77
Janowski	—	58
Schlechter	—	104
Teichmann	—	159

Tarrasch

—	Capablanca	31
—	Duras	150
—	Janowski	134
—	Marshall	99
—	Rubinstein	57
—	Schlechter	16
—	Vidmar	80
Bernstein	—	89
Burn	—	109
Leonhardt	—	144
Maroczy	—	24
Niemzowitch	—	4
Spielmann	—	50
Teichmann	—	63

		pages
Teichmann		
—	Leonhardt	83
—	Maroczy	130
—	Marshall	47
—	Niemzowitch	108
—	Spielmann	159
—	Tarrasch	63
—	Vidmar	28
Bernstein	—	40
Burn	—	62
Capablanca	—	147
Duras	—	98
Janowski	—	79
Rubinstein	—	6
Schlechter	—	125

Vidmar

—	Bernstein	46
—	Burn	66
—	Capablanca	149
—	Duras	111
—	Janowski	85
—	Rubinstein	18
—	Schlechter	131
Leonhardt	—	96
Maroczy	—	146
Marshall	—	54
Niemzowitch	—	123
Spielmann	—	11
Tarrasch	—	80
Teichmann	—	28

Situation respective des Vainqueurs[*]

	Marshall.	Rubinstein.	Tarrasch.	Capablanca.	Schlechter.	Vidmar.	Niemzowitch.	TOTAUX	
Marshall....		½	½	½	½	1	½	3 ½	
Rubinstein....	½		½	1	½	½	½	3 ½	I II III
Tarrasch.....	½	½		½	½	½	1	3 ½	
Capablanca....	½	0	½		½	½	1	3	IV V
Schlechter....	½	½	½	½		½	½	3	
Vidmar......	0	½	½	½	½		½	2 ½	VI
Niemzowitch...	½	½	0	0	½	½		2	VII

Classification des Débuts

Partie Lopez

```
1 P.4R      P.4R
2 C.3FR     C.3FD
3 F.5CD
```

                                                                                      pages

3 — P.3TD;	4 F.4TD — C.3FR;	5 P.3D — P.3D;	6 P.4FD..	7
3 »	4 » »	5 » »	6 P.3FD..	21, 59, 98
3 »	4 » »	5 Roq — F.2R;	6 T.1R...	10, 33, 75, 83
3 »	4 » »	5 » — C pr P;	6 P.4D...	24, 28, 63

[*] Nous désignons « vainqueurs » les concurrents ayant gagné 50 % de leurs parties.

				pages
3 — **C.3FR**;	4 Roq — F.2R;	5 C.3FD — P.3D;	6 F pr C+	2
3 »	4 » — P.3D;	5 P.4D — F.2D;	6 T.1R..	137
3 »	4 P.3D — P.3D;	5 Roq — P.3CR		142
3 — **C.5D**;	4 F.4FD — F.4FD;	5 Roq		132

Giuoco Piano

    1 P.4R   P.4R
    2 C.3FR   C.3FD
    3 F.4FD   F.4FD

4 P.3FD — C.3FR; 5 P.4D — P pr P; 6 P pr P — F.5CD+. 16, 31
4 P.3D — C.3FR; 5 C.3FD — P.3D............................ 119

Défense des Deux Cavaliers

    1 P.4R   P.4R
    2 C.3FR   C.3FD
    3 F.4FD   C.3FR

4 P.3D — F.4FD; 5 C.3FD — P.3D; 6 F.3R.................... 96

Partie des Trois Cavaliers

    1 P.4R   P.4R
    2 C.3FR   C.3FD
    3 C.3FD   F.5CD

4 F.4FD — C.3FR.. 40
4 P.3D — C.3FR.. 100

Partie des Quatre Cavaliers

    1 P.4R   P.4R
    2 C.3FR   C.3FD
    3 C.3FD   C.3FR
    4 F.5CD   F.5CD
    5 Roq   Roq

6 F pr C —	....	22, 123
6 P.3D — P.3D;	7 F.5CR — C.2R; 8 C.4TR................	42
6 » — »	7 » — F pr C; 8 P pr F — C.2R.....	80, 147
6 » — »	7 » — » 8 » — D.2R.........	134
6 » — »	7 C.2R — C.2R........................	49, 100
6 » — P.4D	....	99
6 » — C.5D	....	150

Partie Écossaise

    1 P.4R   P.4R
    2 C.3FR   C.3FD
    3 P.4D   P pr P

4 C pr P — C.3FR; 5 C pr C.................................... 4

pages

Défense Petroff

1 P.4R	P.4R
2 C.3FR	C.3FR
3 C pr P	P.3D
4 C.3FR	C pr P

5 P.4FD 3, 48
5 P.4D — P.4D; 6 F.3D — F.3D; 7 Roq — Roq 26, 71
5 C.3FD — C pr C; 6 PD pr C — F.2R 145

Défense Philidor

1 P.4R	P.4R
2 C.3FR	P.3D

3 P.4D — C.3FR 69, 108

Défense Berlinoise

1 P.4R	P.4R
2 F.4FD	C.3FR

3 P.3D — F.4FD; 4 C.3FD — P.3D; 5 P.4FR 11
3 » — C.3FD; 4 C.3FD — F.5CD 65

Partie Viennoise

1 P.4R	P.4R
2 C.3FD	F.4FD

3 C.3FR — P.3D; 4 C.4TD — F.3CD; 5 C pr F 20

Gambit du Roi refusé

Contre attaque Falkbeer

1 P.4R	P.4R
2 P.4FR	P.4D
3 P pr P	P.5R

4 P.3D — P pr P; 5 D pr P — C.3FR; 6 C.3FD — F.4FD 122

Partie Française

1 P.4R	P.3R

2 P.4D — P.4D; 3 C.3FD — C.3FR; 4 F.5CR — F.2R;
    5 P.5R — CR.2D; 6 F pr F — D pr F.......... 12, 50, 77, 89
2 P.4D — P.4D; 3 C.3FD — C.3FR; 4 F.5CR — F.2R;
    5 P pr P — C pr P 82, 104
2 P.4D — P.4D; 3 C.3FD — C.3FR; 4 F.5CR — F.5CD;
    5 P pr P — D pr P; 6 F pr C 105
2 P.4D — P.4D; 3 C.3FD — C.3FR; 4 F.5CR — F.5CD;
    5 P.5R — P.3TR; 6 P pr C 106, 141

pages

2 P.4D — P.4D; 3 C.3FD — C.3FR; 4 P pr P — P pr P; 5 F.5CR	125, 159
2 P.4D — P.4D; 3 C.3FD — P pr P; 4 C pr P	57
2 P.4D — P.4D; 3 P pr P — P pr P; 4 C.3FR — F.3D 5 F.3D — C.3FR	19, 130
2 P.4D — P.4D; 3 P pr P — P pr P; 4 F.3D — F.3D; 5 C.3FR	125, 146
2 P.3D — P.4D; 3 C.2D — P.4FD; 4 C.3FR — C.3FD	73
2 P.4FD — P.4R; 3 C.3FR — C.3FD; 4 C.3FD — P.3CR	157

Défense Sicilienne

1 P.4R   P.4FD

2 C.3FR — C.3FD; 3 P.4D — P pr P; 4 C pr P — C.3FR; 5 C.3FD — P.3D	46
2 C.3FR — C.3FD; 3 P.4D — P pr P; 4 C pr P — C.3FR; 5 C.3FD — P.3R	144
2 C.3FR — C.3FR; 3 C.3FD — P.4D; 4 P pr P — C pr P	87
2 C.3FD — P.3R; 3 C.3FR — C.3FD; 4 P.4D — P pr P	109

Contre Gambit du Centre

1 P.4R   P.4D
2 P pr P

2 — D pr P; 3 C.3FD — D.4TD; 4 P.4D — C.3FR; 5 C.3FR	27
2 — C.3FR; 3 F.5CD+ — F.2D; 4 F.4FD — F.5CR; 5 P.3FR	133

Partie du PD

1 P.4D   P.4D

2 C.3FR — P.4FD; 3 P.4FD — P.3R; 4 P.3R — C.3FD; 5 P.3TD — C.3FR	126
2 C.3FR — P.4FD; 3 P.4FD — P pr P; 4 P pr PD — D.4TD +	52
2 C.3FR — P.4FD; 3 P.3R — C.3FR; 4 F.3D — C.3FD; 5 Roq	18, 102
2 C.3FR — P.4FD; 3 P.3R — C.3FR; 4 P.4FD — P.3R	159
2 C.3FR — P.4FD; 3 P.3R — P.3R; 4 F.3D — C.3FR; 5 Roq — C.3FD	30, 79
2 C.3FR — P.4FD; 3 P.3FD — C.3FR; 4 P.3R	118
2 C.3FR — C.3FR; 3 P.3R — P.3R; 4 P.4FD — F.2R	43, 58, 72
2 » — » 3 P.3R — F.4FR; 4 P.4FD — P.3FD	93
2 » — » 3 P.4FD	91, 111, 145, 131
2 P.3R — P.4FD; 3 P.4FD — P.3R; 4 C.3FR — C.3FR; 5 F.3D — C.3FD	120

Gambit de la Dame refusé

    1 P.4D   P.4D
    2 P.4FD

2 — P.3R ;   3 C.3FD — P.4FD ; 4 P.3R   — C.3FR ;
    5 C.3FR 13, 55, 62, 149, 155
2 — P.3R ;   3 C.3FD — P.4FD ; 4 C.3FR — C.3FD ;
    5 P pr PD — P pr PD ; 6 F.5CR 17
2 — P.3R ;   3 C.3FD — P.4FD ; 4 C.3FR — C.3FD ;
    5 P pr PD — P pr PD ; 6 F.4FR 40
2 — P.3R ;   3 C.3FD — P.4FD ; 4 C.3FR — C.3FD ;
    5 P pr PD — P pr PD ; 6 P.3CR 6
2 — P.3R ;   3 C.3FD — P.4FD ; 4 C.3FR — P pr PD ;
    5 C pr P 113
2 — P.3R ;   3 C.3FD — P.4FD ; 4 P pr PD — P pr PD ;
                                              34, 94, 129, 153
2 — P.3R ;   3 C.3FD — C.3FR ; 4 F.5CR — F.2R ;
    5 P.3R   — Roq ; 6 C.3FR 54, 85, 114
2 — P.3R ;   3 C.3FD — F.5CD ; 4 C.3FR — C.3FR 76
2 — P.3R ;   3 C.3FR — C.3FR ; 4 F.5CR — P.3TR ;
    5 F.4TR 66
2 — P.5FD ; 3 P pr P — P pr P ; 4 C.3FD — C.3FD ;
    5 C.3FR 15

Contre Gambit de la Dame

    1 P.4D   P.4D
    2 P.4FD   P.4R

3 P pr PR — P.5D ; 4 C.3FR — C.3FD ; 5 CD.2D 38

Débuts irréguliers

1 C.3FR — P.4D ;   2 P.3D — C.3FR ;   3 C.2D 61
1 P.4FD — C.3FR ;   2 P.4D — P.3R ;   3 C.3FD 68

Statistique des Débuts

DÉBUTS ADOPTÉS		Blancs gagnent	Noirs gagnent	Parties nulles
1. Parties du PD.	37	14	4	19
2. Partie Française	18	3	3	12
3. Partie Lopez	15	5	4	6
4. Partie des Quatre Cavaliers	9	2	2	5
5. Défense Petroff	5	—	1	4
6. Défense Sicilienne	4	1	2	1
7. Giuoco Piano	3	—	1	2
8. Contre-Gambit du Centre	2	—	—	2
9. Débuts irréguliers	2	1	—	1
10. Défense Philidor	2	—	1	1
11. Défense Berlinoise	2	1	—	1
12. Partie des Trois Cavaliers	2	—	—	2
13. Défense des Deux Cavaliers	1	—	1	—
14. Partie Viennoise	1	1	—	—
15. Partie Ecossaise	1	—	1	—
16. Gambit du Roi refusé	1	—	1	—
TOTAUX	105	28	21	56

Statistique des Fins de Partie

1. T contre différentes pièces.
   (a) T et P contre T et P.. 5, 10, 40, 25, 38, 57, 59, 70, 81, 104, 107
   (b) T, C (ou F) et P contre des forces analogues. 9, 36, 49, 66, 122, 128
   (c) T, C et P contre T et P 154
   (d) T et P contre C et P 90, 112, 135

2. F contre différentes pièces.
   (a) F et P contre F et P 49, 55
   (b) F et P contre C et P 65, 156, 158

3. C et P contre C et P 123

4. Fins de partie de P 93, 156, 158

TABLE DES MATIÈRES

Avant-propos.
Groupe des participants (illustration).
Introduction IX
Conditions et règles du jeu XI
Le Tournoi XIV
Tableau des résultats XVI
Portraits des vainqueurs.
    Capablanca XVII
    Rubinstein XX
    Vidmar XXII
    Marshall XXIII
Prix de beauté .... IX, XVIII, 2
Revue des concurrents XVIII
Tournoi d'amateurs XXIV
Les 105 parties.
    Premier tour 1
    Deuxième — 12
    Troisième — 20
    Quatrième — 29
    Cinquième — 44
    Sixième — 53
    Septième — 63
    Huitième — 73
    Neuvième — 83
    Dixième — 95
    Onzième — 106
    Douzième — 117
    Treizième — 126
    Quatorzième — 136
    Quinzième — 148
Liste des participants. Leurs Parties 161
Situation respective des vainqueurs 164
Classification des Débuts 164
Statistique idem 169
Statistique des Fins de Partie 169

www.ingramcontent.com/pod-product-compliance
Lightning Source LLC
Chambersburg PA
CBHW071949110426
42744CB00030B/655